Anonymus

**Mitteilungen über Weinbau und Kellerwirtschaft**

Anonymus

**Mitteilungen über Weinbau und Kellerwirtschaft**

ISBN/EAN: 9783743326705

Hergestellt in Europa, USA, Kanada, Australien, Japan

Cover: Foto ©ninafisch / pixelio.de

Manufactured and distributed by brebook publishing software (www.brebook.com)

Anonymus

**Mitteilungen über Weinbau und Kellerwirtschaft**

XI. Jahrgang.

# Mitteilungen
über

## Weinbau & Kellerwirtschaft.

### Organ
des
Rheingauer Vereins für Obst-, Wein- und Gartenbau
und der
Königlichen Lehranstalt für Obst-, Wein- und Gartenbau
zu Geisenheim a. Rh.

Herausgegeben von
Direktor R. Goethe, Landes-Oekonomierat
und geleitet von
Weinbaulehrer C. Seufferheld in Geisenheim.

1899.

# Mitarbeiter.

Prof. Dr. Wortmann; Prof. Dr. Kulisch; Dr. R. Meißner; Dr. G. Lüstner; H. Friederichs, N. Baumann, A. Frenzel-Geisenheim; Dr. Lossen-Wiesbaden; Oekonomierat Oberlin-Beblenheim (Elsaß); H. Schlegel-Oestrich; H. Fuchs-Kreuznach; Aug. Bebber-Freyburg; C. Froelich-Edenkoben; W. Eschbach II.-Rauenthal; Joseph Maber-Engers; Direktor Fr. Zweifler-Marburg (Steiermark).

# Inhalt.

## Größere Abhandlungen.

### a) Weinbau.

| | Seite |
|---|---|
| Zur Düngung der Weinberge. Von H. Schlegel-Oestrich | 1 |
| Besonderes Lesegut. Von H. Fuchs-Kreuznach | 7 |
| Kalkdüngung bei Neuanlage von Weinbergen. Von Fr. Zweifler | 8 |
| Unsere Weinbergsschnecken und ihre Schädlichkeit. Von Dr. G. Lüstner | 17 |
| Peronosporaspritzprobe. Von Dr. R. Meißner und Fr. Zweifler | 21 |
| Ueber Phosphatdüngung im Weinberge | 23 |
| Die Blindholzveredlung der Reben. Von Aug. Bebber | 25 |
| Wie schadet die Reblaus den Wurzeln des Rebstockes. Nach Professor Milliardet von R. Goethe | 33 |
| Ueber Rückgang der Stöcke. Von H. Friederichs | 38 |
| Vergleichende Anwendung verschiedener Mittel gegen die Peronospora. Von Fr. Zweifler | 40 |
| Ueber die Wirkung der Kupferkalkbrühe. Von Fr. Zweifler | 52 |
| Ueber die Anlage von Rebschulen. Von H. Friederichs | 53 |
| Jadoo | 55 |
| Rigolversuche. Von Fr. Zweifler | 57 |
| Bemerkungen über Rebenbefruchtungen. Von C. Froelich-Edenkoben | 66 |
| Untersuchungen über Herstellung der Bordelaiser Brühe. Von G. Mohr, Chemiker in Laubenheim | 70 |
| Zur Bekämpfung des Heuwurms. Von Dr. G. Lüstner | 71 |
| Ueber Frostschaden und Vorbeugung. Von H. Friederichs | 73 |
| Rebenmüdigkeit des Bodens und frühzeitiger Rückgang der Weinstöcke. Von W. Eschbach II. in Rauenthal | 82 |
| Zum Spritzen der Reben gegen Peronospora. Von C. Seufferheld | 83 |
| Unfug im Düngerhandel | 86 |
| Untersuchungen über die Herstellung der Bordelaiser Brühe. Von Dr. F. Lossen-Wiesbaden | 90 |
| Ein neuer Feind des Weinstocks. Von Dr. G. Lüstner | 98 |

| | Seite |
|---|---|
| Schutz für die Augen beim Schwefeln der Weinberge. Von C. Seufferheld | 99 |
| Vergleichende Prüfung der neuesten Schwefelbälge. Von Dr. G. Lüstner und C. Seufferheld | 101 |
| Ein überaus lehrreicher Hinweis auf die Bedeutung des Spritzens und Schwefelns der Weinberge | 103 |
| Einige neue Geräte für Weinbau und Kellerwirtschaft. Von C. Seufferheld | 105 |
| Die Rebenmüdigkeit des Bodens. Von R. Goethe | 114 |
| Antwort auf die Mitteilungen des Dr. Lossen über Kupfersodabrühe. Von Karl Mohr in Laubenheim | 119 |
| Stand und Bekämpfung der Reblauskrankheit im Jahre 1897 im Deutschen Reiche nach der 29. Denkschrift. Von C. Seufferheld | 120 |
| Zur Stallmistdüngung im Sommer. Von H. Schlegel | 124 |
| Ueber das Entstehen von Rostflecken auf Traubenbeeren. Von Prof. Dr. Wortmann | 129 |
| Beobachtungen über Blitzschaden in Weinbergen. Von C. Seufferheld | 133 |
| Die Wiederherstellung der durch die Reblaus zerstörten Weingärten in Oesterreich Ungarn. Von J. Mader | 135 |
| Einige neue Geräte für Weinbau und Kellerwirtschaft. Von C. Seufferheld | 138 |
| Die Rebenmüdigkeit des Bodens. Von Oekonomierat Oberlin | 148 |
| Werden die Spinnen von der Bordelaiser Brühe getötet? Von Dr. G. Lüstner | 150 |
| Ueber die Düngung der Sandweinberge des ostdeutschen Weinbaugebietes. Von Prof. Dr. Kulisch | 161 |
| Rebenkrankheit? Von H. Schlegel | 172 |
| Einige weitere Beobachtungen zu dem Artikel Rebenkrankheit? Von H. Frenzel und R. Baumann | 184 |

### b) Kellerwirtschaft.

| | |
|---|---|
| Ueber das sogenannte Umschlagen der Weine. Von Prof. Dr. Kulisch | 5 |
| Ueber einige für die Kellerwirtschaft bestimmte Geheimmittel | 42 |
| Vorkommen und Entwicklung der Weinhefe. Von W. Dänhardt | 49 |
| Kostprobe der mit und ohne Reinhefe vergorenen 1898r rheinhessischen Weine. Von Dr. Meißner-Geisenheim | 88 |
| Die Vergärung der Obstmoste mit Reinhefe. Von Dr. R. Meißner | 115 |
| Praktische Faßdämpfapparate | 177 |

## Abhandlungen verschiedenen Inhalts.

                                                          Seite

Rundschau . . . . . 11, 28, 45, 75, 91, 106, 124, 141, 155, 173, 187
Ueber Winzervereine. Von H. Fuchs . . . . . . . . 24
Rheinwein und Moselwein. Von H. Schlegel . . . . . . 59
Der Weinbau an der Lahn. Von H. Friederichs . . . . . 170

## Kleinere Mitteilungen.

| | |
|---|---:|
| Wanderwinzer in Ungarn | 11 |
| Kalidüngesalze | 12 |
| Kalkhaltiger Bauschutt | 12 |
| Ist im Sommer gefälltes Holz geringwertiger als im Winter gefälltes? | 13 |
| Rosinen für Pferde | 13 |
| Ein Weinhändlerverein | 29 |
| Einfuhr nach und Ausfuhr aus Deutschland von Wein und Most in Fässern 1897 und 1898 | 30, 46, 62 |
| Ergebnisse des Weinbaues in Württemberg im Jahre 1899 | 30 |
| Frankreichs Weinernte | 30 |
| Auftreten des Black-Rot im Kaukasus | 31 |
| Die 1898r Weinernte im Regierungsbezirke Wiesbaden | 47 |
| Weinbauschulen für die Rheinprovinz | 47 |
| Frachtermäßigung für hochprozentige Kalisalze | 61 |
| Das Einkommen in den Städten und auf dem Lande | 61 |
| Ueber die Verbreitung landwirtschaftlicher Kenntnisse | 62 |
| Winzerverein. Von H. Fuchs | 62 |
| Der Weinhändlerverein an der Nahe. Von H. Fuchs | 62 |
| Einfaches Mittel zur Vertreibung von Kaninchen | 63 |
| Ueber Entsäuerung von Wein mittels Elektrizität. Von Fr. Zweifler | 63 |
| Rheingauer Siegelweine | 77 |
| Branntweinbrennerei | 92 |
| Untersuchungen über die Beeinflussung der Fruchtbarkeit der Ackererde mittels Schwefelkohlenstoff | 92 |
| Etwas vom Saccharin. Von H. Fuchs | 93 |
| Die Weinbaubetriebe im deutschen Reiche | 109 |
| Rheinhessens Weinbau im Jahre 1898 | 126 |
| Provinzielle Ausstellung Gent (Belgien) | 127 |
| Ergebnisse der 1899r Frühjahrsversteigerungen der Vereinigung Rheingauer Weingutsbesitzer | 143 |
| Die Weinernte der Welt im Jahre 1898 | 143 |
| Vorsicht beim Betreten von Gärkellern | 175 |
| Einfluß eines schlechten Weinjahres auf die Bankgeschäfte | 175 |
| Stiftungsfest des Winzervereins Ahrweiler | 190 |
| Erfahrungen über die Anwendung der Kupfersodabrühe | 191 |

## Fragekasten.

| | Seite |
|---|---|
| Wiederholtes Staubigwerden geschönter und filtrierter Weine | 14 |
| Schwarz gewordener Wein | 14 |
| Schlecht vergorener Wein mit Neigung rahn zu werden | 14 |
| Vergleich zwischen gewöhnlicher Kupferkalkbrühe und den im Handel vorkommenden Präparaten und Bezugsquelle für Schwefel | 31 |
| Rückgang der Stöcke und Kalkbüngung | 78 |
| Mittel gegen Rebschildläuse | 78 |
| Imprägnieren von Rebpfählen | 79 |
| Gleichzeitige Bekämpfung von Oïdium und Peronospora mit einem Gemisch von Schwefel und Kupferkalkbrühe | 79 |
| Cochylit | 79 |
| Bezugsquelle für Pyrethrumpulver in Flaschen und Zeit der Anwendung des Dufour'schen Wurmgiftes | 94 |
| Verschiedene Feinheitsgrade des Schwefels | 94 |
| Widmann'scher Getränkeschützer | 94 |
| Verwendung von Lumpen als Weinbergsdünger, Ammoniakzusatz bei Umgärungen | 111 |
| Beurteilung von Schwefelspänen (Gewürzbrandschwefel) | 127 |
| Stichiger und mäuselnder Johannisbeerwein und dessen Verwendung | 128 |
| Verfütterung von mit Kupferkalkbrühe bespritzten Rebenblättern | 144 |
| Verhinderung der Gärung durch zu starkes Schwefeln der Fässer | 159 |
| Behandlung neuer Fässer für den Versand fertiger Weine | 160 |
| Benutzung von Apfelweinfässern zu Weinfässern | 160 |
| Verwendung schimmliger Fässer zum Widerstich | 176 |
| Bezug guter Flaschenspülmaschinen | 176 |
| Wein mit Neigung zum Braunwerden | 191 |
| Kalkbüngung | 192 |
| Peru-Guano als Weinbergsdünger | 192 |
| Filtern zur Apfelweinbereitung | 192 |

## Vom Büchertisch.

| | |
|---|---|
| Studien über den Weinbau in Südtirol, Norditalien und im Tessin, von Dr. J. Morgenthaler | 15 |
| Deutscher Weinbau- und Weinkellereikalender für das Jahr 1899, von H. Würtemberger | 31 |
| Anleitung zur Aufstellung von Futterrationen, von Direktor R. Strauch | 47 |
| Leitfaden der Düngerlehre, von Prof. Dr. A. Stutzer | 47 |

|  | Seite |
|---|---|
| Praktische Anleitung zur Rebenkultur im Hausgarten, von A. Menotti dal Piaz . . . . . . . . . . | 63 |
| Moderner Weinbau, von Robert Erbmann . . . . . . | 79 |
| Die Weinbereitung und Kellerwirtschaft, von Antonio dal Piaz . . . . . . . . . . . . . . | 112 |
| Die Schädlinge des Obst- und Weinbaues, von H. Freiherr von Schilling . . . . . . . . . . . | 128 |
| Allerlei nützliche Garteninsekten, von H. Freiherr von Schilling | 128 |
| Weinbau und Kellerwirtschaft in Frankreich, von Dr. J. Zawodny . . . . . . . . . . . . . | 144 |
| Bericht über eine 1898 erfolgte Besichtigung der Wiederherstellungsarbeiten in den durch die Reblaus verwüsteten Weinbergen Ungarns, von Landes-Oekonomierat Andreas Czóh . . . . . . . . . . . . . | 160 |

# Mitteilungen

über

## Weinbau und Kellerwirtschaft.

### XI. Jahrgang.

Herausgeber:     Schriftleitung:
Landes-Oekonomierat **R. Goethe.**     Fachlehrer **Fr. Zweifler.**

**Nr. 1.**     Geisenheim, im Januar     **1899.**

## Zur Düngung der Weinberge.
### Von H. Schlegel in Oestrich.

So mannigfaltig auch die Ansichten über die Weinbergsdüngung sind, darin sind sich alle Praktiker mit der Wissenschaft einig, daß der Weinstock zum üppigen Gedeihen reichlicher Nährstoffmengen bedarf. Der Weinstock steht wohl über ein Menschenalter in demselben Boden und können ihm die Vorteile der Wechselkulturen, wie den meisten von unseren anderen Kulturpflanzen, nur in sehr geringem Grade zu Gute kommen. Ferner gestattet das bei uns nötige Kulturverfahren dem Weinstock nicht, sein sonst so kräftiges, überaus reichliches Wurzelwerk so auszubilden, wie es sich an demselben in seinem Naturzustande entwickeln würde. Der alljährlich nötige Verschnitt des Holzes, die Entnahme von Blättern und Trieben während des Sommers, die enge Pflanzung verhindern eine weite Ausbreitung und kräftige Entwickelung der Wurzeln. Ferner ist in unserm Klima die Zeit, während welcher der Weinstock sein üppiges Wachstum entwickeln kann, verhältnismäßig kurz. Von den vier Hauptfaktoren, welche das Wachstum der Reben am meisten beeinflussen: Licht, Wärme, Feuchtigkeit und Nahrung stehen die drei ersteren nur in beschränkter Weise in unserer Macht, daß aber der vierte Faktor, die Nährstoffe, reichlich vorhanden ist, dafür können und müssen w i r sorgen.

Ein vorsichtiger Winzer wird schon bei der Vorbereitung einer Neupflanzung den Boden mit einem großen Vorrat von Nährstoffen versehen. War auf derselben bisher schon Weinberg, so bleibt der Boden einige Jahre brach liegen. Diese Zwischenzeit muß hauptsächlich dazu benutzt werden, ihn zu verbessern und mit Nährstoffen zu bereichern. Wo es immer möglich ist, wird er durch Auffahren und Vermischen mit solcher Erde aufgebessert, in welcher bisher noch kein Weinstock wuchs. Da dieses indessen nur mit Aufwand großer Kosten durchzuführen ist, wird es sich nur in vorzüglichen Lagen lohnen, wo die gute Qualität auch die verteuerte Anlage rentiert. Das Ueberfahren mit Erde sollte sofort nach dem Aushauen geschehen, damit dieselbe, namentlich wenn sie aus tiefen Gruben entnommen wird, an der Luft etwas verwittern kann. Die Verwitterung der fremden rohen Erde wird noch beschleunigt, wenn sie alljährlich mit dem Pflug oder Karst umgearbeitet, und Lupinen, Wicken, Erbsen, Kohlsaat oder sonst stark wachsende, viel Blattgrün entwickelnden Pflanzen gesäet werden. Diese werden nicht entfernt, sondern an Ort und Stelle untergegraben. Das Wachstum dieser Pflanzen sollte durch reichliche Düngung, namentlich mit mineralischen Nährstoffen besonders gefördert werden. Der Boden wird dadurch auf billigste Weise an Humus bereichert und die durch die Grünpflanzen in organische Substanzen umgesetzten Rohnährstoffe des Bodens scheinen den jungen Weinstöcken ganz außerordentlich gedeihlich zu sein. Wiederholte Gründüngung ist besonders da notwendig, wo keine frische Erde aufgebracht werden kann.

Phosphorsäure, Kali und Stickstoff gelten als die drei Hauptnährstoffe, welche dem Boden zugeführt werden müssen. Die beiden ersteren sind im Boden schwer beweglich, sie werden vom Erdreich festgehalten und gelangen erst nach langer Zeit in eine solche Tiefe, daß sie allen Wurzeln des Weinstockes zu gute kommen können. Es wurde deshalb seiner Zeit empfohlen, beim Umroden des Feldes reichliche Mengen von Thomasschlacke, welche Phosphorsäure enthält und Kainit oder schwefelsaures Kali, welche Kali enthalten, auf die Sohle des Rodgrabens auszustreuen. Diese Art der Anwendung ist nicht zu empfehlen. Ich wendete diese Dünger in wiederholten Gaben zur Gründüngung an, oder streute im Herbst vor dem Umroden in reichlicher Menge, bis zu 15 Ztr. Thomasschlacke, ebensoviel Kainit oder 8 Ztr. schwefelsaures Kali auf das Feld aus. Auf diese Weise kann eine Vermischung der Dünger mit dem Erdreich erfolgen, was entschieden besser ist. Am besten ist aber die Düngung der Blätterpflanzen zur Gründüngung.

Auch den Wert des Kompostdüngers für die Wüstenfelder hat man immer mehr erkannt. Dafür zeugen die vielen Komposthaufen, welche man in den Gemarkungen sieht. Auf diesen werden die Erdabfälle, wie sie sich beim Bauen ergeben, Straßenabraum, Rasennarben, der Aushub aus den Straßengräben u. a. m. gesammelt, mit Jauche getränkt und dann zur Auffrischung des Bodens verwendet. In dieser Art könnte noch mehr geleistet werden.

Am dankbarsten erzeigen sich die gepflanzten Jungfelder für eine Jauchedüngung. Ich gebe eine solche schon im Jahre der Pflanzung, nachdem sich die Triebe zu entwickeln beginnen, was im Juli der Fall ist. Es kommen auf etwa 3—4 Stöcke eine Gießkanne voll Mistjauche, welche in kleine, etwa 20 cm tiefe Gruben neben den Stöcken geschüttet wird. Die Jauchedüngung äußert sich besonders schnell und günstig im leichten Lehm- und Sandboden. Die Ansicht, daß die Jauche die jungen Wurzeln verbrennen könnte, ist dann hinfällig, wenn dieselbe nicht frisch, sondern gut vergoren ist. Ich wiederhole die Jauchedüngung auch im zweiten Jahre nach der Pflanzung, im Laufe des Frühjahrs, denn es muß uns viel daran liegen, daß die jungen Reben gleich von vornherein

ein möglichst üppiges Wachstum, große Blätter, kräftige Triebe, und vor allem ein gesundes Wurzelwerk entwickeln.

Ueber die Düngung der alten, im Ertrag stehenden Weinberge möchte ich nun an der Hand meiner Erfahrungen berichten. Vor etwa fünfzehn Jahren wollte man wissen, daß der Weinstock in erster Linie kalibedürftig sei, um kräftiges Holz zu bilden, für Phosphorsäure zum besseren und reichlicheren Fruchtansatz. Der Stickstoff werde hinreichend durch die übliche Stallmistdüngung gegeben. Neben der bisherigen Stallmistdüngung, alle drei Jahre 350 Ztr. Stallmist auf den Metermorgen, gaben wir in den Zwischenjahren auf den Morgen 5 Zentner Thomasschlacke und 3 Ztr. Kainit. Ein Erfolg zeigte sich erst nach Jahren und dann auch nicht überall. Nun kam es, daß im Winter 1888 der Mist ausgetragen war, aber wegen eingetretenen harten Frostwetters nicht untergemacht werden konnte. Jetzt hatten wir mit Recht oder Unrecht die Ansicht, daß während des Lagerns Stickstoff verloren gegangen sein konnte, was uns veranlaßte, im Frühjahr 1889 eine kleine Gabe Chilisalpeter, 50 kg auf den Morgen, zu geben. Jetzt änderte sich das Aussehen und die Entwickelung der Weinstöcke sehr zu gunsten derjenigen, wo kein Chilisalpeter aufgestreut wurde. Dies brachte uns auf den Gedanken, daß unsere Weinstöcke doch Stickstoffhunger haben könnten, beschränkten die Thomasschlacke und Kainit auf die Hälfte der bisherigen Gaben und streuten dafür im Frühjahr Chilisalpeter. Der Erfolg zeigte sich in auffälliger Weise. Gerade in diesem Jahre wurde auch von anderer Seite über Erfolge vermehrter Stickstoffdüngung berichtet und das ermutigte uns, diese Düngung beizubehalten. Da sich nun in diesem Jahre die Peronospora in heftiger Weise zum ersten Male im Rheingau zeigte, die Weinberge aber durch rechtzeitiges Bespritzen gegen diese Krankheit geschützt waren, glaubte man im allgemeinen den guten Stand und Ertrag der Weinberge dem letzteren Umstande zuschreiben zu sollen; ich fühlte mich jedoch schon damals veranlaßt, darauf aufmerksam zu machen, daß die gegebene Bedüngung hierbei wohl auch ihren günstigen Einfluß äußern müsse.

Einen weiteren Fortschritt in der Düngung machten wir im nächsten Jahre, indem wir den Unkraut- und Futterparagraphen in den Verträgen mit den Weinbergsarbeitern aufhoben und für das bisher gegebene Futter eine angemessene Entschädigung zahlten. Durch einen oder mehrere eingelegte Zwischenbaue im Sommer wird das Aufkommen des Unkrautes möglichst verhindert. Nimmt das Unkraut bei feuchter Witterung dennoch überhand, so wird dasselbe nicht herausgetragen, sondern gleich den Gipfeln und sonst abfallendem Laubwerk, an Ort und Stelle untergegraben. An den auf diese Weise vermehrten Kulturkosten wurde nun zu sparen versucht, indem die Stallmistgaben vermindert wurden. Wir gaben von da an nur alle vier Jahre dasselbe Quantum wie sonst in drei Jahren und scheint sich dieses recht wohl zu bewähren. Im Jahre 1892 kamen die konzentrierten Düngemittel in den Handel. Wir können nicht sagen, daß dieselben nicht gewirkt hätten, doch da wir mit den billigeren Düngemitteln dieselben Erfolge hatten, sind wir dabei geblieben. Nur änderten wir die Form, das Kali gaben wir in Form von schwefelsaurem Kali, den Stickstoff in Form von schwefelsaurem Ammoniak. Wenn wir auch keine Beweise dafür haben, daß **die im Kainit und Chilisalpeter enthaltenen Nebensalze** dem Boden oder den Weinstöcken schaden, vermeiden wir dieselben doch. Oberflächlich verkrusten Chilisalpeter und Kainit den Boden, doch merkt man nach dem Behacken nichts mehr davon. Immerhin ist es möglich, daß bei längerer Anwendung der Boden doch klotzig wird.

Seit zwei Jahren wenden wir auch direkte Kalkdüngung an, 5 bis 10 Ztr. frischgebrannten Aetzkalk und kohlensauren Kalk, wie solcher als Abfall in der chemischen Fabrik Oestrich zu haben ist. Den Kalk geben wir mit der Mistdüngung.

Um klar zu sein, gebe ich im folgenden unseren Düngerturnus mit Angaben der Mengen:

1 Jahr à 350 Ztr. Stallmist und 10—15 Ztr. Kalk;
2 „     1 Ztr. = 50 kg schwefelsaures Ammoniak, 2 Ztr. Thomasmehl;
3 „     1½ Ztr. = 75 kg schwefelsaures Ammoniak, 2 Ztr. Thomasschlacke, 1 Ztr. schwefelsaures Kali;
4 „     2 Ztr. = 100 kg schwefelsaures Ammoniak, 2 Ztr. Thomasschlacke, 1 Ztr. schwefelsaures Kali;
5 „     350 Ztr. Stallmist u. s. w.

Im letzten Jahre haben wir teilweise Hornspäne verwendet und es wird möglich sein, durch diese das schwefelsaure Ammoniak zu ersetzen. Dies ist sehr wohl anzunehmen, da anderseitig die besten Erfahrungen damit gemacht sind. Kali und Phosphorsäure werden wir weiter in Form von schwefelsaurem Kali und Thomasschlackenmehl geben.

Als sehr bewährt können wir eine reichliche Düngung mit Thomasschlacke und schwefelsaurem Kali empfehlen, es ist dies gleichsam ein Zehrbrod, das wir den jungen Weinstöcken mit auf den Weg geben und ist hierbei die oben angegebene Weise, diese Dünger erst durch die Grünpflanzen etwas verdauen zu lassen, ganz besonders zu empfehlen. Gerade weil unser Boden an Phosphorsäure und Kali einen reichen Vorrat hat, sind die Stickstoffgaben jetzt von so augenscheinlicher Wirkung; trotzdem geben wir sie jetzt noch in der genannten kleinen Menge und sie scheinen auszureichen. Die alljährlich durch die Laubabfälle und Unkraut erfolgende, wenn auch nur geringe Grünbüngung sorgt dafür, daß der Boden nicht träge wird; es findet eine immerwährende Verwesung statt und auch dieses scheint sehr zur Wirkung der chemischen Dünger beizutragen. Außerdem äußert auch die öftere Bodenbearbeitung günstigen Einfluß. Daß der Rührkarst im Sommer nicht rosten darf, ist eine alte Winzerregel, welche auch heute noch und gerade da, wo solche Düngung angewendet wird, beachtet werden muß.

Die Rheingauer entschließen sich nur schwer zu einer neuen Einführung und lassen sich noch schwerer überzeugen. Es war einer unter unsern Weinbergsarbeitern, welcher sich außerordentlich gegen das Einstreuen von andern Düngern wehrte. Er hat im Laufe der Jahre seine

Ansicht geändert und behauptet jetzt am besten zu wissen, wie sehr sich seitdem die Weinberge gebessert haben. Die Gipfeln würden alle Jahre länger und jedes Jahr gäbe es kräftigere und zahlreichere Bogreben und mehr Trauben. Das erreiche er sonst bei doppelter Stallmistdüngung nicht.

Nur ein Umstand, welcher sonst recht günstig zu nennen ist, ist für uns etwas mißlich. Es tritt eine etwas frühere Reife der Trauben ein, so daß wir, wenn wir uns dem Herbstzwang fügen sollen, namentlich in günstigen Jahren, etwas Schaden durch Auslaufen der Trauben erleiden. Das Jahr 1897 mit seinem trockenen Herbst zeigte, wo die Trauben gesund blieben, hingegen deutlich, wie reich der Ertrag sich gestaltete. Wurde im allgemeinen selten mehr als ein Drittel geerntet, so kamen wir weit über einen halben Herbst und stand der Most bezüglich seines Gewichtes, ohne daß besondere Auslesen gemacht wurden, an erster Stelle. Nur in den geringsten Lagen wurden 100° Oechsle nicht erreicht, in allen Berglagen aber überschritten.

Auch haben wir in alten Weinbergen die Erfahrung gemacht, daß alle Düngung, in welcher Form sie auch gegeben wurde, nicht wirken wollte. Da ist es am besten, den Weinberg auszuhauen, es fehlt den alten Stöcken offenbar an Kraft, neue Wurzelorgane zu bilden, mit deren Hilfe sich die Stöcke die gebotenen Nährstoffe zu nutze machen könnten. Doch kann ich hier nicht unterlassen, eine Beobachtung zu veröffentlichen, welche doch für den Wert der Düngung spricht. Nachdem so ein alter Weinberg ausgehauen war, zeigten sich im Jahr darauf fast Stock für Stock junge kräftige Triebe, welche aus den unteren Knoten des Wurzelstockes entsprossen waren. Wenn sich nicht verschiedene große Lücken gezeigt hätten, so hätten wir das Stück stehen lassen, es hätte sich wohl gesund und kräftig entwickelt. Dies legt den Gedanken nahe, zurückgehende Stöcke durch einen Schnitt bis tief in den Boden hinein zu verjüngen. Der aus dem Boden kommende Trieb macht neue kräftigere Wurzeln und ist wieder in der Lage, die Nahrung aufzunehmen.*

Es ist wohl möglich, daß sich im kommenden Jahre wieder neue Gesichtspunkte in der Rebendüngung entwickeln, das aber wird immer Wahrheit bleiben, daß der Weinstock bei unserer Kulturmethode viel, gar sehr viel Dünger verlangt.

## Ueber das sogenannte Umschlagen der Weine.

Von Dr. P. Kulisch, Dirigent der Oenochem. Versuchsstation der Königl. Lehranstalt in Geisenheim.

In einigen Rotweinkellereien des Ahrthales zeigten die 1894er Burgunderweine in ausgesprochenstem Maße Neigung zum Umschlagen und Braunwerden und zwar in einem solchen Grade, daß dieser Jahrgang schließlich von dem Versand ganz ausgeschlossen werden mußte. Die

---

\* Ein dahingehender Vorschlag zur Verjüngung der Weinberge wurde vor mehreren Jahren schon durch von Babo gemacht. (Die Schriftl.)

Krankheit begann in der Regel damit, daß die Weine andauernd trübe blieben. Die Art der Trübung war eine bei Rotweinen sonst nicht beobachtete; die Farbe der Weine war infogedessen unansehnlich schmutzig, bei stärkerer Erkrankung wurden die Weine fast chokoladenbraun. Das Rotweinbouquet und der Rotweingeschmack traten mehr und mehr zurück, dafür bildete sich ein bitterlicher Nachgeschmack aus, der den Wert der Weine auch dann erheblich verminderte, wenn es gelang, die Weine schließlich klar zu bekommen. Die Einsendung einer größeren Zahl derartiger Weine an die Versuchsstation gab Veranlassung, über das Wesen und die Heilung der beschriebenen Krankheit eingehendere Versuche anzustellen. Die für braunwerdende Rotweine sonst vorgeschlagenen Behandlungsweisen erwiesen sich bei den in Rede stehenden Weinen als unzulänglich oder gar wirkungslos. Schwefel in den vorgeschlagenen Mengen verhinderte die Trübung auf die Dauer nicht. Die von Neßler empfohlene Entfernung der das Braunwerden veranlassenden Stoffe durch Milch oder andere Schönungsmittel führte noch nicht einmal immer zu einer vorübergehenden Klärung, verminderte aber in allen Fällen die Farbe so stark, daß die Weine unverschnitten als Rotweine nicht mehr verwendbar waren.

Die eingehendere Untersuchung solcher Weine ergab, daß die Trübung in der Wärme sich wieder löste. Bezüglich der erforderlichen Temperatur verhielten sich die Weine nicht ganz gleich: In manchen Fällen genügte eine Erwärmung auf 45—50° C., bei anderen Proben mußte man auf 70—75° gehen. Einzelne Weine wurden nur beim Erwärmen mit schwefliger Säure klar. Die Wirkung der Wärme war in manchen Fällen geradezu überraschend: Dicktrübe, chokoladenfarbene Weine wurden glanzhell und nahmen wieder eine normale Rotweinfarbe an, wenn auch bei den stärker kranken Weinen die Farbe in der Regel einen Stich ins Braunrote behielt.

Nicht alle Weine blieben beim Erkalten vollständig klar. Selbst unter Luftabschluß zeigte sich später, bisweilen schon nach wenigen Stunden, wiederum die spezifische Trübung der kranken Weine, wenn auch weniger stark als vor der Erwärmung. Weitere Versuche ergaben, daß eine Zufuhr schwefliger Säure nach dem Erwärmen oder aber noch die Erwärmung mit schwefliger Säure in den weitaus meisten Fällen die Weine auch nach dem Erkalten klar erhielt.

Höchst bemerkenswert ist die Thatsache, daß diese kranken Weine sehr große Mengen schwefliger Säure vertragen, ohne daß ihre Farbe wesentlich notleidet. Auch im Geschmack tritt die schweflige Säure nicht annähernd in dem Maße hervor, als dies bei normalen Weinen der Fall ist. Beispielsweise konnte in einem Falle, als pro 1000 Lit. 160 g schwefliger Säure zugeführt waren, ein erheblicher Geschmack nach schwefliger Säure von keinem Sachverständigen festgestellt werden. Die kranken Weine scheinen danach Stoffe zu enthalten, welche innerhalb ganz kurzer Zeit die schweflige Säure binden.

Das Verhalten der Weine zeigt manche Aehnlichkeit mit den Erscheinungen, welche nach Angaben französischer Forscher durch ein Ferment, die Oxydase, hervorgerufen werden, welches sauerstoffübertragend wirken soll. Unzweifelhaft spielt auch bei den von mir untersuchten Weinen der Lufteintritt eine wesentliche Rolle, doch kann ich aus meinen Beobachtungen keinen zwingenden Beweis für das Vorhandensein eines Ferments entnehmen. Die Erscheinungen bei dem Erwärmen der Weine, das Verhalten bei der Abkühlung und gegenüber schwefliger Säure lassen sich ungezwungen auch ohne Annahme einer Fermentwirkung erklären.

Auf Grund eingehender Laboratoriumsversuche ist zur Heilung der Krankheit folgendes Verfahren ausgearbeitet worden. Die kranken Weine werden je nach dem Grade des Trübseins pro 1000 Lit. mit 1 bis 3 Schnitten Schwefel von je 20 g eingebrannt und dann soweit im Pasteurisier-Apparat erwärmt, bis eine befriedigende Klarheit erzielt ist, wozu eine Temperatur von 55—75° C. erforderlich ist. Der im Pasteurisier-Apparat wieder abgekühlte Wein erhält im Faß noch einmal eine ganz schwache Schwefelgabe. Die so behandelten Weine werden in der Regel von selbst klar. Wenn sie, da ja nur die spezifische Trübung der Weine beim Erwärmen gelöst wird, nicht ganz hell werden, so verhalten sie sich wenigstens bezüglich der Klärung nicht ganz anders als normale Rotweine. Das Verfahren hat sich in einer größeren Zahl von Kellereien vorzüglich bewährt. Die Bedenken, welche man gegen die Verwendung so starker Schwefelmengen haben könnte, haben sich als unbegründet erwiesen: Weder hat die Farbe der Rotweine Not gelitten, noch ist die Qualität der Weine irgendwie beeinträchtigt worden.

Die Untersuchungen sind auf verwandte Erscheinungen bei Weißweinen ausgedehnt worden.

(Jahresbericht 1897/98 der Königl. Lehranstalt zu Geisenheim.)

## Gesondertes Lesegut.*

Wenn es schon ein großes Uebel für die Qualität des Weines ist, in einem Weinberge alle möglichen Traubensorten vereinigt zu finden, die bei der Lese in eine Maische wandern, so ist es doch schlimmer für die Qualität bestellt, wenn nun auch noch die gesunden mit den faulen, die reifen mit den unreifen Trauben zu einer Qualität vereinigt werden. Hier ist eine Sonderung des Lesegutes unbedingt am Platze. Da hängen in einem Weinberge einige volle gesunde Trauben, dann zaselige mit faulen Beeren, solche mit Rappen ohne Beeren, viele aber auch, die stark vom Schimmel ergriffen sind und viele, sehr viele sauerfaule Beeren haben. Wird dies alles zusammengelesen, gemostert und gekeltert, so leidet die Qualität des Weines sehr, da ein reingöriges Produkt dann nicht zu erzielen ist. Auch wird man überhaupt Mühe haben, den Wein in den fertigen Zustand zu bringen.

---

* Wegen Raummangel konnte der Artikel leider nicht eher Aufnahme finden, obwohl er uns rechtzeitig zuging; die darin enthaltenen Ausführungen haben durch die Verzögerung jedoch auch jetzt nicht an ihrem Werte verloren.

(Die Schriftl.)

Leicht kann da in der Lese abgeholfen werden, wenn es auch für die Leser unbequem ist. Nehme jeder Leser sich zwei Bütten oder nehmen zwei Leser zwei Bütten für gesondertes Lesegut, die eine für alle gesunden und reifen Trauben bezw. Beeren, die man ausliest und die andern für die kranken, faulen, schimmligen, sauerfaulen, unreifen Trauben und man halte auch die Maischen gesondert. Jede wird für sich gekeltert und eingelegt, jeder Most und Wein für sich besonders behandelt und auch die geringe Qualität wird bei angemessener Behandlung einen trinkbaren Wein ergeben, dabei aber die vornehme Qualität der ersten Sorte nicht verderben.

Wie kann nun die Praxis, d. h. wie können die Winzer, die ihren Herbst als Trauben oder Most verkaufen, diese Forderung erfüllen? Da hat die Sache einige Schwierigkeiten, da nicht immer die Trauben schon verkauft sind, wenn sie noch im Weinberg hängen. In manchem Jahr mag wohl die Möglichkeit eintreffen, daß die meisten Trauben vom Käufer am Weinberge abgenommen werden und für diesen Fall müssen sich Winzer und Käufer einigen, der Käufer stellt die Bedingung, daß der Winzer gesondertes Lesegut liefert und dieser verlangt dagegen für beide einen, den gleichen Preis.

Der Winzer und Weingutsbesitzer, der das ganze Jahr hindurch sich abmüht und plagt, um eine gute Weinernte zu gewinnen, sollte auch in den Tagen der Lese die Mühe nicht scheuen, eine so hohe Güte des Weines zu erzielen, als nur eben möglich ist. Darauf muß der Winzer stolz sein und darauf ist er auch in der That stolz. Darum heißt die Parole für die Weinlese: „Gesondertes Lesegut!"  H. Fuchs.

## Kalkdüngung bei Neuanlage von Weinbergen.

Seither hatte die Kgl. Lehranstalt in Geisenheim beim Rigolen der Wüste in Eibingen zur Verbesserung des Bodens 15 Ztr. Thomasmehl und 15 Ztr. Kainit auf den Morgen ($^1/_4$ ha) derart gegeben, daß die ganze 90 cm bis 1 m tiefe gelockerte Erdschichte damit gleichmäßig versehen war. Nebst Kali und Phosphorsäure wurde bei einigen Parzellen auch Stickstoff in einer langsam löslichen den Boden lockernden Form, und zwar als Wollstaub gegeben. Außerdem benützte man zur Lockerung des Bodens dort, wo Wollstaub wegblieb, Torfmull, der in der oben gezeigten Weise einrigolt wurde. Das Wachstum so behandelter Felder war zwar stets ein schönes, doch nicht überall so kräftiges, als nach der reichlichen Düngung gehofft wurde. Es fehlte mangels Kontrollparzellen — da die Weinberge eigentlich kein Versuchsfeld sein sollten — jeder Anhalt dafür, welchem der dabei in Betracht kommenden Faktoren, ob der tiefen Erdlockerung, ob der Düngung und wenn dieser, ob allen Düngemitteln oder nur einigen und welchen in diesem Falle die Wirkung zuzuschreiben war.

Da nach der Entstehung des Bodens, der ein Verwitterungsprodukt des Taunusschiefers und Taunusquarzits ist, auf Kalkbedürftigkeit geschlossen werden mußte und eine Kalkzufuhr in diesem Falle eine günstige Wirkung auf das Wachstum ausüben müßte, hatte man bei der im

Winter 1896 auf 1897 rigolten Parzelle neben den oben angegebenen Mengen Thomasmehl und Kainit 40 Ztr. Kalksteinmehl pro Morgen (mit 98% kohlensaurem Kalk) gegeben und zwar derart, daß das ganze Stück Kali und Phosphorsäure und nur etwa die Hälfte Kalk zugeführt erhielt. (Bezugsort des Kalkes: Agnesenhütte in Haiger, Hessen-Nassau, 1 Ztr. mit Fracht 1,57 Mk.).

Im Frühjahr 1897 wurde das Stück mit Riesling bepflanzt. Die Wirkung dieser Düngung trat gleich beim Austrieb im Frühjahr deutlich hervor und wurde im Laufe des Sommers eine geradezu auffällige. Die mit Kalk versehene Hälfte fiel jedem durch ihr dunkles Grün und ihre erheblich stärkere Triebkraft gegenüber der ohne Kalkzufuhr gebliebenen Hälfte auf und gewann schließlich einen solchen Vorsprung, daß sie von den den Sachverhalt nicht kennenden Besuchern und Vorübergehenden für eine um ein Jahr ältere Pflanzung gehalten wurde.

Das gleiche günstige Verhalten zeigte das Stück auch 1898. Die Zahl der Fehlstellen, entstanden durch nicht gewachsene Reben, war hier verschwindend klein im Vergleich zur anderen Hälfte, wo infolge des schweren Bodens viele Lücken entstanden sind und nachgepflanzt werden mußten. Die Beobachtungen erstrecken sich, wie gesagt erst auf 2 Jahre und lassen weitgehende Schlüsse nicht zu; trotzdem liefern dieselben jetzt schon einen wertvollen Beitrag für die Beurteilung der Kalkdüngung nach verschiedenen Richtungen:

1. Zunächst ergeben sie, daß der Boden in der genannten Lage für Kalkdüngung dankbar ist und eine solche in Zukunft daher bei Neuanlagen, als bereits bestehenden Weinbergen empfehlenswert erscheinen läßt.
2. Läßt sich durch Zufuhr des billigeren, kohlensauren (unaufgeschlossenen) Kalks eine sehr gute Wirkung erzielen, welche den teureren Aetzkalk, der im Boden schließlich auch in ersteren übergeht, entbehrlich macht.
3. Erhält der Boden eine Kräftigung, welche ein besseres und gleichmäßigeres Anwachsen der neugepflanzten Reben und deren spätere Entwickelung in sehr wirksamer Weise fördert.

Wie lange sich die Wirkung der Untergrundkalkdüngung äußern wird, kann derzeit nicht gesagt werden und weitere Beobachtungen müssen dieses lehren; doch ist auf Grund des bisherigen Verhaltens anzunehmen, daß das Jungfeld sicher noch in den nächsten Jahren Vorteil davon ziehen und sich durch kräftiges Wachstum aller seiner Teile auszeichnen wird.

Damit wäre aber das erreicht, was bei einer guten Vorbereitung des neu anzupflanzenden Weinbergs in kalkarmem Boden so wichtig ist: Die gegebene Vorratsdüngung mit Kali und Phosphorsäure, sowie die anderen im Boden enthaltenen Nährstoffe durch Zufuhr von Kalk so wirksam zu machen, daß die Reben davon zehren und sich zu gut bewurzelten und kräftigen Stöcken ausbilden können.

Kalkdüngung hatte man beim Rigolen im Winter 1897/98 auch im Versuchsweinberge im Lößboden (Lehmboden) gegeben. Obwohl der Boden kalkhaltig ist, so sollte der nachstehende Versuch zeigen, ob eine weitere Zufuhr von Kalk in den oberen, bis zu etwa 1 m Tiefe im Laufe der Zeit infolge Auswaschung durch atmosphärische Wässer immerhin kalkärmer gewordenen Bodenschichten nicht doch eine Wachstumsverbesserung hervorruft und damit lohnend erscheint. Um bei dieser Gelegenheit gleichzeitig zu sehen, wie die Kalkformen, welche als Abfall der chemischen Fabriken in Oestrich und Winkel in großer Menge zu haben sind, sich verhalten, hatte man diese für den Versuch bestimmt. Der frisch abfallende Kalk von Oestrich enthielt neben 30% Wasser 66% kohlensauren Kalk und 3% Aetzkalk; derjenige von Winkel neben 20% humusbildender (Hefe) Substanz, 25% Gips und 1% Stickstoff. Beide wurden in der Menge von ungefähr 100 Ztr. und in der oben geschilderten Weise auf den Morgen gegeben, was einer Zufuhr von annähernd 66 Ztr. kohlensauren bezw. 25 Ztr. schwefelsauren Kalks und 1 Ztr. Stickstoff entspricht. Das Feld wurde in drei gleiche Teile geteilt, wovon zwei Kalk erhielten, während ein Teil zum Vergleich ohne diesen rigolt wurde. Die ganze Parzelle wurde außerdem mit 15 Ztr. Thomasmehl und 15 Ztr. Kainit pro Morgen gedüngt, welche ebenfalls beim Rotten untergebracht wurden. Im Frühjahre 1898 bepflanzte man das Feld mit der selbstgezüchteten Sorte Burgunder $\times$ Riesling," wovon das Holz nach und nach von einem einzigen Mutterstocke gezogen wurde, also in seinen Eigenschaften unter sich ganz gleich war. Trotzdem konnte im Laufe des Sommers irgend ein äußerlich sichtbarer Unterschied in der Entwickelung des Feldes nicht beobachtet werden; alle drei Abteilungen hatten vom Frühjahr bis zum Herbst einen ganz gleichen, guten Stand und zeigten damit, daß der Kalk in keiner der beiden Formen zur Wirkung kam, selbst dort nicht, wo Stickstoff dabei enthalten war. Wahrscheinlich ist dieser in einer schwer löslichen Verbindung darin vorhanden und konnte diesserhalb den von der angegebenen Menge erwarteten Nutzen nicht gehabt haben.

Wie das Feld in den nächsten Jahren sich entwickeln wird, ist bestimmt auch hier nicht vorauszusagen, allein, wenn man den Eibinger Versuch, der schon im ersten Jahre in so ausgesprochener Weise zur Geltung kam, damit vergleicht, so ist kaum anzunehmen, daß die Wirkung des Kalkes hier eine sichtbare wird. Soweit sich das Urteil auf die einjährige Beobachtung stützt, muß gesagt werden, daß **Kalk weder als kohlensaure noch schwefelsaure Verbindung im Lößboden von Wert ist; dieser ist so reich daran, daß er eine weitere Zufuhr desselben nicht lohnt.** Wenn beim Rigolen im Rheingauer Löß, der in etwa 80 cm bis 1 m Tiefe befindliche, aus den oberen Schichten heruntergeschwemmte, den Boden stark durchsetzende Kalk heraufgeholt wird, so erfährt der Obergrund davon eine solche Anreicherung, daß sie dort, wo es an Kalk fehlen sollte, auf Jahre hinaus zur Wirkung kommt. In jedem Falle wird aber durch ein Brechen und Heraufholen dieser für die Wurzeln undurchdringlichen Schichte, im Rheingaue fälschlich „Salpeterschichte" genannt, eine Verbesserung des Bodens insofern erzielt, als jetzt die Wurzeln beim Vordringen in tiefere Bodenschichten kein Hindernis mehr finden.

Fr. Zweifler.

## Rundschau.

Gelegentlich der Weltausstellung in Paris im Jahre 1900 beabsichtigt die Reichsregierung eine **Kollektivausstellung deutscher Weine** zu veranstalten. Zu diesem Zwecke stellt das Reich im deutschen Repräsentationsgebäude geeignete Räume zur Verfügung, eine Begünstigung, welche um so höher anzuschlagen ist, als dieses mit Ausnahme der inneren Ausschmückung, wofür die Aussteller selbst zu sorgen haben, unentgeltlich geschieht und dazu noch an einer für eine wirksame Vorführung deutscher Erzeugnisse besonders geeigneten Stelle. Das Gebäude befindet sich nämlich am Ufer der Seine auf einem sehr vorteilhaft gelegenen Platze der Ausstellungsfläche, so daß für gedachten Zweck kaum ein besserer Raum hätte gewählt werden können. Die Vorarbeiten zu diesem Unternehmen werden vom Reichskommissar für die deutsche Ausstellung, Geheimen Regierungsrat Dr. Richter in Berlin eingeleitet werden.

Zur **Weinfrage** nahm auch der unterfränkische Weinbauverein Stellung und kam in seiner letzten Ausschuß-Sitzung vom 15. Oktober, wie „Weinbau und Weinhandel" mitteilt, zu dem Beschlusse, daß nur ein striktes Verbot der Weinfälschung und Herstellung von Trester-, Hefe- und Rosinenweinen anzustreben sei, eine Besteuerung aber nicht im Interesse des fränkischen Weinbaues liege, weil durch eine solche die Kunstweinfabrikation legalisiert würde. Die bisherigen Grenzzahlen beim Zuckern der Weine aber sollen in Wegfall kommen, da kleinere Naturfrankenweine, die in geringeren Lagen und geringeren Jahrgängen gewachsen sind, nachgewiesenermaßen in Konflikt mit diesen Grenzzahlen geraten können.

In gleicher Angelegenheit haben mehrere Reichstagsabgeordnete im Reichstage einen Antrag eingebracht, worin die verbündeten Regierungen ersucht werden, baldmöglichst einen Gesetzentwurf als Zusatz zum Weingesetz von 1892 vorzulegen, durch welchen ein wirksamer Schutz der Interessen des Weinbaues, reellen Weinhandels und des Weintrinkers herbeigeführt und namentlich die gewerbsmäßige Herstellung, sowie der gewerbsmäßige Ein- und Verkauf von Kunstweinen verboten wird.

## Kleinere Mitteilungen.

Der nächste, **achtzehnte deutsche Weinbau-Kongreß** wird 1899 in **Würzburg** stattfinden. Der Ausschuß des unterfränkischen Weinbauvereins beschäftigte sich in seiner letzten Sitzung mit dieser Angelegenheit und beschloß, daß seitens des Vereins alles geschehen solle, dem Kongresse einen guten Verlauf, dem besseren Bekanntwerden der Frankenweine aber einen günstigen Erfolg zu sichern.

**Wanderwinzer in Ungarn** ist eine Einrichtung, welche den Zweck hat, die Wiederherstellung der durch die Reblaus verwüsteten Weinberge nach Kräften zu fördern. Sie besteht darin, daß tüchtige, in der Rebveredelung und im Weinbau überhaupt praktisch erfahrene Winzer in irgend einem Wein-Inspektionsbezirke staatlich angestellt und auf Verlangen den Weinbauern der betreffenden Gegend gegen mäßige Entschädigung mit ihrem Rate zur Verfügung gestellt werden. Diese seitens des ungarischen Staates geschaffene Einrichtung hat sich, wie die

„Weinlaube" berichtet, in einigen Gegenden als sehr nützlich bewährt und soll nach Bedarf auf weitere Weinbaugebiete ausgedehnt werden.

**Der erste Wein und die ersten Rosinen** aus den **deutschen Kolonien** wurden am 5. Dezember vor. Jahres durch das Preisgericht des kolonialwirtschaftlichen Komitees prämiiert. Die Geschmacksprobe und die chemische Analyse der Erzeugnisse, welche aus Klein-Windhoek in Südwestafrika stammen, berechtigen zu der Hoffnung, daß bei zweckentsprechender Behandlung ein den Kap-Weinen ebenbürtiger Wein erzeugt werden kann. Nach dem Urteil des Gouverneurs, Major Leutwein, besteht begründete Aussicht, den Weinbau in absehbarer Zeit in größerem Umfang zu betreiben. Der Klimatologe Dr. Dove bezeichnet als besonders für den Weinbau geeignet die Ufer des Kuisib, des Swakopmund, des Eisib zwischen dem 15. und 16. Längengrad. Durch den Weinbau eröffnet sich dem deutschen Unternehmungsgeist ein neues lohnendes Feld seiner Thätigkeit in der besiedelungsfähigen Kolonie Südwestafrika.

("Tägl. Rundschau".)

**Kalidüngesalze.** Vom 1. Januar 1899 ab bringt das Verkaufssyndikat der Kaliwerke in Leopoldshall-Staßfurt einige neue Sorten von Kalidüngesalzen mit einem Mindestgehalt von 20, 30 und 40% Kali in den Handel.

Es wird damit dem in landwirtschaftlichen Kreisen vielfach geäußerten Wunsche entsprochen, daß die Kaliwerke neben den Rohsalzen auch Salze mit höherem Kaligehalt zu angemessenen Preisen zum Verkauf bringen möchten. Dadurch, daß diese Salze, unter denen besonders das 40%ige hervorzuheben ist, bei gleichem Gewicht eine größere Kalimenge als die Rohsalze darbieten, gewähren sie eine bedeutende Erleichterung und Verbilligung in der ganzen Handhabung bei dem Transporte bis zum Ausstreuen auf dem Felde. Es entspricht beispielsweise die in einer Wagenladung von 100 dz Kalidüngesalz enthaltene Kalimenge den nachstehenden Rohsalzmengen:

100 dz 20%iges Kalidüngesalz = 161 dz Kainit oder 222 dz Karnallit
 „  „  30  „        „           = 242  „     „     „  333  „     „
 „  „  40  „        „           = 323  „     „     „  444  „     „

Unter Berücksichtigung dieses Umstandes stellt sich auch das Kilogramm reinen Kalis in diesen Salzen bei größeren Entfernungen nicht höher als in den Rohsalzen.

Außerdem muß ganz besonders hervorgehoben werden, daß diese Kalidüngesalze, und auch hier wieder das 40%ige in erster Linie, überall da einen ganz entschiedenen Vorteil vor den Kalirohsalzen haben, wo es sich um Kalidüngung auf mittleren und schweren Böden handelt. Auf diesen hat die Anwendung von Kalirohsalzen im Gegensatze zu deren vorzüglicher Wirkung auf leichteren und auf Moorböden bekanntlich oft ein Verkrusten der Krume zur Folge.[*] Aber auch da, wo es sich für Qualitätsbau um Anwendung reinerer Kalisalze handelt, wo eine Kalidüngung noch im Frühjahr, ja sogar kurz vor der Aussaat ausgeführt oder nachgeholt werden soll, also in Fällen, in denen gegen die Anwendung der Kalirohsalze gewisse Bedenken bestehen, werden diese Kalidüngesalze mit Vorteil verwendet werden können.

Zu näheren Auskünften über die Wirkung und geeignetste Anwendung dieser Kalidüngesalze ist die Agrikultur-Abteilung des Verkaufssyndikats stets bereit.

**Kalkhaltiger Bauschutt,** der sich beim Abtragen alter Gebäude häufig ergibt, ist ein wertvolles Düngemittel für Weinberge in kalkarmem Boden, wie solche im Rheingaue so häufig sind (Schieferboden, Taunusschotterboden.) Er lockert schweren Boden und wirkt demnach in zweifacher Richtung verbessernd auf denselben ein. Die vorteilhafte Wirkung einer Ueberschüttung der Weinberge mit

---

[*] Im Lehmboden hat eine seit 1887 im zweijährigen Düngungsumlauf erfolgte Anwendung von Kainit in Weinbergen (3 Ztr. pro Morgen) eine Verkrustung nicht zur Folge gehabt. (Die Schriftl.)

solchem Material machte sich stets durch Kräftigung des Holzwachstums und Vermehrung der Tragbarkeit derselben schon im gleichen Jahre in angenehmer Weise bemerkbar und hielt eine Reihe von Jahren an. Beim Rotten mit dem Boden vermischt, fördert Bauschutt das Wachstum des Jungfeldes in auffälliger Art. Bei der Bereitung des Kompostes leistet er gute Dienste, indem er dessen Verwesung und Reifung beschleunigt. Daher sollte man Bauschutt in einer oder der anderen der genannten Arten verwenden, nicht aber auf Straßen, Wege und andere Orte schütten, wie es vielfach geschieht.

**Ist im Sommer gefälltes Holz geringwertiger als im Winter gefälltes?** Auf diese oft aufgeworfene Frage giebt Geh. Oberforstrat Judeich in Tharandt die Antwort, daß nicht die Fällungszeit, sondern die nachfolgende Behandlung des Holzes über dessen Qualität entscheidet. Das baldige Entrinden der frisch geschlagenen Stämme ist eine wesentliche Vorbedingung für die gute Erhaltung derselben. Um das Aufreißen des Holzes zu verhindern, das durch die schnelle Austrocknung der ihrer schützenden Rindenhülle beraubten Splintscheiben erheblich gefördert wird, ist es vorteilhaft, die gefällten Bäume einige Tage mit der vollen Krone liegen zu lassen, damit die ihre vegetative Thätigkeit fortsetzenden Blätter und Nadeln den im Stamme enthaltenen Saft noch verarbeiten und zur Verdunstung bringen können. Praktisch gehandhabt wird dieses Verfahren eigentlich nur noch in den Karpathenländern, obwohl schon eine 1567 erschienene Forstordnung für das Herzogtum Württemberg dieses Verfahren empfiehlt. Das dauerhafteste Holz gewinnt man dadurch, daß der Stamm, soweit er Nutzholz liefern soll, ganz entrindet und dann erst nach 1—2 Jahren gefällt wird. Dieses Verfahren war im vorigen Jahrhundert bei Gewinnung von Holz für die französische Marine vorgeschrieben und findet jetzt noch bei den Engländern für das in Ostindien gewonnene Teakholz Anwendung. In Japan wird ein solcher Nutzholzstamm durch Abtöten der Wurzeln mit Feuer langsam zum Absterben gebracht und dadurch die Leistungsfähigkeit des Holzes in ähnlicher Weise gesteigert.

("Zeitschr. f. d. landw. Vereine d. Großh. Hessen".)

**Rosinen für Pferde.** Wie bekannt, so schreibt die in Milwaukee (Ver. Staaten) erscheinende „Acker- u. Gartenbauztg.", herrschte in diesem Jahre in Kalifornien eine außerordentliche Trockenheit; infolgedessen stiegen die Preise für Futterstoffe zu solcher Höhe, daß die Farmer und Weingartenbesitzer darüber nachdachten, ob es nicht möglich sei, andere, billigere Stoffe, die zur Verfügung standen, zur Fütterung zu verwenden. So kam ein Farmer in Fresno auf die Gedanken, Rosinen, die 18—20 Dollar die Tonne kosteten, an Stelle von Gerste, die 30—32 Dollar kostete, zu füttern und in der „Horse World" schreibt ein Farmer folgendes darüber:

„Gerste kostet 30 Dollar die Tonne, Rosinen 18 bis 20 Dollar. Es ist schwierig, für die Tonne Rosinen mehr als 20 Dollar zu erhalten. Vor einiger Zeit beschloß ich, Rosinen anstatt Korn als Pferdefutter zu verwenden. Zum Versuche kaufte ich einstweilen ein altes Pferd und verfütterte an das Tier täglich 12 Pfund Rosinen. Der Gaul war ganz ausgemergelt, begann aber in kurzer Zeit Fett anzusetzen und rund zu werden. Das Futter schien also sehr nährend zu sein, denn das Pferd wurde sogar fleischig und wieder ganz munter. Ich verkaufte es dann an seinen früheren Besitzer für 30 Dollar, dreimal so viel, als ich für dasselbe bezahlt hatte. 12 Pfd. Rosinen sind gleich 20 Pfd. Gerste. Bei den jetzigen Kornpreisen würde der Futterwert einer Tonne Rosinen etwa 60 Dollar betragen, so daß ein Nutzen von 42 Dollar gegenüber dem jetzigen Verkaufspreise von 18 Dollars gegenüber sich ergiebt. Die Rosinen sind auch ein gutes Rinder- und Schweinefutter, doch habe ich nach dieser Richtung hin noch nicht viele Versuche angestellt. Pferde scheinen Rosinen sehr zu lieben und bleiben bei diesem Futter in guter Kondition. Verschiedene meiner Nachbarn werden meinem Beispiele folgen und Rosinen als Viehfutter verwenden. Es ist dies eine gute Art, um den jetzt in den Händen der Farmer befindlichen Ueberschuß an Rosinen los zu werden."

Daß in Jahren, wo die Weintrauben billig waren, diese als Futter für Kühe und Schweine benutzt wurden, ist ja bekannt, ein Leser berichtete darüber vor einigen Jahren in der Zeitung und teilte mit, daß die Milchergiebigkeit der Kühe sich bei Weintraubenfütterung erhöhte, die Milch aber einen eigentümlichen Geschmack mache.

## Fragekasten.

**Frage.** Ich habe seit einiger Zeit sehr darunter zu leiden, daß meine Weine wieder staubig werden. Es kommt mir oft vor, daß Weine, die durch ein Enzinger-Filter gelaufen, und zwar hell gelaufen sind, nach einigen Tagen gräulich und blässer von Farbe werden. Solche Weine schöne ich mit Hausenblase, worauf sie nach einigen Tagen wieder hell werden. Nach dem Versand resp. bei der Kundschaft werden diese Weine oftmals wieder staubig. Glauben Sie, daß es am Filter liegt? Ich habe vor, mir ein neues Filter anzuschaffen; welches System können Sie mir empfehlen?

**Antwort.** Das Wiedertrübwerden an sich klarer Weine kann durch sehr verschiedene Ursachen bedingt werden, doch ist es sehr wahrscheinlich, daß bei Ihnen die Art des Filters mit in Betracht kommt. Auch in anderen Kellereien hat man die Beobachtung gemacht, daß die durch ein Enzinger-Filter geklärten Weine in ganz eigenartiger Weise wieder trüb werden. Ich glaube diese Erscheinung auf die allzu reichliche Berührung des Weines mit Zinn zurückführen zu sollen. Namentlich wenn letzteres nicht allererster Qualität ist, kann es im Weine die von Ihnen beobachteten Erscheinungen hervorrufen. Als ein sehr leistungsfähiges Filter kann ich Ihnen das Viktoria-Schnellfilter von L. Lieberich Söhne in Neustadt a. H. empfehlen. Dasselbe ist gleichgeeignet, stark trübe jüngere Weine vom Schmutz zu befreien, wie ausgebauten Weinen für den Versand den letzten Aufputz zu geben.
Dr. Kulisch.

**Frage.** Anbei übersende ich Ihnen eine Flasche eines 90r Geisenheimer Weines, der an der Luft schwarz wird. Ich bitte um Mitteilung, wie der Wein von diesem Fehler zu befreien ist.

**Antwort.** Der von Ihnen eingesandte 1890r Geisenheimer Wein ist für einen so alten Jahrgang noch sehr trüb und dabei in hohem Grade schwarz. Letztere Eigenschaft tritt deshalb nicht sehr stark hervor, weil die Schwärzung durch die weißliche Trübung etwas verdeckt wird. Der Wein schönt sich sehr gut mit stärkeren Gaben von Gelatine, welche einen tiefschwarzen Niederschlag in dem Wein erzeugen. Auf 1 hl sind 5 g Gelatine in $^1/_4$ Liter heißen Wassers, ohne daß man die Flüssigkeit kocht, zu lösen. Die erkaltete Schönung wird sofort in üblicher Weise mit Wein verdünnt und mit dem Wein im Faß innig vermischt.
Dr. Kulisch.

**Frage.** Die eingesandte Probe 1897r Weines, der wie die anderen jetzt hellen Nummern desselben Jahrgangs behandelt ist, ist bis heute nicht klar geworden. In der Gärung hörte er früher auf als die anderen, kam aber im Sommer nicht in eine neue Gärung. Ich bitte den Wein zu untersuchen, ob er vollständig vergoren ist, da jetzt die beste Gelegenheit wäre, durch Zusatz von frischer Hefe eine Umgärung vorzunehmen. Oder wäre der Wein, wenn er ausgegoren hat, durch Klären oder Schönen hell zu bekommen?

**Antwort.** Der von Ihnen eingesandte 1897r Weißwein scheint in der That schlecht vergoren zu sein, denn derselbe enthält noch 0,3 g Zucker. Ferner hat der Wein eine starke Neigung rahn zu werden, womit die Neigung zum Trübwerden zusammenhängt. Ich empfehle Ihnen, den Wein mit der Hefe eines gut vergorenen 1898r Weines zu mischen. Erfahrungsgemäß mindert der Zusatz von Hefe die Neigung zum Rahnwerden, es ist auch zu erwarten, daß die kleinen Zuckermengen noch zum Verschwinden kommen. Im Frühjahr ist der Wein von der Hefe in ein stark eingebranntes Faß abzulassen. Eine Schönung des Weines widerrate ich, da bei dem hohen Kohlensäuregehalt die Wirkung sehr zweifelhaft ist.
Dr. Kulisch.

**Frage.** 1. Kann das Begießen der Weinstöcke mit Seifenlauge einen Einfluß auf das Auftreten des Oïdium Tuckeri ausüben? 2. Ist die Verwendung von Schwefelleber zur Bekämpfung des Oïdiums zu empfehlen?   Winzer in Niederdollendorf.

**Antwort.** 1. Eine 3%ige Seifenlösung schadet nach hier angestellten Versuchen weder den Blättern noch den Gescheinen des Weinstockes, wenn diese Lösung nach Art der Bordelaiser Brühe verspritzt wird. Gegen den Rosenmehltau empfiehlt Professor Schulze-Rostock eine Lösung von 1 Teil schwarzer Seife in 50 Teilen Wasser. Das Verhalten des Weinmehltaues gegen Seifenlösung wird dasselbe sein wie das des Rosenmehltaues; genaue Untersuchungen fehlen jedoch noch hierüber. 2. Zur Bekämpfung des Mehltaues ist auch das Bespritzen mit Schwefelleber, einem Gemenge von Kaliumpolysulfiden und schwefelsaurem Kalium empfohlen worden; in Nordamerika soll das Bespritzen mit einer Lösung von Schwefelleber vorteilhaft auf den Stachelbeer-Mehltau gewirkt haben. Gegen den Traubenpilz wandte man eine Lösung von 4 g Schwefelleber in 1 Lit. Wasser an. Jedoch fehlen auch hierüber wieder genauere Untersuchungen, so daß, da wir ja im Schwefel ein wirksames Mittel gegen Oïdium haben, letzteres vor der Hand empfohlen wird.   R. M.

## Vom Büchertisch.

**Studien über den Weinbau in Südtirol, Norditalien und im Tessin.** Ein Reisebericht von Dr. J. Morgenthaler, Hauptlehrer an der landw. Schule in Strickhoff bei Zürich. Verlag von E. Speidel in Zürich 1899. Preis 50 Pf.

In Form eines Berichtes entwirft der Verfasser in seiner kleinen 14 S. enthaltenden Broschüre ein anschauliches und lehrreiches Bild von den Eindrücken und Wahrnehmungen, welche er beim Besuch des österr. Weinbaukongresses in Trient 1897 und der Bereisung der obengenannten Gegenden gewonnen hat. Fr. J.

## Persönliches.

Der Weinbergs- und Oekonomie-Aufseher der Fürstlich v. Metternich'schen Domäne Schloß Johannisberg (Rheingau), **Adam Lohr**, ist nach 51jähriger Dienstzeit (davon 23 Jahre als Aufseher) mit 1. Januar in den wohlverdienten Ruhestand getreten.

An seine Stelle wurde der Aufseher der Rebveredlungsstation der Königl. Lehranstalt zu Geisenheim **M. Kaiser** berufen, während dessen Posten mit **Friedrichs** besetzt wurde. Diese beiden sind Geisenheimer Schüler.

## Korrespondenz der Königl. Lehranstalt für Obst-, Wein- und Gartenbau zu Geisenheim.

**Behörden, Vereinen, Gutsbesitzern, Inhabern von Obstzüchtereien, Obstverwertungsfabriken, Obst- und Weinbaugenossenschaften, Weinhandlungen u. s. w.** geben wir bekannt, daß die Königl. Lehranstalt für Obst-, Wein- und Gartenbau in Geisenheim frühere Schüler als **Wanderlehrer, Obst- und Gutsgärtner, Leiter von Obstverwertungseinrichtungen, Verwalter von Weingütern, Kellermeister** u. dgl. und jüngere Leute als **Gehilfen** solcher Betriebe empfehlen kann. Da die Anstalt auch zur Aneignung landwirtschaftlicher Kenntnisse Gelegenheit bietet, so kann ein Teil der diesen Gegenstand hörenden Schüler auch auf Wein- und Obstgütern Verwendung finden, mit welchen Feldbau und Viehhaltung in kleinerer Ausdehnung verbunden sind.

Nähere Auskunft erteilt die Direktion der Lehranstalt.

## Anzeigen.

(Für Form und Inhalt der Anzeigen ist die Schriftleitung nicht verantwortlich.)

## Trauben-, Obst- und Beeren-Pressen

mit *Duchscher's Original-Differenzialhebel-Presswerk.*

### Unübertroffen

in Sorgfalt und Stärke der Ausführung, praktischer Einrichtung aller Organe, Druckkraft u Handlichkeit.

**Patentpresskorbeinrichtungen**

D. R. P. No. 34240 u. 62554.

**Neuheit!**

Verbesserte hydraulische Wein- und Obstpressen, Ober- und Unterdruckkeltern.

## André Duchscher, Eisenhütte Wecker,

Grossherzogt. Luxemburg, im deutschen Zollverein,

**Trauben-, Obst- und Beerenmühlen, Passiermaschinen.**

*Kataloge von 1898 enthalten Neuheiten u. werden gratis u. franko zugesandt.*

## Rebspritzen:

### Deidesheimer und Vermorel l'Eclair

zum Bespritzen der Weinberge gegen die Peronospora, sowie die bewährten Schwefelungsapparate

„**Vulkan**" und „**Torpille**",

ferner Schwefelungsbälge

„**Original Don Rebo**"

zur Bekämpfung der Traubenkrankheit, auch Aescherich (Oïdium Tuckeri) genannt, von der Königl. Lehranstalt empfohlen, liefert die Eisenhandlung

**Moritz Strauß**, Geisenheim.

# Mitteilungen
### über
## Weinbau und Kellerwirtschaft.
### XI. Jahrgang.

Herausgeber:  Schriftleitung:
Landes-Oekonomierat **R. Goethe.**  Fachlehrer **Fr. Zweifler.**

**Nr. 2.**  Geisenheim, im Februar  **1899.**

## Unsere Weinbergsschnecken und ihre Schädlichkeit.
### Von Dr. Gustav Lüstner in Geisenheim.

Betritt man im Frühjahr nach einem warmen Regen einen Weinberg, so ist man erstaunt über die große Menge von Schnecken, welche sich dort vorfindet. Man hat alsdann Gelegenheit wahrzunehmen, daß es vorwiegend drei Arten von diesen Tieren sind, welche alle durch zwei Paar Fühler und ein spiralig gewundenes Gehäuse ausgezeichnet sind. Sie gehören zu den Schnirkelschnecken oder Helicinen.

Zunächst fällt uns ein ziemlich großes Tier dieser Familie mit grau-braunem Gehäuse und etwas hellerer Körperfarbe auf. Es ist dies die eigentliche **Weinbergsschnecke**, Helix pomatia. Sie ist zahlreicher in unseren Weinbergen als es auf den ersten Blick scheint, nur wird sie infolge ihrer Farbe, die fast ganz mit derjenigen des Bodens übereinstimmt, oft nicht wahrgenommen. Dies ist namentlich dann der Fall, wenn an ihrer Schale, wie es fast immer vorkommt, einige Erdbröckchen haften.

Die zweite, am häufigsten auftretende Art ist die **Hainschnecke**, Helix nemoralis. Sie erkennen wir schon von weitem an ihrem gelben, oft von einem oder mehreren braunen Bändern durchzogenen Gehäuse. Ihr Mundrand, d. h. der Rand des Gehäuses an der Eingangsöffnung, hat eine braune Farbe. Hierdurch unterscheidet sie sich von der kleineren, ein dünneres Gehäuse tragenden, dritten Art, der **Gartenschnecke**, Helix hortensis, welche einen weißen Mundrand besitzt. Diese Art ist weniger häufig in den Weinbergen.

Die Lebensthätigkeit unserer Tiere fällt in den Sommer. Mit Anfang des Winters verbergen sie sich in Schlupfwinkeln unter der Erde, verschließen den Eingang ihres Gehäuses mit einem Kalkdeckel und ziehen sich mehr ins Innere desselben zurück. So gegen Witterungunst geschützt, halten sie ihren Winterschlaf, bis sie die ersten warmen Regen des Frühjahres zu neuem Leben erwecken.

Die Schnecken sind feuchtigkeitsliebende Tiere. Nur in der Kühle der Nacht oder früh morgens, wenn die Pflanzen noch vom Tau bedeckt sind, kriechen sie umher, während sie sich tagsüber in ihrem Gehäuse aufhalten. Gegen Wärme sind sie sehr empfindlich. Deshalb finden wir sie in den höher gelegenen, sonnigen Weinbergen nicht so häufig, als in tieferen, feuchten Lagen. Ihr starkes Auftreten nach Regen oder bei anhaltender Feuchtigkeit zeigt uns an, daß sie sich unter solchen Verhältnissen am wohlsten fühlen. Ja, man kann Schnecken, welche keine Nahrung annehmen wollen, durch Besprengen mit Wasser zum Fressen anregen. Die den Pflanzen viel gefährlicheren Nacktschnecken, welche gegen Wärme noch empfindlicher sind, kommen der großen Trockenheit wegen, die in den Weinbergen herrscht, hierin nur selten vor.

Zur Aufnahme und zum Zerkleinern der Nahrung besitzen die Schnecken ein eigentümliches Organ, die sogen. Reibeplatte. Dieselbe besteht aus zahlreichen kleinen Zähnen, welche zu Querreihen angeordnet, auf der wulstförmig vorgewölbten Zunge sitzen. Fig. 1 stellt eine solche Querreihe dar.

Fig. 1. Querreihe der Reibeplatte einer Schnecke.

Man kann diese Reibeplatte mit einer Raspel vergleichen. So wie der Tischler mit diesem Instrument das Holz bearbeitet, ähnlich so benagen die Schnecken mit ihrer Zunge die ihnen zur Nahrung dienenden Pflanzenteile.

Wie verhalten sich nun die Schnecken den Pflanzen, speziell dem Weinstock gegenüber? Ueber diese Frage giebt uns Prof. S t a h l in einer „Pflanzen und Schnecken" betitelten Arbeit Auskunft. Er zeigt hierin, daß die Pflanzen auf sehr verschiedene Art gegen die Angriffe von Schnecken geschützt sind. Hinsichtlich ihrer Wirkungsweise lassen sich diese Schutzmittel in chemische und mechanische einteilen. Jene, zu welchen die Gerbstoffe, saure Säfte, Haare mit sauren Ausscheidungen, ätherische Oele und Bitterstoffe zu rechnen sind, halten die Schnecken infolge ihres bitteren Geschmackes oder unangenehmen Geruches von den betreffenden Pflanzen ab, diese, zu welchen die Borstenhaare, verkalkte und verkieselte Zellhäute, Schleim- und Gallertbildungen und spitze Krystalle gehören, können von diesen Tieren ihrer Härte wegen nicht verletzt werden oder rufen beim Kauen schmerzhafte Empfindungen hervor. Daß diese Stoffe in der That Schutzmittel gegen Schneckenfraß sind, zeigt S t a h l dadurch, daß er die genannten Stoffe mit Wasser, Alkohol oder Säuren entfernte und die so behandelten Pflanzenteile, zusammen mit unbehandelten, den Schnecken vorlegte. Es ergab sich hierbei, daß die ausgelaugten Pflanzenteile den frischen stets vorgezogen wurden.

Von diesen Schutzmitteln besitzt der Weinstock zwei in sehr bedeutender Menge. Ein chemisch wirkendes, den Gerbstoff und ein mechanisch wirkendes, die Raphiden. Letztere (siehe Fig. 2) sind lange, dünne, an beiden Enden zugespitzte Krystalle aus oxalsaurem Kalk, welche ihre schützende Funktion dadurch ausüben, daß sie sich den Tieren beim Kauen in die Mundschleimhaut einbohren und hier einen heftigen Schmerz verurſachen. Sie liegen zu Bündeln vereinigt in den Zellen und treten erſt aus, wenn dieſe verletzt werden. (Fig. 2, *b*.)

Mit dem bloßen Auge ſind dieſe Nadeln nicht zu ſehen, dafür ſind ſie viel zu klein. Von ihrer Anweſenheit kann man ſich aber leicht überzeugen, wenn man junge Ranken der Rebe kaut. Der brennende Geſchmack, der ſich hierbei einſtellt, wird nur durch die Raphiden hervorgerufen. Nach reichlichem Genuß von Weinbeeren — namentlich bei gewiſſen Sorten — ſpürt man im Gaumen und auf der Zunge ein ähnliches Brennen, welches gleichfalls auf die nadelförmigen Kryſtalle zurückzuführen iſt.

Während ſich der Gerbſtoff in faſt allen Teilen der Rebe nachweiſen läßt, finden wir die Raphiden namentlich an den Stellen, welche von den Angriffen der Schnecken am meiſten bedroht ſind; in den jungen Trieben, den Ranken, Blütenſtänden, Blättern und der Rinde. In der Beere, die vor den zuckerliebenden

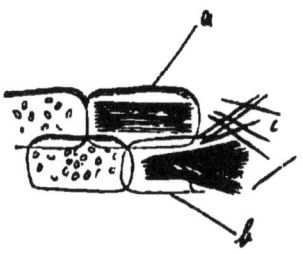

Fig. 2. Zellen mit Raphiden.
*a* die Zelle unverſehrt, das Kryſtallbündel geſchloſſen.
*b* die Zelle geöffnet und einzelne Raphiden.

Schnecken beſonders geſchützt ſein muß, trifft man die Kryſtallnadeln vorzugsweiſe an der Pheripherie an, während ſie nach dem Innern zu ſpärlicher werden. Die jungen Knoſpen beſitzen in ihren Wollhaaren noch ein weiteres Schutzmittel gegen Schneckenfraß.

Unſere drei in Frage kommenden Schnecken verhalten ſich dieſen Schutzmitteln gegenüber verſchieden und hiermit hängt zuſammen, daß der Schaden, den ſie an der Rebe anrichten, auch ein verſchieden großer iſt. Profeſſor M ü l l e r = T h u r g a u ("Weinbau u. Weinhandel" 1890) der ſich ſpeziell mit dieſer Frage beſchäftigte, hatte einige Verſuche ausgeführt, welche uns die Schädlichkeit der drei Schneckenarten deutlich erkennen laſſen.

Einige große Weinbergsſchnecken (Helix pomatia), die ſich unter einer Glasglocke befanden, bekamen Rebblätter vorgelegt, zu welchen noch einige Kartoffel= und Rübenſtücke, die beide eine Lieblingsnahrung der Schnecken bilden, gebracht wurden. Die Kartoffel= und Rübenſtücke wurden ſofort und ſehr begierig befreſſen, die Rebenblätter dagegen waren ſelbſt nach 24 Stunden nur wenig verletzt.

Bei einem zweiten Verſuche wurden Rebblätter in 3 Teile geſchnitten, aus einer Partie die Gerbſäure, aus der zweiten dieſe und die Raphiden entfernt; die 3. Partie blieb friſch. Je eins der ſo behandelten Blattſtücke wurde alsdann derſelben Schneckenart vorgelegt. Anfangs machten die Tiere keinen Unterſchied, ſie fraßen gleichmäßig an den behandelten wie unbehandelten Blattteilen. Nach einigen Stunden jedoch waren die von Gerbſäure und Raphiden befreiten Stücke verzehrt und nur ein Tier hatte an einem nur von Gerbſäure befreiten Blatte gefreſſen. Dann verzehrten die Schnecken die gerbſtoffloſen aber noch Raphiden enthaltenden Stücke, während ſelbſt nach 24 Stunden noch ein großer Teil der unbehandelten übrig war.

Dieselben Versuche stellte Müller=Thurgau auch mit der Hain= schnecke (Helix nemoralis), an (die Gartenschnecke, Helix hortensis, ver= hält sich fast ebenso), wobei sich ergab, daß dieses Tier eine große Ab= neigung gegen fast alle frischen Teile des Weinstockes hat. Erst nachdem die schützenden Stoffe aus den Blättern entfernt waren, wurden letztere begierig gefressen, wobei die gerbstoff= und raphidenfreien wieder den gerbstofffreien aber noch raphidenführenden bevorzugt wurden. „In der trockenen Luft gewachsene Rebblätter wurden gar nicht befressen, im Ge= wächshaus gewachsene erst nach viertägigem Hungern und nur in ganz geringem Maße, die zarten Blätter der eben erst ausgetriebenen Sprosse gleicherweise nur nach langem Hungern."

„Wie schon gesagt, besitzen die jungen Knospen in den sie bedecken= den Wollhaaren ein gutes Schutzmittel gegen Schneckenfraß. Man kann sich hiervon leicht selbst überzeugen, wenn man, wie Müller=Thurgau es gethan hat, einige Zweigstücke, an welchen sich derartige Knospen be= finden, mit Schnecken zusammenbringt. Die Tiere nagen alsdann nur die braune Rinde ab, während sie die Knospen unberührt lassen.

Genau dasselbe Resultat erhielten wir bei Versuchen, welche während des Sommers mit diesen 3 Schneckenarten im Freien, d. h. im Weinberge, angestellt wurden. Im Frühjahr wurde über zwei Reb= stöcke je ein großer Glaskasten gestellt und unter den einen mehrere

Fig. 3. Fraß der großen Weinbergsschnecke (Helix promatia) an einem Rebblatt.

große Weinbergsschnecken, unter den anderen eine Anzahl Garten- und Hainschnecken gebracht. Die Kasten blieben den ganzen Sommer über im Weinberge stehen. Schon nach kurzer Zeit waren an den Blättern des Stockes, bei welchem sich die großen Weinbergsschnecken befanden, deutlich Fraßstellen sichtbar (Fig. 3), welche während des Sommers immer zahlreicher und deutlicher wurden. An den Blättern des anderen Stockes war von Beschädigungen nichts zu finden. Die Anwesenheit der Schnecken konnte hier nur an der sauber abgeraspelten braunen, nunmehr weißlich aussehenden Rinde erkannt werden.

Aus allen diesen Versuchen geht hervor, daß die Beschädigungen am Weinstock nur von der großen Weinbergsschnecke ausgeführt werden, die kleineren Arten sind nicht oder kaum daran beteiligt. Diese ernähren sich vorzugsweise von verwesenden Pflanzenteilen. Die im Weinstocke enthaltenen Schutzmittel, Gerbstoff und Raphiden, halten die kleineren Arten vollständig fern, der größeren und gefräßigeren Weinbergsschnecke vermögen sie dagegen nicht Widerstand zu leisten. Trotzdem die Pflanzenteile, welche die Stoffe enthalten, der Schnecke keine zusagende Nahrung sind, werden sie zuweilen, namentlich dann, wenn das Tier längere Zeit gehungert hat, dennoch gefressen.

Es ergiebt sich aber ferner hieraus, daß beim Vertilgen der Schnecken, das bekanntlich in dem Einsammeln und Töten derselben besteht, häufig Fehler gemacht werden. Wie man sich leicht durch einen Blick in die Sammelgefäße überzeugen kann, werden von den Arbeitern vorwiegend die kleineren, unschuldigen Schnecken aufgelesen, während man den eigentlichen Schädling, die große Schnecke, in diesen Gefäßen nur in wenigen Exemplaren sieht. Daß hiermit so gut wie nichts erreicht wird, geht aus obigen Auseinandersetzungen hervor. Das Einsammeln der Schnecken vermindert nur dann den Schaden, den die Tiere anrichten, wenn sich dasselbe vorwiegend auf die große Weinbergsschnecke erstreckt.

### Peronosporaspritzprobe.

Von Dr. R. Meißner und Fr. Zweifler.

Um über die von der Firma Krewel & Komp. in Köln in den Handel gebrachte Spritze „Rhenania" ein Urteil zu gewinnen, wurde dieselbe mit dem Vermorel'schen Apparate unter Aufsicht der Berichterstatter im Sommer 1898 einer vergleichenden Prüfung unterzogen. Diese wurde bei allen drei Bespritzungszeiten auf ein und derselben Parzelle und durch ein und dieselbe Person durchgeführt und dabei die Grundlagen für die Beurteilung der Spritzen ermittelt. Man hatte zunächst die verbrauchte Flüssigkeitsmenge, die Zahl der Füllungen, die für die Vornahme dieser erforderliche Zeit, sowie die Zeitdauer für die Bespritzung des Inhaltes genau beobachtet und auch den Weg von dem Füllort zur Parzelle und zurück zeitlich berücksichtigt. Außerdem erstreckte sich die Beobachtung auf die Feinheit des Flüssigkeitsstrahles und sonstige während der Arbeit etwa eintretende Vorkommnisse. Es wurde folgendes gefunden.

Auf den Morgen Weinberg (¼ ha) wurden bei der „Rhenania" 91 l, bei der Vermorelspritze 120 l Flüssigkeit verbraucht; da die erstere 9 l, die letztere 15 l Inhalt besitzt, so waren dort 10 Füllungen (jede mit je einem der beigegebenen Packete), hier 8 Füllungen erforderlich. Zu jeder Neufüllung gebrauchte man bei der „Rhenania" 2,66 Min. einschl. Schüttelung, bei der „Vermorel" 2,4 Minuten; der Weg vom Füllorte zur Parzelle und zurück betrug jedesmal ½ Minute. Die Zeitdauer für die Bespritzung des Inhaltes betrug bei der „Rhenania" 31,5, bei der „Vermorel" 19,3 Minuten. Alle die Angaben sind die Durchschnitte aus den bei jeder der drei Proben gemachten Aufzeichnungen. Während der Arbeit wurde beobachtet, daß der Strahl bei der „Rhenania" anfänglich sehr fein ist, gegen Ende aber darin nachläßt, obwohl noch Kohlensäuredruck nach vollständiger Entleerung des Kessels vorhanden ist. Derselbe erweist sich sonach gegen Ende als nicht stark genug. Die Spritze läuft vollkommen leer. Störungen durch Verstopfung der Spritzröhre und damit hervorgerufene Verzögerungen der Arbeit kamen einigemale vor; einmal mußte der Inhalt ausgeleert werden. Dabei machte sich der Nachteil der Spritze fühlbar, daß damit die Flüssigkeit unbrauchbar wurde, weil bei der Entleerung der zur Verstäubung derselben nötige Druck verloren ging. Die bei diesem Aufenthalte erlittenen Zeit- und Flüssigkeitsverluste sind indessen bei obigen Angaben deshalb nicht berücksichtigt worden, weil sie sich durch eine Erweiterung der Spritzröhre und die Anbringung eines Kränchens am Kesselauslaufrohre in Zukunft werden vermeiden lassen. Dagegen sei noch bemerkt, daß mit der „Rhenania", wie mit allen nach demselben Prinzipe gebauten Apparaten andere Mittel, als die gerade für den Apparat hergestellten, nicht verspritzt werden können und so die Verwendung solcher Apparate zur Behandlung von Bäumen u. s. w. unmöglich wird. Stellt man mit Hilfe der oben mitgeteilten Zahlen die Kostenberechnung der Bespritzung auf, so gestaltet sie sich für den Morgen folgendermaßen:

### 1. Rhenania.

```
10 Packete Brausesalz à 0,25 . . . . .   2,50 M.
10 Füllungen      à 2,66 Min. =  26,6 Min.
20mal Weg         à ½    "    =  10    "
10 Verspritzungen à 31,5 "    = 315    "
                   Zusammen    351 Min.
                   = 6 Std. à 30 Pf. .  1,80 „
Kosten der einmaligen Bespritzung . . . .  4,30 M.
```

### 2. Vermorel-Spritze.

```
120 Lit. Lösung 1 und 2% im Durchschnitt . . 1,08 M.
 8 Füllungen      à 2,4  Min. = 19,2 Min.
16mal Weg         à ½     "   =  8    "
 8 Verspritzungen à 19,3  "   = 154,4 "
                   Zusammen    181,6 Min.
                   = 3 Std. à 30 Pf. .  0,90 „
Kosten der einmaligen Bespritzung . . . . 1,90 (r.2 M.)
```

Die Zahlen sprechen sehr deutlich und bedürfen keiner Erklärung; zusammengehalten mit den sonstigen, oben mitgeteilten Wahrnehmungen ergeben sie den Schluß, daß die „Rhenania" derzeit nicht geeignet ist der Praxis empfohlen zu werden, weil sich mit den anderen Spritzensystemen, welche sämtlich zudem viel billiger sind, der gleiche Erfolg mit bedeutend niedrigeren Kosten auch dann noch erzielen läßt, wenn man den Hundertpreis = 23 Pfg. per Packet, des Brausesalzes in Rechnung setzt.

## Ueber Phosphatdüngung im Weinberge.

Professor L. Grandeau veröffentlichte im „Journ. d'agricult. prat." 1898, I. p. 705 Ergebnisse diesbezüglicher Versuche, über welche Beythien in „Biedermanns Zentralblatt für Agrikultur-Chemie", Jahrg. XXVII, Heft XII berichtet. Wir entnehmen diesem Bericht nachstehende Mitteilungen:

Die Versuche wurden in der Champagne auf einem 25—30 cm tiefen lehmigen Kalkboden, 20% kohlensauren Kalk in Form von kleinen Kreidestückchen enthaltend und bei der Sorte Blauer Burgunder gemacht. Vorher erhielt der betreffende Weinberg, wie in der Champagne allgemein üblich, nur Stallmist unter Beigabe von Grabenschlamm und Erde und zwar 15000 kg auf den Hektar und Jahr. Auf die gleiche Fläche gab Verfasser jetzt bei seinen Versuchen nur die Hälfte der seitherigen Stallmistmenge und fügte derselben 1000 kg eines Kunstdüngergemenges bei, welches aus 500 kg Thomasmehl, 200 kg Chlorkalium und 300 Kilo Eisenvitriol bestand. Die Anwendung geschah in der Weise, daß in dem einen Jahre Stallmist, in dem andern Kunstdünger, dann wieder Stallmist u. s. w. Anfang Winter in den Weinberg gebracht wurden.

Die Wirkung dieser Düngungsmethode ergiebt sich aus folgenden Zahlen:

Es ergab im mehrjährigen Durchschnitt:
1 ha vorher bei Stalldüngung    3040 kg Trauben oder 15,25 hl Wein
1 „   jetzt  „ der neuen Methode 3949  „       „      19,75  „    „
Demnach ein Mehr von             909 kg Trauben oder  4,50 hl Wein

Die Kaliphosphatdüngung hat daher eine Ertragssteigerung von 30% bewirkt, was um so höher anzuschlagen ist, als dieses durch eine, fast um die Hälfte billigere Düngung erreicht wurde. Der Eisenvitriolzusatz war in dem kalkreichen Boden deshalb nötig, weil er daselbst erfahrungsgemäß die Gelbsucht verhindert und außerdem die im Boden aufschließend wirkende Schwefelsäure zuführt, an welcher es in demselben mangelte.

Grandeau untersuchte auch die bei Stallmistdüngung und die bei Stallmist-Kunstdüngung geernteten Weine chemisch und fand, daß letztere erheblich reicher an Phosphorsäure und daß sie auch im Geschmack wie in der Blume den ersteren weit überlegen waren.

Die Ergebnisse dieser Versuche bestätigen genau diejenigen, welche der Verfasser früher schon mit solchen Düngungen in Burgund erhielt; sie stimmen ferner auch mit den Beobachtungen überein, welche in der Pfalz und von Müntz und Rousseaux für französische Weine gemacht wurden. Danach verdient der Rat Grandeaus, den Reben Phosphor=säure in genügender Menge zuzuführen, Beachtung.

## Ueber Winzervereine.

Von der Nahe können wir nunmehr auch von der Thätigkeit eines Winzervereins, wohl des ersten, berichten. Vom Waldhilbers=heimer Winzerverein geht nämlich dem „O. A." folgender Bericht zu:

„Immer mehr hört man von den Winzern die Vorteile der Winzer=vereine hervorheben. Und dies mit Recht; werden doch an Orten, wo solche Vereine bereits bestehen, bedeutend höhere Preise als früher erzielt. Auch hier, wo die Winzer, namentlich die Klein=Winzer, oft gezwungen sind, ihren Wein zu Schleuderpreisen abzugeben. Möchte man doch endlich gegen die herrschenden Mißstände Front machen und dem Winzer=Vereine beitreten. Das Beitrittsgeld beträgt nur drei Mark, nebst zehn Mark Geschäftsanteil. Die Winzer=Vereine bieten dem Winzer Gelegen=heit, ihre mit vielem Schweiße gezogenen Weine zu annehmbaren Preisen abzusetzen, ebenso werden im Vereine Interessen des geringeren Mannes vertreten. Warum immer den Zwischenhändler den Hauptprofit einstecken lassen? In unserer Zeit, wo der Arbeitslohn durch das Aufblühen der Industrie so hoch gestiegen ist, können die Winzer bei den Spottpreisen, welche sie für ihren Wein annehmen müssen, nicht mehr bestehen. Wohlan denn, schließt Euch dem Vereine an, und verkauft die Weine gemein=schaftlich. Der hiesige Winzer=Verein hat dieses Jahr zum ersten Male seine Weine eingekeltert und acht Stück Natur=Wein auf Lager. Gleich=zeitig möchten wir den umliegenden Ortschaften die Gründung von der=artigen Vereinen bringend empfehlen. Nur auf diese Weise können Natur=Weine in die Welt geschickt und das Pantscherschäft beseitigt werden.

Von der Mosel schreibt man der „Koblenzer Volkszeitung":

„Gründet Winzervereine! Gerade für die Mosel dürfte es von Interesse sein, etwas über den im Jahre 1896 gegründeten Winzer=verein in Gondorf zu hören. Die Jahresrechnung und Bilanz pro 1897/98 des Gondorfer Winzervereins hat ein überraschendes Ergebnis geliefert. Nach zweijährigem Bestehen verfügt der Verein über ein Vermögen von 9102,71 Mk. Bei dieser Berechnung sind von dem Marktwerte der noch vorhandenen Weine 25% gleich 14250 Mk. satzungsgemäß außer Ansatz geblieben. Das Gesamtvermögen beläuft sich also auf 23352 Mk. 71 Pfg. Dabei sind an die Mitglieder für die Trauben sehr hohe Preise gezahlt worden. In 1896 zahlte der Verein für 60° Oechsle 14 Pf., jedes Grad steigend $^1/_{10}$ Pf. mehr. In 1897 dagegen für 70° Oechsle 22 Pf. und für jedes Grad steigend $^1/_5$ Pf. mehr, sodaß teilweise 26$^1/_2$ Pf. bezahlt wurden, ein Preis, der in Gondorf noch nicht bezahlt wurde.

Die kühnsten Hoffnungen der Mitglieder sind durch dieses Ergebnis weit übertroffen und jeder Winzer kann in Gondorf von allen Mitgliedern ohne Ausnahme die Aufforderung hören: „Gründet auch bei euch zu Hause einen Winzerverein!" Unter den denkbar ungünstigsten Verhältnissen wurde der Gondorfer Winzerverein gegründet und dem Trierischen Genossenschafts-Verbande angeschlossen. Das erste Geschäftsjahr brachte den 1896er Wein. Kein Mensch glaubte, daß aus dem 1896er Gewächs in naturreinem Zustande ein trinkbarer Wein werden würde. Deshalb war auch bei den Mitgliedern viel Angst und Sorge anzutreffen, einige traten sogar aus dem Vereine aus. Als dann die erste Bilanz (1896/97) nachgewiesen hatte, daß der Stand des Vereins ein verhältnismäßig günstiger sei — es waren trotz niedriger Schätzung ca. 1200 Mk. Vermögen vorhanden — beruhigten sich die Mitglieder des Vereins. **Der Absatz der 1896er Weine ist aber im letzten Geschäftsjahre so flott gewesen, daß der Winzerverein schon heute befürchtet, seine Abnehmer nicht alle bedienen zu können.** Der Absatz erfolgte fuderweise, in Gebinden und in Flaschen, je nach der Nachfrage. Damit wäre der Beweis erbracht, daß der naturreine Moselwein immer ein gesuchter Artikel ist, nicht nur die guten, sondern auch die geringeren Jahrgänge. Der 1897er Wein des Gondorfer Winzervereins hat sich zu einem ganz hervorragenden Getränk entwickelt. Verkauft sind eine Anzahl Fuder zu 1200 Mk., gleiches Gebot ist für einen weiteren Posten gemacht. Der Verein hält jedoch in der Hoffnung auf noch bessere Preise seine Produkte zurück. — Es sollte uns freuen, wenn, durch diese Zeilen angeregt, allerwärts zum Segen der Winzer solche Vereine gegründet würden. Möchten sich die geeigneten Leute hierzu bereit finden, denn jetzt ist gerade die beste Zeit, um die einleitenden Schritte zu thun. Also auf, ihr Winzer, gründet Winzervereine! H. Fuchs.

## Die Blindholzveredlung der Reben.

### Von August Bebber in Engers a. Rh.

Gerade wie seit alter Zeit die Weinberge und Rebschulen mit Blindholz, d. h. mit langen Rebenstecklingen bestellt werden, so wird es jetzt versucht, unbewurzelte Setzlinge zu veredeln, indem man sich überlegt, daß man so auch bei einem geringen Anwachsprozentsatz weiter kommt, als mit dem Veredeln von Wurzelreben, sei dieses nun im herausgenommenen oder ausgepflanzten Zustande.

Zunächst gewinnt man ein Jahr Zeit bei den Blindholzveredlungen, indem man die zu veredelnden amerikanischen Wurzelreben auch erst ein Jahr als Setzholz zur Bewurzelung einlegen muß und geht meistens hierbei schon ein ziemlicher Prozentsatz verloren, welche keine Wurzeln machen, da sie aus irgend einem Grunde zurückgehen.

Ferner fällt die Zeit der Blindholzveredlungen in die Monate März und April und kann fortgesetzt werden, so lange man gute Edelreiser hat. In dieser Zeit drängt die Arbeit nicht so sehr als zu der

Zeit, wo die Wurzelreben im Freien gemacht werden und bedenkt man nun noch, daß das Veredeln des Blindholzes im Schuppen vorgenommen wird, somit auch bei schlechtem Wetter, oder noch besser, ausschließlich an Regentagen vorgenommen werden kann, so verdient dieser Punkt gegenüber den anderen Veredlungsarten, welche meistens sehr vom Wetter abhängen, wohl der Erwähnung.

Außerdem ist das Veredeln des Blindholzes sehr einfach und handlich, dazu geht es bei Anwendung der Richter'schen Hülsen schnell von statten und erzielt man durch exaktes Handhaben der Methode ziemliche Erfolge, so ist diese Veredlungsweise vielmehr dem Großbetriebe angepaßt als die anderen bekannten Verfahren, wie dieses aus nachfolgender Schilderung ersichtlich ist.

Etwa um Mitte März wird mit dem Veredeln von Blindholz begonnen. Es ist bei unserem Klima nicht ratsam, vorher damit zu beginnen, da sonst der Boden und die Luft zur Zeit der Auspflanzung, nach der zwanzigtägigen Antreibeperiode, noch zu kalt sind. Hat man wenig zu veredeln, so fange man lieber später an, jedoch für Großbetriebe ist dieses die Zeit, da man sonst die Mengen nicht herzustellen vermag, ehe die eigens konservierten Edelreiser und Unterlagen darunter leiden oder gar austreiben. Ueber die gute Aufbewahrungsweise der Edelreiser und Unterlagen will ich mich, obwohl es sehr schwerwiegend ist, nicht hier, sondern an anderer Stelle aussprechen.

Das eigentliche Veredeln geschieht durch Kopulation mit Zungenschnitt und muß sehr sorgfältig und exakt ausgeführt werden, um einen günstigen Erfolg zu sichern. Die Richter'schen Hülsen, auf welchen die Kopulationsschnitte ausgeführt werden, sind für Großbetriebe ein nicht zu verkennendes Hilfsmittel, obwohl die Schnitte auf ihnen nicht so glatt werden als die Handschnitte eines geübten Veredlers. Diese Hülsen sind kurze Röhrchen von verschiedenem lichten Durchmesser, so daß man die verschieden dicken Setzhölzer hineinschieben kann. Dieselben sind mit einem kleinen Ständer auf den Tisch aufgeschraubt und an einer Seite schräg abgeschnitten, genau so, wie der Kopulationsschnitt sein muß und es hat der Zuschneider weiter nichts zu thun, als die Edelreiser in das passende Röhrchen bis an das nächste Auge hineinzuschieben und dann mit dem scharfen Messer über den Ausschnitt der Hülse zu schneiden, bei welcher Gelegenheit er das herausstehende Holz der Rebe wegschneidet und der dadurch entstehende Schnitt den Kopulationsschnitt darstellt. Die so zugeschnittene Unterlagen und Edelreiser kommen in Wasserbehälter und werden von da, je nach Bedarf, möglichst schnell abgeholt. Die Zungenschnitte werden von eingeübten Männern oder Mädchen gemacht, welche dann auch die aufeinander passenden Schnitte der Unterlagen und Edelreiser mit den Zungen ineinanderschieben und dann die so fest sitzende Veredlung ohne Verband bei Seite legen oder in Kübelchen mit Wasser stellen. Gerade so schnell als sie zugeschnitten und ineinander gefügt wurden, werden sie nun abgeholt und in Kisten geschichtet, welche an den Wänden mit Moos eingefüttert werden. Das Einschichten muß sehr exakt ausgeführt werden. Man schlägt eine Seitenwand und den Deckel aus der Kiste, legt sie auf die Seite, belegt die eine Seitenwand mit einer feuchten Moosschicht von etwa 8—10 cm Dicke und schichtet dann die Veredlungen der Länge nach darauf, so daß die Spitzen der Edelreiser vorn glatt wie eine Mauer stehen.

An den Wandungen und hinter her füllt man stets das angefeuchtete Moos in einer Dicke von 8—10 cm nach und häuft so die Kiste mit Reben, eine auf die andere, welche am Schlusse ganz in den Mooswandungen stecken. Die Veredlungen können während des Einschichtens mit den Händen langsam, aber fest, angedrückt werden und schadet es weniger, wenn hier und da eine Veredlung abspringt, als wenn die Reben zu locker aufeinander liegen. Ist die Kiste etwa 5 cm vom Rande entfernt voll, so füllt man sie mit Moos und nagelt die jetzt obenliegende Seitenwand auf, indem die Reben nochmals gut angedrückt werden und stellt dann die Kiste aufrecht, so daß die Köpfe der Veredlungen nach oben kommen. Um die Schimmelbildung an den Veredlungsstellen zu verhüten, werden die Köpfe mit Holzkohlenpulver bestreut und obenauf wieder mit feuchtem Moos bedeckt, aber nicht zugenagelt.

Die so fertig gestellte Kiste, welche je nach Größe 1000, 2000, auch schon 4000 faßt, wird nun in aufrechter Stellung in den auf 20° R. geheizten Antreiberaum gebracht, welcher durch ständiges Spritzen feucht gehalten wird, wo man sie auf zwei Schienen, welche etwa 50 cm vom Boden entfernt sind, placiert. Auch stehen sie ein gutes Stück von der Wand ab und kann somit die feuchte, warme Luft unten und an den Seiten zirkulieren und in die Kiste eindringen. Nach etwa 18 Tagen haben sich die Schnittflächen der Veredlungsstelle und unten am Fußende vollständig mit Kallus überzogen und stellt man dann die Kiste noch 2 Tage zur Abkühlung, vielmehr zur allmählichen Gewöhnung an die äußere Temperatur in den Vorraum, welcher auf 12—15° geheizt ist. Dann, nach einer zwanzigtägigen Antreibezeit, werden die Reben gepflanzt, um im freien Lande in natürlicher Weise Wurzeln zu bilden und die innige Verwachsung der Veredlungsstelle herbei zu führen. Noch sei bemerkt, daß man je nach der Witterung der Kallusbildung oder der vorgerückten Zeit an den 20 Tagen entweder ab oder zugiebt. Auch sei nachgetragen, daß wir hier den zweiäugigen Edelreisern den Vorzug geben, obwohl die einäugigen sowohl beim Einschichten in die Kisten, als beim Auspflanzen Vorteile haben.

Das Anspflanzen geschieht in Reihen und muß hier die Hauptsache bei der Rebenveredlung, Vorsicht ganz besonders angewandt werden, denn die vollständig mit weichem Kallus überzogene Veredlungsstelle ist gar leicht abgestoßen. Man setze sie etwa 6—7 cm in den Reihen von einander, schlemmt sie an und häufelt sie ganz zu, wobei es ratsam ist, um die Veredlungsstelle und das Edelreis lockere Erde zu verwenden. Es darf nicht zu hoch zugehäufelt werden und ist es gut, den oberen Rand des Kammes mit porösem Material, wie Torf oder Lohe zu decken, damit die jungen Triebchen besser durchkommen. Die Veredlungs-, Antreibe- und Pflanzarbeiten sind nicht mit Schwierigkeiten verbunden; in der Praxis und zumal dort, wo man viele Tausende in dieser Weise veredelt, ist man darauf eingerichtet und eingearbeitet und bekommt noch stets den einen oder anderen Vorteil heraus. Sollte die Nebenveredlung durch die ständigen Reblausverheerungen doch einmal einen allgemeinen, praktischen Wert bekommen, so kämen allerdings die Winzer nicht mehr wie bisher so billig zu ihrem Pflanzmaterial, aber auch daran würde man sich gewöhnen, denn der Gärtner und Obstbautreibende muß ja auch seine veredelten Rosen und Obstbäume aus den Spezialgeschäften beziehen und dem Marktpreise entsprechend bezahlen. („Schweizerischer Gartenbau.")

## Rundschau.

Seitens des Reiches ist zur **Beratung der Abänderungsvorschläge zum Weingesetz vom Jahre** 1892 eine Sachverständigen-Konferenz für den 6. Februar nach Berlin einberufen worden. Sie soll die schon seit Jahren aus den verschiedenen Interessentenkreisen an die Reichsregierung gelangten Wünsche und Beschwerden über Verfälschung und Nachmachung des Weines prüfen und so Unterlagen schaffen für eine in Aussicht genommene Regelung der so wichtigen Angelegenheit. Hoffen wir, daß die Ergebnisse dieser Verhandlungen zu gesetzlichen Maßnahmen führen werden, welche einen wirksameren Schutz des Weinbaues, Weinhandels und Weintrinkers gewährleisten, es als bei den bis jetzt bestehenden Vorschriften möglich war.

Eine **Neuregelung der im Großherzogtum Hessen seit 1892 bestehenden Weinsteuer** soll in Angriff genommen werden. Nach dem der zweiten Kammer zugegangenen Gesetzentwurf ist die Steuer als eine Verbrauchsabgabe gedacht, welche nicht nur die Wirte und Händler wie seither, sondern auch den Verbraucher belastet. Dadurch soll eine gerechtere Verteilung der Steuer bewirkt und eine Benachteiligung des Weinhandels gegenüber dem außerhessischen Wettbewerb vermieden werden. Eine Kellerkontrolle ist nicht vorgesehen; dagegen soll die Ueberwachung des Verkehrs auf andere, in einigen Punkten freilich auch recht lästige Weise stattfinden.

Im Elsaß nehmen die **Weinfälschungsprozesse** ihren Fortgang. So wurde Anfang Januar in Colmar wieder ein drei Tage dauernder Prozeß gegen den Weinhändler und Bürgermeister Eugen Ley aus Kirnzheim verhandelt, der mit Verurteilung des Angeklagten zu drei Monaten Gefängnis und 3000 Mk. Geldstrafe endigte.

Eine noch empfindlichere, aber ebenso gerechte Strafe ereilte A. Vogel in Kaisersberg, der wegen schlimmer Weinfälschungen in mehrfachen Fällen, zu 10 000 M. Geldstrafe verurteilt wurde.

Eine für weitere Kreise **wichtige Entscheidung in Sachen der Anlage von Ringöfen in der Nähe von Weinbergen** hat der Kreisausschuß des Rheingaues getroffen. Es handelte sich um die Verhinderung einer solchen Anlage in der Gemarkung Winkel in der nächsten Nachbarschaft wertvoller Weinberge, welche der Schädigung zunächst in hohem Grade ausgesetzt waren. Die zu dem ablehnenden Bescheide führenden Gründe liegen nicht in erster Linie in den Ausführungen der chemischen Sachverständigen, welche sich direkt widersprachen, sondern vielmehr in den gut begründeten Gutachten der Vertreter der Praxis und der pflanzenphysiologischen Wissenschaft.

Diese Gutachten sprachen sich dahin aus, daß eine Schädigung der Weinberge auch auf größere Entfernungen von der Betriebsstätte eintreten könne, weil die in den Rauchgasen enthaltene s c h w e f e l i g e  S ä u r e selbst bei starker Verdünnung als ein sehr schädliches Pflanzengift wirke und insbesondere die Blätter angreife.

Bei einjährigen Kulturen sei der dadurch herbeigeführte Schaden nicht fühlbar; er gestaltete sich jedoch beim Weinstock, als einer ausdauernden und so der Einwirkung des Giftes für lange Zeit ausgesetzten Pflanze in ganz empfindlicher Weise. Derselbe müsse unter solchen Verhältnissen in seiner Lebensdauer um so mehr einbüßen als es bekannt sei, daß geschwächte Reben auch den Angriffen anderer Feinde und Krankheiten stärker ausgesetzt sind, als gesunde. Wenn auf diese Weise die Erträge in ihrer Menge beeinträchtigt werden, so müsse auf der anderen Seite aber auch noch eine Herabsetzung der Qualität in Betracht gezogen werden.

Die Blätter erzeugen bekanntlich den Zucker der Trauben und jede Schädigung derselben muß naturgemäß auch eine Qualitätsverminderung der letzteren zur Folge haben. Eine solche wird sich aber insbesondere in Gegenden, wo, wie beim Rheingauer Weinbau, die Qualität den Ausschlag giebt, besonders fühlbar machen. Des weiteren wird auch die Beerenhaut durch die Rauchgase angegriffen, wodurch dem Weine überdies auch ein schlechter Beigeschmack verliehen wird. Diese Gefahr sei im Rheingau eine besonders große, wegen der daselbst im Herbste häufigen, für die Traubenreife und Edelfäule so geschätzten Nebel (im Volksmunde „Traubendrücker" genannt), welche die in den Rauchgasen enthaltenen Säuren in vermehrtem Maße zum Niederschlag bringen. Solche Einflüsse und die damit verbundene Wertverminderung der Weine lassen sich mehrfach nachweisen.

Auf Grund dieser Erwägungen ist die Genehmigung zur Anlage eines Ringofens, der unmittelbar an Weinberge grenzen sollte, versagt worden.

## Kleinere Mitteilungen.

Ein **Weinhändler-Verein** ist vor kurzem in Kreuznach gegründet worden, der dem unreellen Weinhandel entgegenarbeiten will. Die Pflichten eines jeden Mitgliedes sind in folgendem Beschlusse niedergelegt: „Die Mitglieder verpflichten sich durch eigenhändige Unterschrift, verbesserungsbedürftigen Most oder Wein, abgesehen von den Stoffen, welche bei der anerkannten Kellerbehandlung erlaubt sind, nur reines Wasser und Zucker zuzusetzen und insbesondere keine Trester-, Hefen- oder Rosinenweine herzustellen, noch solche, sowie Obstweine, wissentlich zu kaufen oder zu verkaufen.

Wer gegen diese Bestimmung nachweislich verstößt, ist ohne besondere Bethätigung seitens der Generalversammlung von selbst aus dem Verein ausgeschlossen ohne jeden Anspruch an das Vereinsvermögen. Dem Vorstand liegt in solchen Fällen Untersuchung und Entscheidung ob. Gegen die Entscheidung des Vorstandes kann Berufung bei der Generalversammlung eingelegt werden."

Hoffentlich wird der Kreuznacher Weinhändler-Verein seine Thätigkeit auch öffentlich üben und dem Publikum, welches Wein kaufen möchte, seine Adresse geben. Dies kann er aber nur, wenn er die Namen seiner Mitglieder in den Zeitungen des Absatzgebietes sehr oft bekannt giebt. H. Fuchs.

**Einfuhr nach und Ausfuhr aus Deutschland von Wein und Most in Fässern in den Monaten Oktober und November 1897 und 1898**, mitgeteilt aus den Heften des Kaiserlichen statistischen Amtes.

| Jahr bezw. Angabe des Landes | Einfuhr: | | Ausfuhr: | |
|---|---|---|---|---|
| | Oktober | November | Oktober | November |
| | kg | | kg | |
| 1897 . . . . . . . . . . . | 5 711 700 | 6 391 700 | 1 747 600 | 1 489 100 |
| 1898 . . . . . . . . . . . | 5 468 100 | 5 986 900 | 1 849 700 | 1 668 100 |
| Davon in den Monaten Oktbr. u. Novbr. 1898 ein- bezw. ausgeführt aus bezw. nach: | | | | |
| Belgien . . . . . . . . . | — | — | 248 900 | 210 600 |
| Dänemark . . . . . . . . | — | — | 19 000 | 15 900 |
| Frankreich . . . . . . . | 2 668 200 | 2 947 200 | 63 700 | 60 300 |
| Griechenland . . . . . . | 109 700 | 119 500 | — | — |
| Großbritannien . . . . . | — | — | 133 700 | 166 500 |
| Italien . . . . . . . . . | 316 100 | 331 800 | — | — |
| Niederlande . . . . . . . | — | — | 146 600 | 88 000 |
| Oesterreich-Ungarn . . . | 794 700 | 846 600 | 57 000 | 40 900 |
| Portugal . . . . . . . . | 302 100 | 366 900 | — | — |
| Rußland . . . . . . . . | — | — | 87 100 | 78 500 |
| Schweden . . . . . . . . | — | — | 32 800 | 29 800 |
| Schweiz . . . . . . . . | 17 800 | 25 000 | 476 200 | 406 500 |
| Spanien . . . . . . . . | 746 100 | 887 300 | — | — |
| Türkei . . . . . . . . . | 302 500 | 315 100 | — | — |
| Algerien . . . . . . . . | 46 800 | 16 900 | — | — |
| Chile . . . . . . . . . | 24 300 | 22 000 | — | — |
| Verein. Staaten von Amerika . . | 70 200 | 61 400 | 476 300 | 520 700 |

Ueber die **Ergebnisse des Weinbaues in Württemberg im Jahre 1898** finden sich im „Württemb. Wochenbl. f. Landwirtschaft" Nr. 4, 1899 Angaben, welchen wir das Folgende entnehmen: „Von 21 586 ha Weinbaufläche waren im Ertrag 16 807 ha oder rund 78%. Darauf wurden geerntet 74 740 hl oder 4,5 hl auf den Hektar gegen 396 284 hl oder 21,55 hl auf den Hektar im Durchschnitt der 71 jährigen Ermittelungsperiode. Der Durchschnittspreis eines Hektoliters für das ganze Land stellt sich auf 50,20 M. In den einzelnen Landesteilen schwankt der Durchschnittspreis zwischen 30,24 M. (im oberen Neckarthal mit Albtrauf) und 53,44 M. (im unteren Neckarthal). Der Geldwert des gesamten Erträgnisses beträgt 3,640 766 M. Für ein Hektar im Ertrag befindlicher Weinbaufläche berechnet sich nach dem Ergebnis des 1898r Herbstes der Durchschnittsertrag zu 217 M. gegen 637 M. im Vorjahre und 485 M. im Durchschnitt der 71 Jahre 1827/98.

**Frankreichs Weinernte.** Ueber die französische Weinernte im Jahre 1898 wird folgendes mitgeteilt: Die Wiederherstellung der französischen Weinberge nach den Verheerungen durch die Reblaus kennzeichnet sich zunächst durch die Vermehrung des produktiven Bodens in 33 Departements im ganzen um 17 582 ha. Die Gesamtoberfläche der Weinberge in Frankreich beträgt jetzt 1 706 513 ha. Die Gesamtproduktion wurde im Jahre 1897 auf 32 282 359 hl geschätzt oder 19 hl auf den Hektar. Im Vergleiche zum Vorjahre hat sich die Produktion um 68 000 hl vermindert. Sie verminderte sich auch im Herault- und Aude-Departement, denjenigen Departements, die stets den meisten Wein erzeugten. Algerien erntete 5 221 700 hl auf 123 900 ha bebautem Boden. Eingeführt wurden im Jahre 1898 in Frankreich während der ersten 10 Monate 6 655 412 hl Wein, wovon 4 042 881 hl aus Spanien, 2 308 318 hl aus Algerien, 58 406 hl aus Tunis, 11 112 hl aus Italien und 1421 hl aus Portugal. Apfelwein wurden 10 637 436 hl im Jahre Jahre 1898 geerntet, 3 848 721 hl mehr als im Vorjahre.

**Auftreten des Black-Rot** (Schwarzfäule) **im Kaukasus.** Wie Prof. E. Ráthay in „Weinlaube" Nr. 1, XXXI. Jahrg. mitteilt, ist durch die russischen Mykologen Weronin und Jaczewsky auf Trauben, welche aus Kachetien stammten, unzweifelhaft obengenannte Krankheit festgestellt worden. Demnach sind heute als Gebiete, welche von dieser gefürchteten Krankheit heimgesucht werden, mehrere Departements Frankreichs und des Kaukasus anzusehen.

## Fragekasten.

**Frage.** Wir sind hier im Zweifel darüber, welcher der beiden Kupferkalk=mischungen, ob der gewöhnlichen Bordelaiser Brühe oder den in Pulverform im Handel vorkommenden Präparaten wir bei der diesjährigen Bespritzung den Vor=zug geben sollen.

Des weiteren möchten wir schon jetzt Schwefelpulver zur Bekämpfung des Oidiums anschaffen, und dafür eine gute Quelle wählen.

Ich bitte, uns über beides Aufklärung zu geben. P. B. in D.

**Antwort.** Ueber den in der ersten Frage berührten Gegenstand wird in der nächsten Nummer ein ausführlicher Artikel erscheinen, weshalb wir von einer Beantwortung hier absehen und auf diesen verweisen.

Für Bezug von Schwefelpulver seien die Kaufleute Karl Kremer und Heinr. Ostern in Geisenheim, sowie die Fabriksfirma Gebr. Guilini in Ludwigshafen bezeichnet. Fr. Z.

## Vom Büchertisch.

**Deutscher Weinbau- und Weinkellerei-Kalender für das Jahr 1899.** Jahrbuch für Weingutsbesitzer, Winzer und Weinhändler. Verfaßt von Heinrich Würtenberger, Großh. Gutsinspektor, Weingut Schloß Eberstein. Neunter Jahrgang. Kreuznach, Druck und Verlag von Ferd. Harrach, 1899. Preis 2 M.

Wie seine Vorgänger, so bietet auch der vorliegende Jahrgang den oben genannten Fachkreisen eine zuverlässige Auskunftsstelle über wichtige Fragen aus dem Gebiete von Weinbau und Kellerwirtschaft. Für schriftliche Aufzeichnungen stehen übersichtliche Tafeln und für Tagesvermerke ausreichend Raum zur Ver=fügung. Der Kalender kann empfohlen werden. Fr. Z.

## Persönliches.

Der Assistent der önochemischen Versuchsstation, Herr **Dr. Kohlmann**, hat den Posten eines Chemikers bei den Kaliwerken in Staßfurt angenommen. An seine Stelle ist am 15. Januar Herr **Dr. Bolm** aus Braunschweig getreten.

Herr **Anton Stiegler**, Fachlehrer an der steiermärkischen Landes=Obst= und Weinbauschule in Marburg a. d. Drau ist zum Landes=Weinbau=Kommissar für Steiermark ernannt worden.

Herr Fachlehrer **Franz Zweifler** von der Königl. Lehranstalt für Obst-, Wein= und Gartenbau zu Geisenheim ist zum Direktor der steiermärkischen Landes=Obst= und Weinbauschule in Marburg a. d. Drau ernannt worden.

**Korrespondenz der Königl. Lehranstalt für Obst-, Wein- und Gartenbau zu Geisenheim.**

Behörden, Vereinen, Gutsbesitzern, Inhabern von Obstzüchtereien, Obstverwertungsfabriken, Obst- und Weinbaugenossenschaften, Weinhandlungen u. s. w. geben wir bekannt, daß die Königl. Lehranstalt für Obst-, Wein- und Gartenbau in Geisenheim frühere Schüler als **Wanderlehrer, Obst- und Gutsgärtner, Leiter von Obstverwertungseinrichtungen, Verwalter von Weingütern, Kellermeister** u. dgl. und jüngere Leute als **Gehilfen** solcher Betriebe empfehlen kann. Da die Anstalt auch zur Aneignung landwirtschaftlicher Kenntnisse Gelegenheit bietet, so kann ein Teil der diesen Gegenstand hörenden Schüler auch auf Wein- und Obstgütern Verwendung finden, mit welchen Feldbau und Viehhaltung in kleinerer Ausdehnung verbunden sind.

Nähere Auskunft erteilt die Direktion der Lehranstalt.

---

## Anzeigen.

(Für Form und Inhalt der Anzeigen ist die Schriftleitung nicht verantwortlich.)

### Katz & Klump,
#### Holzsägewerk und Imprägnier-Anstalt
#### in Gernsbach (Baden),

empfehlen mit Quecksilbersublimat imprägnierte **Rebstecken, Baum-** und **Rosenpfähle** in allen vorkommenden Längen, ferner: imprägnierte Latten, Bretter, Rahmen und Spalier-Latten, fertige Mistbeet-Fenster und profilierte Holzteile zu Dachkonstruktionen für Gewächshäuser aus imprägniertem Farbenholz als Ersatz für Eisenteile.

---

### Rebspritzen:
**Heidesheimer und Vermorel** l'Eclair

zum Bespritzen der Weinberge gegen die Peronospora, sowie die bewährten Schwefelungsapparate

„**Vulkan**" und „**Torpille**".

ferner Schwefelungsbälge

„**Original Don Rebo**"

zur Bekämpfung der Traubenkrankheit, auch Äscherich (Oidium Tuckeri) genannt, von der Königl. Lehranstalt empfohlen, liefert die Eisenhandlung

**Moritz Strauß**, Geisenheim.

# Mitteilungen
## über Weinbau und Kellerwirtschaft.
### XI. Jahrgang.

Herausgeber:  Schriftleitung:
Landes-Oekonomierat **R. Goethe**.  Fachlehrer **Fr. Zweifler**.

**Nr. 3.**  Geisenheim, im März  **1899.**

## Wie schadet die Reblaus den Wurzeln des Rebstockes?
### Nach Professor Millardet von R. Goethe.

Ein Rückblick auf das abgelaufene Jahr zeigt, daß in demselben der Kampf gegen die Reblaus überall in Deutschland mit Nachdruck durchgeführt wurde, wozu allerdings wiederum beträchtliche Mittel erforderlich waren. Ueber den Erfolg ein Urteil zu fällen, ist eine schwierige Sache; da und dort scheint es gelungen zu sein, das Uebel im Keime zu ersticken, während an anderen Orten dies nicht der Fall gewesen ist. Zweifellos verdient die Entschiedenheit, mit welcher der Kampf seitens der hierzu bestellten Organe geführt wird, die vollste Anerkennung. Hoffen wir, daß die Staatsgewalt den Sieg davontrage!

Sonst ist dem Auftreten von Krankheiten und Feinden nach einer gewissen Zeit eine natürliche Grenze gesetzt; für die Reblaus scheint diese Erfahrung nicht zuzutreffen, so daß man fast glauben möchte, diese Unbezwingbarkeit hänge mit anderen Dingen zusammen und sei vielleicht gar eine naturgemäße Folge des vielhundertjährigen einseitigen Rebbaues ohne genügend lange Zwischenkultur. Nachdem aber nachgewiesen wurde, daß auch Neuanlagen der Reblaus verfallen, die in überhaupt noch nicht

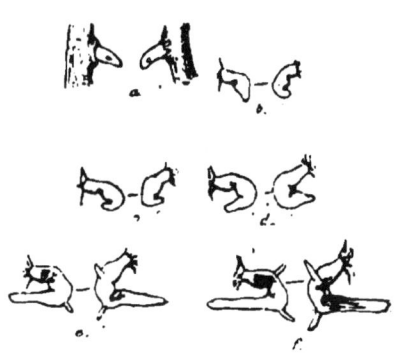

Fig. 4. Die Entwickelung von Nodositäten (nach Millardet).
a Es hat sich auf jedes der beiden Würzelchen eine Reblaus festgesetzt.
b Es entstanden Nodositäten.
c u. d Die Anschwellung und die Verkrümmung macht Fortschritte.
e Es sind noch mehr Rebläuse dazu gekommen und es wachsen aus den Nodositäten einige junge Würzelchen hervor.
f Die Fäulnis beginnt und die Nodositäten sterben ab.

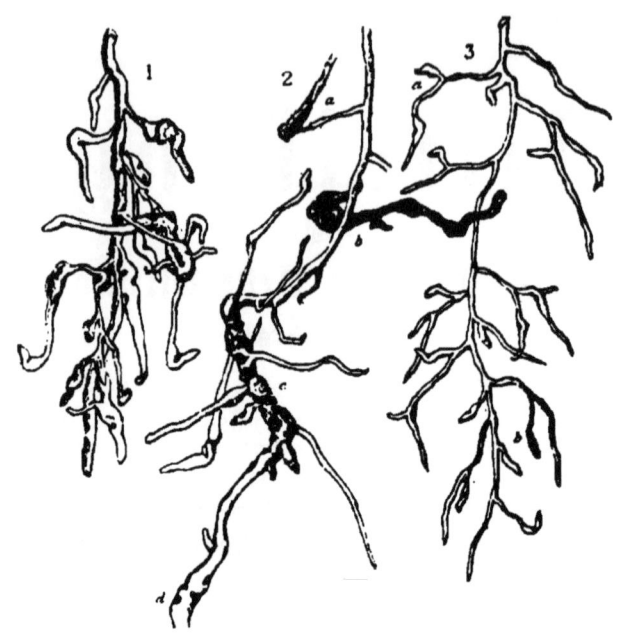

Fig. 5. Nodositäten (nach Millardet).

*1* Wurzel einer europäischen Rebensorte (Malbec), Ende Juli ausgegraben und mit zahlreichen Nodositäten versehen. Die ältesten derselben sind größer und dunkler gefärbt als die jungen, neu entstandenen. Die verursachenden Rebläuse sitzen immer in der Krümmung.

*2* Mit Rebläusen besetzte Wurzel einer amerikanischen, nicht widerständigen Sorte (Clinton), Ende Juli ausgegraben. Die Würzelchen *a* und *b* sind schon in Fäulnis übergegangen und schwarz geworden; bei *c* und *d* sind junge Tuberositäten entstanden.

*3* Wurzel einer widerständigen amerikanischen Rebensorte (Gaston-Bazille), Ende September ausgegraben. Es befinden sich wohl einige Nodositäten daran, aber sie sind sehr klein und faulen nur in ganz geringer Zahl. Die meisten Würzelchen haben sich trotz der Nodosität normal weiterentwickelt.

zum Weinbau benutzten Böden stehen, läßt sich dieser Einwand nicht aufrecht erhalten.

So bleibt denn nichts weiter übrig, als sich mit allen Mitteln des Kampfes gegen das fürchterliche Insekt auszurüsten. Hierzu gehört auch die richtige Kenntnis des Feindes und die Art des durch ihn angerichteten Schadens. Da immer noch jeweilig Zweifel daran unterlaufen, ob die Reblaus den Wurzeln überhaupt ernstlich zu schaden vermöge, so soll nachstehend in freiem Auszuge und mit Hilfe sehr guter Abbildungen eine Abhandlung des in Reblausdingen so rühmlich bekannten französischen Forschers Professor A. Millardet in Bordeaux folgen, die in dem trefflich geleiteten Journale „Revue de Viticulture" Nr. 261—63 1898 erschienen ist und sich auf **Millardet's** Broschüre „Etude des alterations produites par le phyloxera", Bordeaux bei Feret stützt.

Die Reblaus ruft auf den Wurzeln sämtlicher Reben der alten und der neuen Welt, also sowohl der bei uns angepflanzten europäischen als der amerikanischen Reben mit alleiniger Ausnahme der Vitis rotundifolia, die ganz und gar verschont bleibt, zwei Arten von Verletzungen hervor. Die einen bilden sich auf den Wurzelspitzen und haben das Aussehen eines Hakens oder eines Vogelskopfes mit Schnabel und Hals; man nennt sie Nodositäten. Die anderen befinden sich an den übrigen Teilen der Würzelchen und haben die Form von Geschwüren; sie werden mit dem Ausdrucke Tuberositäten bezeichnet.

I. Die Nodositäten.

Wenn sich eine Reblaus auf einer Wurzelspitze festsetzt und mit dem Saugrüssel in das lockere weiche Gewebe hineinsticht, um sich von dem Zellsafte zu ernähren, so wird die Wurzelspitze durch diese Verletzung derart gereizt, daß sie sich verdickt und anschwillt, wobei sie sich nach der Seite hin krümmt, an welcher sich die Reblaus angesiedelt hat. So entsteht die krankhaft veränderte Form der Wurzelspitze, die man Nodosität (Knöllchen) nennt; die solches verursachende Reblaus sitzt stets an der tiefsten Stelle im Innern der Krümmung.

Die Nodositäten haben verschiedene Größe und sind auf dicken Würzelchen größer, auf

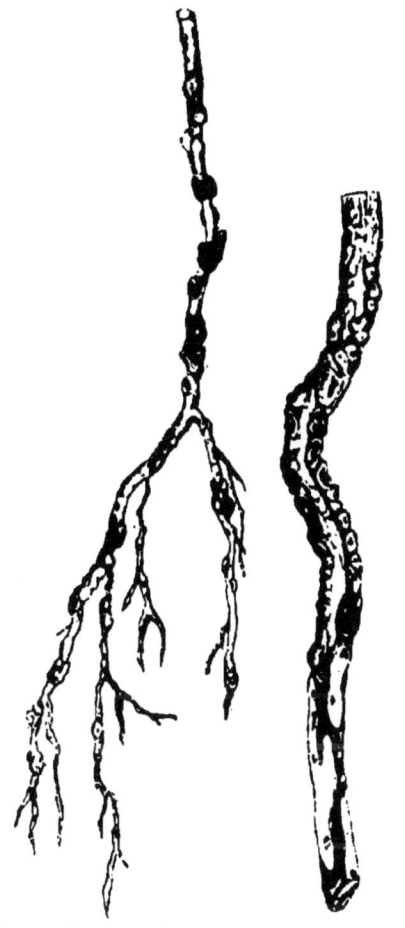

Fig. 6. **Tuberositäten** (nach **Millardet**). Links Wurzeln einer befallenen europäischen Rebe (Folle blanche), Ende November herausgegraben. Die Würzelchen sind mitsamt den Nodositäten vollständig verfault und abgefallen. Die älteren Wurzelteile sind mit Tuberositäten besetzt, die zum Teil schon in Fäulnis übergingen und schwarz wurden.

Rechts eine stärkere Wurzel derselben Sorte um dieselbe Zeit ausgegraben und mit ganzen Reihen von Tuberositäten besetzt, welche teilweise schon zu faulen anfingen.

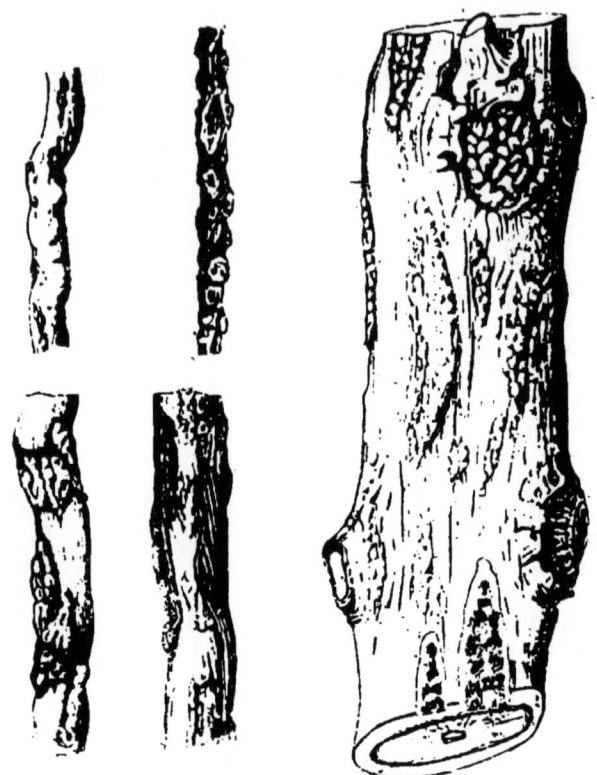

Fig. 7. Verschiedene Formen von Tuberositäten an älteren Wurzeln und rechts an einem Wurzelstocke selbst. (Nach Millardet.) Links oben eine Wurzel der widerständigen amerikanischen Rebe Vitis Solonis, deren gefaulte Tuberositäten meist schon durch darunter gebildetes gesundes Zellgewebe abgestoßen wurden (wie wenn sich Schorf oder Grind von darunter entstandener gesunder Haut ablöst).

dünnen kleiner. Die Größe hängt auch von der Sorte ab insofern, kals Nodositäten europäischer Sorten allgemein viel größer sind, als diejenigen der amerikanischen Sorten; so zum Beispiel sind die Nodositäten von Vitis Riparia und Vitis Rupestris klein.

Infolge der Anschwellung der Wurzelspitze platzt die Oberhaut derselben unter dem Drucke der Verdickung an einzelnen Punkten auf und an solchen Stellen können Fäulnispilze in das hier nun ungeschützte Zellgewebe zerstörend eindringen.

Zu Ende Juli bis Anfang August sind (in Frankreich. D. V.) die Nodositäten in den oberen Bodenschichten schon verfault, während man in den unteren noch gesunde findet. Manche ganz kleine Nodositäten faulen erst später oder garnicht und dann entwickelt sich die Wurzel nach einem langen Stillstand normal weiter.

Es entsteht nun die Frage, ob das Vorhandensein von Nodositäten genügt, um eine Rebe zu töten. Millardet meint, daß dieses selbst für veredelte Reben, die doch in ihrem Wachstume etwas schwächer sind als unveredelte, sehr zweifelhaft sei. Immerhin schaden Nodositäten einem Rebstocke sehr und schwächen ihn beträchtlich, wie es gar nicht anders sein kann, wenn ein Rebstock im August die meisten Wurzelspitzen oder mit anderen Worten die meisten Organe, mit denen er allein Nahrung aufzunehmen vermag, verliert.

## II. Die Tuberositäten.

Sie entstehen unter den Stichen der Rebläuse an allen Würzelchen und Wurzeln, ausgenommen die Wurzelspitzen. Während sich die letzteren infolge der Reblaus=Verletzung krümmen, entsteht an allen übrigen Wurzelteilen aus derselben Veranlassung eine Wundstelle nach Art eines kleinen Geschwüres. Befinden sich mehrere derselben nahe beisammen, so laufen sie mit zunehmender Vergrößerung ineinander über. Diese Geschwürchen bekommen Sprünge, in welche die Fäulnis eindringt und die Wundstelle vergrößern. Freilich wehren sich die Wurzeln nach Kräften durch Bildung von feinen Korkzellenschichten im Innern der Wurzel, die dem Weiterumsichgreifen der Fäulnis ein Ende machen und bewirken sollen, daß die Wundstelle abstirbt und wie ein Grind durch eine darunter entstandene gesunde Haut abgestoßen wird. Ob dies gelingt, hängt wesentlich von dem Ernährungsstand der Stöcke und von der Art und Sorte derselben ab. Meistens gelingt es nicht, denn nur an einigen amerikanischen Arten finden sich keine oder nur wenige Tuberositäten, während sowohl die europäischen, als unsere Reben so zahlreich davon bedeckt sind, daß sie daran sicher zu Grunde gehen. Nodositäten machen den Stock krank und schwächen ihn sehr; Tuberositäten sind viel gefährlicher, denn sie führen den Tod der Rebe herbei. Wurzeln europäischer Stöcke von 1—2 mm Durchmesser, die im Frühjahr entstanden sind, können bis Ende September schon verfault sein, bei dickeren Wurzeln dauert es zwei oder auch drei Jahre und bei Wurzeln von mehr als einem halben Zentimeter Stärke geht es noch langsamer. Deswegen sind

Fig. 8. Eine gesunde Rebenwurzel, deren Wülste nur infolge erschwerten Einbringens in steinigen Boden entstanden sind. Nicht mit Tuberositäten zu verwechseln.
(Nach Millardet.)

aber doch die mit Tuberositäten besetzten Wurzeln nicht im Stande, zur Ernährung des Stockes beizutragen.

Die Tuberositäten entstehen im allgemeinen im August, wenn die Nodositäten faulen. Ihre Bildung dauert den ganzen Herbst und einen Teil des Winters hindurch, so lange es die Wärme erlaubt. Die kleine Hälfte fängt vor und während des Winters zu faulen an, die größere Hälfte im Frühjahre und während des Sommers des nächsten Jahres. Eine beschränkte Zahl der kleinsten Tuberositäten scheint niemals zu faulen.

Wo Rebenwurzeln beim Eindringen in den Boden stärkeren Widerstand finden, wie z. B. in Schieferböden, entstehen an ihnen Wülste und Ringe, die von Unkundigen etwa mit Tuberositäten verwechselt werden könnten, weshalb auch diese Erscheinung dargestellt worden ist.

## Ueber Rückgang der Stöcke.

Gerade die im besten Alter (etwa 15—20 jährigen) stehenden Stöcke geben häufig in ihrem Wachstum Anlaß zur Klage und mancher Moselwinzer pflegt seine treuen alten Stöcke mit steigender Sorgfalt, auch wenn sie noch so hoch in die Höhe gewachsen sind und oft einen Meter lang von unten herauf die kahlen Schenkel zeigen.

Trotzdem durch versäumte Vorsicht beim Schnitt jetzt nicht mehr an ein Verjüngen zu denken ist (unten alles kahl), hält der Winzer an dem Alten fest und will sich in den seltensten Fällen nicht recht mit dem Gedanken vertraut machen, den alten Weinberg neuzupflanzen.

Wie schon angedeutet, liegt die Ursache, die dem Winzer den Entschluß zum Aushauen des alten Weinberges so schwer macht, darin, daß er oft bisher mit seinen jungen selbstgepflanzten Weinbergen so entmutigende Erfahrungen gemacht hat, obwohl es ihm gewiß nicht an der Ueberzeugung fehlt, daß junge niedrige, am Boden befindliche Stöcke eine viel bessere Qualität des Weines bedingen.

Wenn nun von vielen alten Winzern sehr h ä u f i g behauptet wird, daß das Zurückgehen der Stöcke an der jetzt angeblich viel zu starken und zu häufig gegebenen Düngergabe und an der zu vielen Bearbeitung des Bodens liege, so ist das wohl nicht gut anzunehmen. Wohl wurden früher, und das führen nur gar zu gern die alten Winzer als Ueberzeugungsgrund ins Feld, auch in den mit Unkraut überwucherten und selten einmal gedüngten Weinbergen reichliche Ernten erzielt und d i e S t ö c k e b l i e b e n h a l t b a r, daß aber dieses alles nur mit der damaligen Pflege! in Zusammenhang zu bringen ist, wollen wir doch dahingestellt sein lassen, zumal wenn wir uns als Vorbild den Unterschied vor Augen halten, welcher zwischen den Erfolgen der guten und schlechten Pflege des dem Weinstock so nahe verwandten Obstbaumes liegt.

Die wahre Ursache des Rückganges der jungen Stöcke liegt darin, d a ß b e i d e r P f l a n z u n g, nicht etwa mit zu wenig, wohl aber mit unrichtig angewandter Sorgfalt vorgegangen wird.

Da, wo sich der Rückschlag im Wachstum der jungen Stöcke am häufigsten zeigt, besteht der Boden gewöhnlich aus einem Gemenge von teils leicht, teils schwer verwitterbarem Schiefer mit verhältnismäßig wenig Feinerde.

Die Pflanzung geschieht etwa folgender Weise: Um die Feinerde zu vermehren, läßt es sich der Winzer nicht verdrießen, dieselbe oft von weit her und auf die beschwerlichste Weise herbeizuschaffen. Die Pflanzreben (oft auch Wurzelreben) werden, an einem Pfählchen angebunden, in den ausgehobenen etwa 0,75—1 m tiefen Graben eingestellt. Die herbeigetragene (meistens Wald- oder Rasenerde) wird alsdann sorgsam um die Reben aufgehäuft. In dieser beigegebenen Erde (humus- und nährstoffreich) fühlt sich die Rebe so wohl, daß sie schon im ersten Jahre einen oft meterlangen Trieb bildet.

Damit nun, wie der Winzer sagt, „der üppig wachsende Pflänzling nicht in seinem Safte erstickt" wird ihm im nächsten Frühjahr ein etwa 3—5—10 cm langer Zapfen angeschnitten; im 2. Jahre erhält er deren auch wohl 2, im dritten Jahre deren 3—4, jetzt aber einen halben Fuß 15—18 cm lang, oft aber auch schon eine etwa 60 cm lange Bogrebe.

Solange die jungen Wurzeln die Nährstoffe noch in unmittelbarer Nähe der Wurzelstange finden (in dem aufgehäuften Waldboden), vermögen sie die oberirdischen Teile auch genügend mit Nahrung zu versehen, so daß diese sich sehr üppig weiter entwickeln und sozusagen von Jugendkraft strotzen.

Nach einigen weiteren Jahren, wenn der Stock mittlerweile seine 4—6 etwa 60—75 cm langen Bogreben und noch einige Zapfen erhalten und auch schon seinem Pfleger große Freude durch seine schönen vollkommenen Trauben bereitet hat, zeigt mit einemmale der Stock in seiner Triebkraft Anzeichen des Rückganges, welche sich zunächst dadurch bemerkbar machen, daß die untersten Knospen der Ersatzzapfen schlafen bleiben und nur mehr die am höchsten und günstig zum Saftdruck stehenden Teile austreiben, während von untenher der Stock kahl wird. Auch an den Bogreben entwickeln sich nur einige kräftige Triebe aus den Knospen, welche an der noch etwas nach aufwärts gebogenen Stelle der Bogreben sitzen, also ebenfalls an der höchsten Stelle.

In den folgenden Jahren kann das Trag- und Ersatzholz nur in der Höhe angeschnitten werden und die angesetzten Trauben bleiben zaselig, sodaß man an der Sortenechtheit zu zweifeln beginnt.

Nahrungsmangel kann die Ursache dieses fast plötzlichen Wechsels nicht sein, denn mittlerweile wurde der Boden mehreremale gedüngt, abgesehen von der Düngermenge, welche bei der Pflanzung beigegeben wurde. Untersucht man einen solchen Stock (nimmt ihn heraus), so zeigt es sich, daß derselbe nur in der feinen Walderde einen ganz dichten Wurzelfilz, aber kein ausgedehntes Wurzelwerk gebildet hat.

Die Nährstoffe des umgebenden Urbodens sind also für dieselben nicht erreichbar und ehe sich die Wurzeln von ihrer so liebgewordenen, anfangs so reichen Speisekammer trennen wollen, hat es der Winzer für gut befunden und sich entschlossen, nach obiger Schilderung aussehende

Stöcke auszuhauen, um andere an dieselbe Stelle zu pflanzen, denen womöglich dasselbe Schicksal blüht.

Wäre dagegen die beigegebene Walderde mit dem Weinbergsboden bei der Pflanzung gehörig gemischt und auch der Schnitt des jungen Stockes sachgemäß ausgeführt worden, z. B. im ersten Jahre nach der Pflanzung der Trieb zurückgeschnitten auf ein Auge, im zweiten Jahre auf 2 Augen, im dritten Jahre auf 3 Augen und nur bei ganz kräftigen Stöcken eine kurze Bogrebe (besser aber warte man hiermit noch ein weiteres Jahr), und erst im 5. bis 6. Jahre nach der eigentlichen Erziehungsart, so würde nicht nur der Pflanzer, sondern auch dessen Nachkommen an dem üppig wachsenden Stocke und den vollkommenenen Trauben ihre Freude erleben.

Nicht unerwähnt ist zu lassen, daß das Mißtrauen, welches man den Wurzelreben in Bezug auf dauerhaften Stock entgegenbringt, auch nur auf die angeführten Mängel bei der Pflanzung und nebenbei auf die Unkenntnis in der Vorbereitung dieser Reben zur Pflanzung, zurückzuführen ist; denn oft genug hat es Schreiber dieser Zeilen ansehen müssen, wie alte, auf Erfahrung pochende Winzer, die Wurzelreben mit sämtlichen Wurzeln in einem Knäuel in das oft viel zu enge Pflanzloch einzwängten, ohne sie, wie es auch bei einem zu pflanzenden Baum geschieht, entsprechend den oberirdischen Teilen ebenfalls zurückzuschneiden. Das Beschneiden der Wurzeln an den Wurzelreben geschehe auf etwa Fingerlänge. Die Tau- und oberen Seitenwurzeln sind ganz zu entfernen. Beim Pflanzen der Wurzelreben sind die Wurzeln möglichst in ihre ursprüngliche Lage zu bringen und sorgfältig mit ein wenig Feinerde einzubetten. Will man den Boden verbessern, so vermische man die Verbesserungsmittel mit dem Weinbergsboden (als Verbesserungsmittel ist besonders der Kompost zu erwähnen).

Aeußerst günstige Erfolge hat man nach eingehenden Versuchen an der Königlichen Lehranstalt für Obst-, Wein- und Gartenbau in Geisenheim bei Jungfeldern erzielt, durch Düngen des Weinbergsbodens mit Kalk.

Sehr viele Böden sind arm an Kalk und wo solcher auch vorhanden ist, hat sich eine Beigabe immer noch als sehr nützlich erwiesen, denn der Schieferboden ist meist kalkarm. Heinrich Friederichs.

---

## Vergleichende Anwendung verschiedener Mittel gegen die Peranospora.

Um die Wirkung verschiedener in Gebrauch stehender und seitens des Handels angepriesener Schutzmittel, sowie die Kosten, welche bei Anwendung derselben entstehen, kennen zu lernen, sind im Sommer 1898 im Versuchsweinberge der Königl. Lehranstalt zu Geisenheim folgende Präparate neben der gewöhnlichen bewährten Kupferkalkmischung zur Prüfung gekommen:
    1. Kupferkalklösung 1, bezw. 2%.
    2. Dr. Aschenbrandt'sche Kupferzuckerkalklösung aus Straßburg im Elsaß.

3. **Präparat von Otto Prinz** in Sesto Fiorentino Firenze (Italien), „bestehend in der Hauptsache aus neutralem essigsaurem Kupferoxyd, vermengt mit etwas Gips und sauren Zusätzen zur Unschädlichmachung der kohlensauren Erdsalien der Tagewässer, welche aus dem neutralen Acetat das weniger wirksame basische Salz bilden würden", wie der Einsender das Mittel charakterisiert.
4. **Kupferklebekalk** von der Firma Kalkstein Heidelberg.
5. **Poudre Eclair** von Vermorel in Villefranche (Rhone) bestehend aus Kupfervitriol, essigsaurem Natron, essigsaurem Kalk und freier Essigsäure.
6. **Krewel's Brausesalz** von Krewel & Co. in Köln.

Alle die neuen Mittel wurden genau der beigegebenen Gebrauchsanweisung entsprechend zubereitet und mit der Vermorels-Spritze verstäubt; Krewels Brausesalz wurde mit dem von derselben Firma dafür bestimmten Apparate „Rhenania" verteilt, die Bespritzung derselben Parzellen geschah dreimal, gleichzeitig mit der Behandlung der anderen Weinberge gegen Peronospora.

Die im Laufe des Sommers und Herbstes gemachten Beobachtungen ergaben folgendes: einen schädlichen Einfluß auf die Blätter übte keine der Lösungen aus. Die Schutzwirkung war bei den Mitteln 1, 2, 5 und 6 eine gleich gute, während sie bei 3 und 4 nicht vollkommen entsprach. Die mit diesen behandelten Parzellen hatten ziemlich viel Peronospora. Die mit „Poudre Eclair" behandelte Parzelle behielt die Blätter am längsten, that sich überhaupt den ganzen Sommer und Herbst über durch ein sehr schönes, gesundes Aussehen besonders hervor. Den Namen „Kupferklebekalk" verdient das v. Kalkstein'sche Präparat nicht, weil dessen Klebefähigkeit nicht nur keine bessere, sondern eine geringere war, namentlich im Vergleich zu der gewöhnlichen Kupferkalkbrühe und Krewels Brausesalz. Da es bei Anwendung eines Mittels indessen nicht allein auf die Wirkung, sondern auch auf die dabei entstehenden Kosten ankommt und von zwei oder mehreren gleichwirkenden Mitteln stets dasjenige den Vorzug verdienen wird, welches sich am billigsten stellt, so möge behufs Ermöglichung einer Beurteilung derselben nachstehend eine Kostenberechnung folgen:

Wenn für die einmalige Bespritzung, alle zwei bis drei Behandlungen ineinander gerechnet, im Durchschnitt 120 Lit. bei dem Krewel'schen Brausesalz, mit der gleichnamigen Spritze verteilt, 90 Liter Lösung (10 Füllungen à 9 Lit., so viel hält die Spritze) auf den Morgen erforderlich sind, so kostet die einmalige Behandlung, die Marktpreise der einzelnen Mittel zu Grunde gelegt (ohne Arbeitslohn und Abnutzung des Apparates), eines Morgens bei Verwendung:

1. von gewöhnlicher Kupferkalklösung . . . 1,08 M.
2. Dr. Aschenbrandt's Kupferzuckerkalk . . . 1,80 „
3. Otto Prinz'sches Präparat . . . . . —,36 „
4. von Kalkstein's Kupferklebekalk . . . 2,18 „
5. Poudre Eclair . . . . . . . . 1,18 „

6. Krewel's Brausesalz für 10 Füllungen, je
1 Packet à 25 Pf. . . . . . . 2,50 M.

Unterzieht man diese Zahlen mit den oben angeführten Beobachtungen über die Wirkung der Mittel einem Vergleich, so wird es sich unschwer feststellen lassen, welches derselben für die große Praxis empfohlen werden kann. Für diejenigen Gegenden, in denen das Laub der Stöcke (die Gipfel) zur Verfütterung gelangt, sei zur Vervollständigung des Urteils noch bemerkt, daß mit Kupferkalklösungen mit oder ohne Zuckerzusatz rechtzeitig und richtig, d. h. nicht zu spät behandelte und nicht zu stark bespritzte (übertünchte) Weinberge ein Futter liefern, welches sich auf Grund von Fütterungsversuchen für die Tiere als vollkommen un= schädlich erwiesen hat. Darüber, wie sich Gipfel bei der Verfütterung verhalten, welche mit den unter Punkt 3 und 5 genannten, essigsaures Kupferoxyd (Grünspan) enthaltenden Mitteln behandelt wurden, liegen bis jetzt Erfahrungen nicht vor. Hiernach kämen also nur die gewöhn= liche Kupferkalk= und Dr. Aschenbrandt's Kupferzucker= kalklösung in Betracht. Die letztere ist wieder erheblich teurer und wird wohl nur dort Verwendung finden können, wo man auf die schnelle und bequeme Zubereitung Gewicht legt, sowie dort, wo es sich um weit entfernt liegende Weinberge mit Quellen handelt, um die Lösungen an Ort und Stelle fertigstellen zu können. Dort, wo die Blätter nicht verfüttert werden, verdient auch das Poudre Eclair mit der vor= stehenden Einschränkung und aus den daselbst angeführten Gründen Beachtung.
Fr. Zweifler.

## Ueber einige für die Kellerwirtschaft bestimmte Geheimmittel.

Schon wiederholt hatten wir Gelegenheit, an dieser Stelle die Kellereibesitzer vor der Verwendung von Schönungs= und Konservierungs= mitteln zu warnen, von denen die Zusammensetzung unbekannt ist. Im günstigsten Falle kauft man unter einem verlockenden Namen eine Sub= stanz, welche jeder sonst billiger haben könnte; zuweilen werden jedoch auch ganz minderwertige und unreine Produkte in wohlverschlossenen Büchsen und schön bemalten Flaschen in den Handel gesetzt oder sogar der Käufer zur Verwendung nicht statthafter Zusätze verleitet.

An der hiesigen Versuchsstation gelangten in den letzten Monaten wiederum einige derartige Mittel, welche zum Teile schon seit längerer Zeit in dem Handel erscheinen, zur Untersuchung und wollen wir die Ergebnisse der Prüfung desselben den Lesern des Blattes mitteilen.

Entsäuerungspulver (Polvere disacidificatrice del vino von A. Montalente in Casale Monferrato). Dasselbe besteht aus reinem gefällten kohlensauren Kalk und kosten 250 g 4 Lire (1 fl. 80 kr.), während sonst im Handel 1 kg um 80—90 kr. erhältlich ist. Das Pulver ist also 8 Mal überzahlt.

Das Pulver wird zur Wiederherstellung essigstichiger Weine empfohlen und sollen bei schwach essigstichigen Weinen 50 g auf 1 hl zugesetzt werden.

Durch diese Zusätze wird der Essigstich eines Weines nicht behoben, sondern nur der Gesamtsäuregehalt desselben etwas vermindert. Eine Neutralisation der Essigsäure findet nicht statt und wird in erster Linie der Weinstein, bei größeren Zusätzen die Apfelsäure und zuletzt erst die Essigsäure in die entsprechenden Kalksalze übergeführt. Es ist daher der Zusatz von kohlensaurem Kalk zu essigstichigen Weinen ganz nutzlos und nicht zu empfehlen. 50 g kohlensaurer Kalk auf 1 hl Wein zugesetzt, können den Gesamtsäuregehalt desselben um 0,75%/oo Gesamtsäure vermindern.

Schönungspulver (Polvere chiarificante del vino von L. Montalente in Casale Monferrato). 250 g kosten 4 Lire (1 fl. 80 kr.) also 1 kg 7 fl. 20 kr. Dasselbe besteht aus pulverförmigem Leim, dem beiläufig 10—11%/o Gerbsäure zugesetzt wurde. Dieses Pulver ist ebenfalls viel teurer, da 1 kg Gelatine je nach der Qualität überall um 1 fl. 50 bis 3 fl. 50 kr. erhältlich ist.

Schönungspulver, bestehend aus gepulvertem Leim oder getrocknetem Einriß, gemischt mit Gerbsäure, kommen übrigens im Handel ziemlich häufig vor und ist deren Verwendung entschieden nicht zu empfehlen. Ueberall dort, wo man gezwungen ist unter Zuhilfenahme von Gerbsäure zu schönen, empfiehlt es sich, dem Weine zuerst die entsprechende Menge reiner Gerbsäure zuzusetzen und dann erst die Schönung auszuführen. Nur in dieser Anwendung hat der Gerbsäurezusatz einen Zweck, weil, wenn das Schönungsmittel mit der Gerbsäure zusammen aufgelöst wird, wie dies bei einer Mischung der beiden nicht anders möglich ist, sich schon die Gerbsäure und die Gelatine oder das Eiweiß beim Auflösen mit einander verbinden und dadurch die von der Gerbsäure erhoffte Wirkung bei der Schönung im Weine nicht mehr eintreten kann. Außer Gerbsäure findet man in pulverförmigen Schönungsmitteln zuweilen auch noch Alaun und hatten wir vor nicht gar langer Zeit Gelegenheit, ein Schönungspulver zu untersuchen, welches aus gepulvertem Leim, Gerbsäure, Alaun, Rohrzucker und Veilchenwurzpulver bestand. Hier hatte der Rohrzuckerzusatz nur den Zweck, den Alaungeschmack zu decken und die Veilchenwurz sollte der ganzen Mischung einen Wohlgeruch erteilen. Der Verkauf solcher Mischungen ist geradezu sträflich. Leider war es uns unmöglich, den Namen des Verkäufers dieser Mischung zu erfahren. Aus alledem ist der beherzigenswerte Schluß zu ziehen, pulverförmige Schönungsmittel erst dann zu benützen, wenn man sich von der Zusammensetzung derselben überzeugt hat.

Konservierungspulver (Polvere conservatrice del vini von L. Montalente in Casale Monferrato). Eine Schachtel 200 g enthaltend, kostet 3½ Lire (1 fl. 50 kr.)

Dasselbe besteht aus 31,8% Weinstein, 35,8% schwefligsaurem Kalk, 28,4% kohlensaurem Kalk und 4% Feuchtigkeit und sonstigen Verunreinigungen. Es ist also ein sehr geringwertiger und schlecht bereiteter schwefligsaurer Kalk, dem eine beträchtliche Menge Weinstein beigemischt wurde. Eine konservierende Wirkung besitzt in diesem Pulver nur die schweflige Säure des schwefligsauren Kalkes. Auch wenn das Konservierungsmittel aus reinem schwefligsauren Kalk bestünde, würden wir die

Anwendung desselben nicht empfehlen, da das einfach durchführbare direkte Einschwefeln des Weines unter allen Umständen billiger kommt und dadurch außer schwefliger Säure keinerlei sonstige Substanzen in den Wein gelangen.

Zur Kennzeichnung des hohen Preises dieses unreinen schwefligsauren Kalkes sei erwähnt, daß im Handel 1 kg chemisch reiner schwefligsaurer Kalk um beiläufig 90 kr. erhältlich ist, während 1 kg reiner schwefligsaurer Kalk in diesem Konservierungsmittel mit beiläufig 22 fl. (!) gezahlt wird.

Konservierungsmittel **Krystallin** der Firma A. Boake, Roberts & Co. in London. (Vertreter Richard Fritzsche in Wien). Dasselbe besteht aus luftbeständigen Krystallen von saurem schwefligsaurem Kali, welches ebenfalls durch seinen Gehalt an Schwefliger Säure konservierend wirkt. Das Kilo wird um 4 fl. 55 kr. verkauft, während es sonst im Handel um ebensoviele Mark zu bekommen ist.

Würde dieses saure schwefligsaure Kali unter seinem ehrlichen chemischen Namen verkauft werden, so könnte man nichts dagegen einwenden; denn wer das Pulver als Ersatzmittel für das Einschwefeln anwenden will, soll es anwenden. Der hochklingende Name Krystallin wird ganz ohne Berechtigung dem krystallinischen Salze gegeben. Die dem Pulver beigelegte Handelsmarke hat füglich auch nur den Zweck, dieses Salz teuerer, als es jede chemische Fabrik liefert, an den Mann zu bringen.

**Feste Weinfarbe** (Enocianina solida von L. Montalenti in Casale Monferrato). Die Farbe dieses Pulvers ist frei von Teerfarbstoffen und deuten alle Reaktionen desselben darauf hin, daß es wirklichen Weinfarbstoff enthält. Das Pulver enthält 8,9% Weinstein und 21,9% freie Weinsäure.

Das Pulver dürfte nach seinem hohen Gehalte an Weinsäure zu schließen ein nach dem sog. Carpene'schen Verfahren aus roten Weintrestern hergestelltes, zu einem Pulver eingetrocknetes Oenocyanin sein. Das Carpene'sche Oenocyanin wird aus vergorenen, von den Kernen befreiten roten Traubenhülsen durch Auslaugung mittels weinsäurehaltigem Alkohol hergestellt und der Farbstoffauszug in Vacuumapparaten konzentriert und vom Alkohol befreit.

Das von Montalenti in den Handel gesetzte feste Oenocyanin, von welchem 400 g 4½ Lire (2 fl.) kosten, muß nach hier im kleinen ausgeführten Versuchen als ganz wertlos und unbrauchbar bezeichnet werden.

Es läßt sich aus demselben genau nach der Gebrauchsanweisung vorgegangen nur ganz wenig Farbe ausziehen und ist wahrscheinlich durch das Eindampfen der Farbe bis zur Trockene der größte Teil des Farbstoffes unlöslich geworden. Nach der Gebrauchsanweisung sollen 200 kg des Pulvers genügen, um 1 hl Weißwein entsprechend rot zu färben. In Wirklichkeit waren 1—1,2 kg des Pulvers nötig, um dem Weißwein eine ganze lichte Schilcherfarbe zu geben. Abgesehen davon, daß das Färben von 1 hl Wein dann nichts weniger als beiläufig 6 fl. kostet, so muß von derartig hohen Zusätzen schon aus dem Grunde ganz entschieden gewarnt werden, weil dadurch dem Weine über 2‰ freie Weinsäure zugeführt wird, was unter allen Umständen unstatthaft erscheint.

Auch die Verwendung des seinerzeit vielfach empfohlenen flüssigen Carpene'schen Oenocyanin hat sich in der Praxis nicht bewährt, da die Farbe des Oenocyanins sich aus dem Weine ziemlich rasch niederschlägt und das Produkt sehr häufig einen Kochgeschmack besitzt, welcher in dem gefärbten Weine dann sehr störend hervortritt. Das billigste, einfachste und beste Mittel, lichte Weine aufzufärben, bleibt immer der entsprechende Verschnitt mit gesunden, reinschmeckenden gut vergorenen südlichen Verschnittweinen.

Zum Schlusse sei noch eines **Weinverbesserungsmittels** gedacht, welches unter dem Namen Enocratina von Triest aus anher zur Untersuchung eingesendet wurde. Dasselbe bildete eine bräunlich gelbe Flüssigkeit von alkoholisch=herbem=süßlichem Geschmack und bestand aus einer alkoholischen (21%/o Vol.) Lösung von Gerbsäure (22,4%) und Saccharin (beiläufig 2%/o). Es wurde empfohlen $1/5$ Lit. der Flüssigkeit 1 hl Wein zuzusetzen. Ob dasselbe wirklich in dem Handel vorkommt, ist uns unbekannt. Auf jeden Fall seien unsere Kellereibesitzer auf dieses Mittel aufmerksam gemacht und natürlich vor dem Gebrauche desselben gewarnt.

("Tiroler landw. Blätter.") K. Portele.

## Rundschau.

Die Schweiz ist im Begriffe, ein **Gesetz über den Verkehr mit Lebensmitteln** einzuführen. Auf öffentlichen Versammlungen beginnen die Obst- und Weinbauer Stellung zu der sehr wichtigen Angelegenheit zu nehmen und Vorschläge zu machen, welche im Gesetze zum möglichst vollkommenen Schutze ihres Gewerbes Aufnahme finden sollten. Wir entnehmen einem Vortrage (abgedruckt in der „Schweizerischen Zeitschrift für Obst- und Gartenbau" 1899, Heft 2, 3 und 4), welchen der Direktor der deutschschweizerischen Schule für Obst-, Wein- und Gartenbau zu Waedensweil, der Prof. Müller-Thurgau über diese Angelegenheit in Winterthur gehalten hat, folgende Einzelheiten.

Danach wird verlangt, daß auch über den Verkehr von frischem Obst Bestimmungen aufgenommen werden sollen, welche eine Kontrolle desselben hinsichtlich seiner Reife ermöglichen sollen. Verdorbenes und verunreinigtes Obst soll vom öffentlichen Verkaufe ausgeschlossen werden.

Unter dem Namen Obstweine dürfen nur Getränke aus Kernobst hergestellt, in den Handel gebracht werden. Hinsichtlich des Wasserzusatzes werden Grenzzahlen angegeben und gefordert, daß beim größeren Zusatz der Wein als solcher deklariert werden muß. Weinsubstanzen und Gemische zur Herstellung von Obstwein dürfen unter keinen irreführenden Namen feilgeboten werden. Anpreisungen von Rezepten zur Herstellung von Obstwein und Verkauf solcher Getränke ist unstatthaft.

Für den Traubenwein wird zur Aufnahme in das Gesetz folgendes vorgeschlagen:

Mit der Bezeichnung „Wein" darf nur das aus Saft frischer Trauben durch alkoholische Gärung gewonnene Getränk verkauft werden,

Gezuckerte, oder gezuckerte und gewässerte Weine sind nur deklarationsfrei, wenn deren Beschaffenheit einer näher angegebenen Zusammensetzung entspricht; sie dürfen jedoch nicht als „Naturwein" feilgeboten werden. Trester- und stark gewässerte (gallisierte) Weine dürfen nur als solche in den Handel gebracht werden. Ein Verschnitt dieser mit Wein ist verboten, ebenso die gewerbsmäßige Herstellung von Kunstwein (aus Rosinen, konzentriertem Traubenmost und anderen Substanzen), oder die Fabrikation des letzteren ist einer scharfen Ueberwachung zu unterwerfen.

Händler, welche Wein verkaufen, dürfen sich mit Kunstwein nicht befassen.

Alle Gefäße, in denen stark gestreckte, oder Tresterweine oder Kunstweine lagern oder versandt werden müssen, sollen mit entsprechender Bezeichnung versehen sein.

Die **hessische Weinsteuervorlage** begegnet in den Interessentenkreisen Schwierigkeiten. An verschiedenen Orten Rheinhessens werden Versammlungen abgehalten, in denen in lebhafter Weise gegen dieselbe Stellung genommen und mehr oder weniger überzeugende Gründe für deren nachteilige Wirkung angeführt werden. Die nächste Zeit muß lehren, ob und in welcher Form die Vorlage Gesetz wird.

### Kleinere Mitteilungen.

**Einfuhr nach und Ausfuhr aus Deutschland von Wein und Most in Fässern im Monate Dezember und Januar bis Dezember 1897 und 1898**, mitgeteilt aus dem Dezemberhefte des Kaiserlichen statistischen Amtes:

| Jahr bezw. Angabe des Landes | Einfuhr: | | Ausfuhr: | |
|---|---|---|---|---|
| | Dezember | Jan.-Dez. | Dezember | Jan.-Dez. |
| | kg | | kg | |
| 1897 | 4 967 000 | 56 801 200 | 903 000 | 13 477 600 |
| 1898 | 4 987 500 | 56 682 900 | 999 700 | 13 064 000 |

Davon im Dezember 1897 bezw. Januar bis Dezember 1898 ein- bezw. ausgeführt aus bezw. nach:

| | | | | |
|---|---|---|---|---|
| Belgien | — | — | 165 000 | 1 866 600 |
| Dänemark | — | — | 13 500 | 162 600 |
| Finnland | — | — | 8 900 | 195 300 |
| Frankreich | 2 054 600 | 28 299 500 | 67 800 | 892 000 |
| Griechenland | 163 700 | 1 249 500 | — | — |
| Großbritannien | — | — | 199 900 | 1 358 200 |
| Italien | 514 100 | 4 076 800 | — | — |
| Niederlande | — | — | 57 300 | 903 900 |
| Oesterreich-Ungarn | 599 900 | 6 809 400 | 24 900 | 328 400 |
| Portugal | 324 200 | 3 089 000 | — | — |
| Rußland | — | — | 31 900 | 654 600 |
| Schweden | — | — | 16 900 | 225 600 |
| Schweiz | 20 000 | 228 500 | 177 300 | 2 787 000 |
| Spanien | 785 000 | 8 350 700 | — | — |
| Türkei | 300 600 | 2 962 900 | — | — |
| Algerien | 102 100 | 430 200 | — | — |
| Chile | 17 300 | 165 200 | — | — |
| Verein. Staaten von Amerika | 69 100 | 650 900 | 201 300 | 3 254 900 |

Die 1898r **Weinernte im Regierungsbezirke Wiesbaden** betrug nach der Zusammenstellung der Königl. Regierung:

| | |
|---|---:|
| Weißwein | 11461 hl |
| Rotwein | 254 „ |
| Hiervon entfallen auf Riesling | 3402 „ |
| „ „ „ Oesterreicher | 3522 „ |
| „ „ „ Kleinberger | 1077 „ |
| „ „ „ Orleans | 47 „ |
| „ „ „ Traminer und Ruländer | 58 „ |
| „ „ „ Gemischte Sorten | 3360 „ |
| „ „ „ Spätburgunder Rotwein | 134 „ |
| „ „ „ Frühburgunder | 120 „ |

Die Gesamtweinbaufläche betrug 3777,82 ha, wovon 2900,99 ha im Ertrage stehen. Der Rheingau ist beteiligt mit 6624 hl Weißwein und 72 hl Rotwein (Aßmannshäuser). Mit Riesling sind daselbst bepflanzt 1176,40 ha mit einer Ernte von 1921 hl oder 1,6 hl auf den Hektar (0,4 hl auf den Morgen), was etwa dem dreißigsten Teil eines vollen Herbstes entspricht. Die Rotweinernte ergab 68 hl Spätburgunder auf 25,40 ha oder 2,7 hl auf den Hektar (0,7 hl auf den Morgen).

Schlechte Blütezeit, Peronospora, Oidium und Heu- und Sauerwurm verheerten 1898 die Ernte in einer Weise, daß sie zu der geringsten gerechnet werden muß, welche der Rheingau je gehabt hat. Fr. Z.

**Weinbauschulen für die Rheinprovinz.** Der Provinziallandtag der Rheinprovinz bewilligte die zur Errichtung von zwei Weinbauschulen, und zwar in Ahrweiler und in Kreuznach, erforderlichen Mittel. Die Eröffnung der Schulen dürfte in nicht zu langer Zeit erfolgen, da die in Frage kommenden Kreise und Orte bereits erhebliche Mittel bestimmten bezw. solche in Aussicht stellten. Die Staatsregierung soll außerdem um Gewährung eines Zuschusses zur Errichtung und Unterhaltung der Anstalten gebeten werden.

## Vom Büchertisch.

**Anleitung zur Aufstellung von Futterrationen** und zur Berechnung der Futtermischung und der Nährstoffverhältnisse für Rinder, Pferde, Schweine und Schafe von Direktor R. Strauch, Neiße. 9. und 10. Auflage. Pr. 80 Pf. 12 Expl. 9 M., 25 Expl. 18 M. 1899. Verlag von Hugo Voigt, Leipzig.

Der in landwirtschaftlichen Kreisen rühmlichst bekannte Verfasser hat in der vorliegenden 9. und 10. Auflage seines Büchleins dem Landwirte und jedem, der Viehhaltung besitzt, ein sehr wertvolles Mittel in die Hand gegeben, womit er leicht und sicher zweckmäßige Futterzusammenstellungen berechnen kann. Die zahlreichen Auflagen innerhalb weniger Jahre beweisen am besten die Brauchbarkeit dieses Buches und beschränken wir uns deshalb auf die wärmste Empfehlung.
Fr. Z.

**Leitfaden der Düngerlehre** für praktische Landwirte von Prof. Dr. A. Stutzer-Breslau. 7. neubearbeitete Auflage. Zugleich 12. Auflage von „Stallmist und Kunstdünger." Pr. 2 M. 1899. Verlag von Hugo Voigt, Leipzig.

Das Buch steht unter dem Einflusse der bakteriologischen Forschungen über die zweckmäßigste Behandlung des Stalldüngers und bietet somit auch den Besitzern älterer Auflagen viel Neues und für ihre Wirtschaft Wissenswertes. Die Anordnung des Stoffes ist übersichtlich, dieser selbst klar und leichtverständlich behandelt. Die Arbeit ist nicht nur wertvoll als Nachschlagebuch, sondern auch zum Gebrauch an landwirtschaftlichen Schulen sehr empfehlenswert. Fr. Z.

## Persönliches.

Herr Obergärtner R. **Mertens** von der Königl. Lehranstalt für Obst-, Wein- und Gartenbau zu Geisenheim ist zum Landes-Obstbauinspektor für Bayern mit dem Sitz in Nürnberg berufen worden.

## Anzeigen.

(Für Form und Inhalt der Anzeigen ist die Schriftleitung nicht verantwortlich.)

## Wein-, Obstwein- u. Beerenwein-Pressen,
### neuester Konstruktion.
Bisheriger Absatz 10 000 Stück. Geliefert an viele Genossenschaften und Behörden. Lehrreiche Broschüre über Bereitung und Pflege der Obst- und Beerenweine gratis und franko

### Ph. Mayfarth & Co., Frankfurt a. M.,
Spezialfabrik für Geräte zur Obstverwertung auf genossenschaftl. Wege.

## Katz & Klump,
Holzsägewerk und Imprägnier-Anstalt
in **Gernsbach** (Baden),

empfehlen mit Quecksilbersublimat imprägnierte **Rebstecken, Baum-** und **Rosenpfähle** in allen vorkommenden Längen, ferner: imprägnierte Latten, Bretter, Rahmen und Spalier-Latten, fertige Mistbeet-Fenster und profilierte Holzteile zu Dachkonstruktionen für Gewächshäuser aus imprägniertem Farbenholz als Ersatz für Eisenteile.

## Baum- u. Rebspritzen:

**Deidesheimer und Vermorel**
l'Eclair

zum Bespritzen der Weinberge gegen die Peronospora, sowie die bewährten Schwefelungsapparate

„**Vulkan**" und „**Torpille**",

ferner Schwefelungsbälge

„**Original Pon Rebo**"

zur Bekämpfung der Traubenkrankheit, auch Aescherich (Oidium Tuckeri) genannt, von der Königl. Lehranstalt empfohlen, liefert die Eisenhandlung

**Moritz Strauß**, Geisenheim.

# Mitteilungen

über

## Weinbau und Kellerwirtschaft.

### XI. Jahrgang.

Herausgeber: | Schriftleitung:
Landes-Oekonomierat **R. Goethe.** | Fachlehrer **Fr. Zweifler.**

**Nr. 4.**     Geisenheim, im April     **1899.**

## An die geehrten Mitarbeiter und Leser!

Infolge Uebernahme eines neuen Amtes in meinem Heimatlande Steiermark, lege ich mit dieser Nummer die Schriftleitung der „Mitteilungen" in andere Hände und danke allen denen, welche das Unternehmen seither durch ihre Mitarbeit oder demselben zugewandtes Interesse fördern halfen. Indem ich damit die Bitte verbinde, der kleinen Fachschrift auch unter der künftigen Leitung Wohlwollen bewahren und deren gemeinnütziges Wirken unterstützen zu wollen, sage ich allen Mitarbeitern und Lesern ein

### herzliches Lebewohl!

Fr. Zweifler.

## Vorkommen und Entwicklung der Weinhefe.*)

### Von Walter Dänhart.

Die Weinhefe: Saccharomyces ellipsoideus ist jener bekannte Sproßpilz, auf welchen das Werden des Weines zurückzuführen ist, indem er den Zucker der vergärenden Flüssigkeit in Alkohol und Kohlensäure zerlegt und durch seine sonstige Lebensthätigkeit und Stoffwechselprozesse den Most in Wein verwandelt.

Die Hefe ist ein Weinbergsunkraut. Sie kommt zu jeder Jahreszeit unabhängig von der Reife bezw. dem Vorhandensein von Trauben im Weinbergsboden vor. Zur Zeit der Traubenreife gelangt sie in bald geringeren, bald größeren Mengen durch Regen, Wind ꝛc.

---

\* Vorstehende Abhandlung ist das Ergebnis der schriftlichen Abgangsprüfung des Eleven Walter Dänhart, welche derartig gut ausgefallen ist, daß sie es verdient, weiteren Kreisen zugänglich gemacht zu werden.

(Die Schriftl.)

auf die Beeren und wird von Insekten, besonders von Wespen, sodann von Traube zu Traube verschleppt. Der Grund, weshalb man bei mikroskopischer Untersuchung reifer Beeren nur auf diesen, nicht aber oder höchst selten auf unreifen Beeren lebende Hefen vorfindet, ist darin zu suchen, daß auf unreifen Beeren die einzelnen Hefe-Individuen sich nicht zu ernähren vermögen und außerdem durch Hitze und Trockenheit zu Grunde gerichtet werden. Die von Müller-Thurgau ausgesprochene Ansicht, nach welcher die Wespen unreife Beeren nicht aufsuchen, ist daher dahin zu berichtigen, daß nur die von den Wespen auf reife Beeren verschleppten Hefen sich am Leben erhalten und fortpflanzen können, während die auf unreifen Beeren abgeladenen zu Grunde gehen. Auf den reifen Beeren finden sich die Hefen besonders an den aufgeplatzten Stellen, wo der Beereninhalt etwas ausgetreten ist. Wenn nun die mit Hefen bedeckten Trauben gekeltert werden, so gelangen die Hefen damit auch in den Most.

Die Hefe ist ein **einzelliger Organismus**; jede Zelle stellt ein selbständiges Individuum vor. Sie besteht aus der Zellhaut oder **Membran**, welche ihrer Hauptmasse nach aus Cellulose sich aufbaut. Die Membran ist durchsichtig, dehnbar, elastisch und stellt einen, den ganzen Hefeleib umhüllenden Mantel dar. Im Innern der Zelle befindet sich das lebendige **Protoplasma: Der Träger des Lebens**. Der Plasma-Körper ist von weicher, dehnbarer, meist schaumiger Beschaffenheit und liegt zum Teil fest an der Innenseite der Membran, so daß es im Innern lebender Zellen keinen Teil der Membran giebt, der nicht von Plasma bedeckt ist.

Zum andern Teil durchzieht der Plasma-Körper in zusammenhängenden Strängen die Zelle, um mit dem **wandständigen Protoplasma** sich immer wieder zu verbinden. Außerdem enthält jede Hefezelle noch mit **Zellsaft** oder Zellwasser angefüllte Hohlräume, die sogen. **Vacuolen**. Der Zellsaft enthält verschiedenste Substanzen gelöst, so u. a. Zucker, Säuren, Salze, Eiweißstoffe, Enzyme u. s. w. Die in den Most gelangte Hefe unterhält zunächst wie jeder Organismus Atmungsprozesse, um sich dadurch die zu ihrer Thätigkeit nötige Betriebskraft (aktuelle Energie) zu verschaffen. Sie gewinnt diese Kraft dadurch, daß sie mit Hilfe des Sauerstoffs der Luft den im Moste befindlichen Zucker oxydiert, bei welchem Vorgange dann, wie bei jeder Verbrennung Wärme frei wird. Die atmende Hefe beginnt nun mit Hilfe der aus dem Moste aufgenommenen Nährstoffe ihren Leib zu **vergrößern** und sich zu vermehren, d. h. sie beginnt zu wachsen und zu **sprossen**. Die Hefezellen, die meist von eiförmiger Gestalt sind und eine Größe von ungefähr ein Hundertstel Millimeter besitzen, zeigen an dem spitzeren Ende eine kleine, bald jedoch und mit fortschreitender Ernährung größer werdende Anschwellung bezw. Ausstülpung, welche allmählich die Größe und Gestalt der ersten (**Mutterzelle**) Zelle erreicht und auch deren physiologische Eigenschaften erbt. Die junge (**Tochterzelle**) Zelle beginnt jedoch auch ihrerseits sehr bald eine neue Zelle zu bilden und ebenso fährt die ursprüngliche Zelle darin fort, sodaß man in kurzer Zeit eine große Zahl von neuen Zellen aus einer einzigen ursprünglichen enthält. Dieser

Vorgang heißt **Sprossung**; die Hefe in diesem Stadium: **sprossende Hefe**. Unter besonders günstigen Wachstumsbedingungen, kann sich eine Zelle in ungefähr zwei Stunden bereits verdoppeln. Die einzelnen Zellen bleiben vorläufig miteinander in losem Verbande, man spricht infolgedessen von einem **Sproßverband** oder einer **Hefekolonie**. Alle Zellen einer Kolonie sind also aus einer einzigen ursprünglichen Zelle hervorgegangen und haben somit auch alle gleiche Eigenschaften. Die sich stark und kräftig ernährende Hefe speichert nun bei ihrem weiteren Aufenthalte im Moste in ihrem Leibe **Fette** und **Glykogen**, ein Kohlehydrat, auf: man erkennt unter dem Mikroskope, wie sich der ursprünglich schaumige, weißliche Plasma-Körper verdichtet. Die Vacuolen sind schließlich nicht mehr zu sehen, die Farbe des Plasmas wird eigentümlich weißlich-gelblich-seidenartig. Die sprossende Hefe geht damit allmählich in die sogenannte „gärende Hefe" über. Durch das Aufsteigen der Kohlensäurebläschen in dem trüb gewordenen Moste wird der Most so unruhig, daß die Sproßverbände zerstört werden. Die Hefe unterhält jetzt intensive Gär- und Stoffumwandlungsprozesse.

Mit weiter fortschreitender Abnahme des Zuckers und mit zunehmendem Alkoholgehalte geht die Ernährung der Hefe nicht mehr so gut von statten. Wie auf alle Organismen, so wirkt der Alkohol auch auf seinen Erzeuger, die Hefe giftig, und wirkt infolgedessen in dem Maaße als er entsteht auch hemmend und verlangsamend auf die Gärthätigkeit der Hefe. Hierzu kommt noch der mit der Zeit eintretende Mangel an Sauerstoff, indem die im Moste gelöste atmosphärische Luft durch den Atmungsprozeß der Hefe mehr und mehr verbraucht wird. Die Hefe sinkt jetzt mit Ende der Gärung allmählich nieder und bildet am Grunde des Gärgefäßes einen Bodensatz, den man **Trub**, **Drusen** oder **Geläger** nennt. Man bezeichnet die Hefe in diesem Stadium als: „hungernde Hefe" oder „ruhende Hefe", welch' letzterer Ausdruck jedoch insofern nicht zutreffend ist, als die Hefe nicht etwa auch physiologisch ruht, sondern im Gegenteil noch lebhafte Lebensvorgänge und damit Stoffwechselvorgänge unterhält, die noch wesentlich auf eine Qualitätsverbesserung der Weine hinauslaufen und demzufolge von großem Nutzen sind. Man würde dieser Vorteile verlustig gehen, wollte man die Hefe jetzt schon, d. h. sobald sie sich zu Boden gesetzt hat, durch Abstich entfernen. Diese hungernde Hefe indessen muß zur Unterhaltung ihrer Lebens- und Stoffumwandlungsprozesse die nötige Nahrung zur Verfügung haben. Da sie jedoch aus dem Moste nicht mehr genügend aufzunehmen vermag, so ist sie gezwungen, die in den Zeiten früherer guter Ernährung aufgenommenen oben erwähnten „Reservestoffe": Glykogen und Fette anzugreifen und zu verzehren. Ja, sie geht noch weiter. Sind auch diese Reservestoffe aufgebraucht, so greift sie sogar ihren eigenen Leib, ihren Plasma-Körper an. Man sieht bei fortgesetzter Beobachtung hungernder Hefe unter dem Mikroskope, wie der Plasma-Körper, der vorher noch ziemlich dicht und lückenlos war, allmählich wieder schaumig wird, wie die Vacuolen sich vergrößern, wie der Plasma-Körper an Substanz abnimmt und zuletzt nur noch geringe Mengen unzerstörbarer

Substanzen sich anstelle des vorher so dichten, mit Reservestoffen angereicherten Protoplasmas befinden. Diese so aufs äußerste erschöpfte Hefe beginnt dann damit abzusterben und geht in die sogen. „tote Hefe" über.

Bringt man hungernde, also noch lebende Hefe wieder in frischen Most, so fängt sie nach kurzer Zeit an, wieder kräftig zu atmen, sich zu ernähren, zu sprossen und zu gären.

Wie schon erwähnt, ist die Hefe ein Sproßpilz, ein Saccharomycet. Es giebt nun noch eine ganze Reihe anderer Organismen (Apiculatus, Kahmpilze, Schleimhefen), die zum Teil der echten Hefe in Form und Gestalt ganz gleich oder doch sehr nahe kommen, teilweise auch gären können, welche sich aber (abgesehen von einzelnen Ausnahmen) von den echten Hefen dadurch unterscheiden, daß sie nicht, wie diese, imstande sind, Sporen zu bilden. Wenn man nämlich echte Hefen nicht in Most kultiviert, sondern auf feuchter Unterlage, umspült von atmosphärischer Luft, züchtet, so bildet die Hefe im Innern der Zelle 1—4 kleine kugelförmige Gebilde, die sog. „Sporen". Diese Sporen dienen dazu, die Hefe über ungünstige äußere Verhältnisse (Ernährungs=Witterungseinflüsse) hinwegzuhelfen; denn die Hefe ist in dieser Form sehr ausdauernd. Gelangt eine Hefespore in frischen Most, so beginnt sie bald zu sprossen und sich in derselben Weise zu verhalten, wie oben angegeben wurde.

Von den auf den reifen Trauben sitzenden Hefen, die ja oft in großen Mengen vorhanden sind, gelangen immer eine größere Anzahl zurück in den Boden (durch Regen, Wind, herabfallende Beeren, Insekten u. s. w.), sodaß in jedem Herbste von neuem Hefen aus dem Boden auf die Beeren gelangen können. Die nicht auf die Beeren gelangenden Hefen aber müssen im Boden wegen Nahrungsmangel allmählich zu Grunde gehen.

## Ueber die Wirkung der Kupferkalkbrühe.

Die gute Wirkung der Kupferkalkbrühe auf den Weinstock steht außer Zweifel; wie dagegen dieser günstige Einfluß zu Stande kommt, ist bis heute trotz mehrfacher Arbeiten über diesen Gegenstand nicht sicher festgestellt. Während mit dem Erfinder dieses bewährten Kampfmittels gegen die Peronospora, Millardet, die Praxis die Vernichtung der auf solche Pflanzenteile fallenden Sporen durch das Kupfer annimmt, ihm also giftige Eigenschaften zuschreibt, haben die Arbeiten von Nümm und später von Frank und Krüger gezeigt, daß es weniger hierauf ankommt, sondern vielmehr auf eine kräftigende, gleichsam düngende Wirkung, welche die Pflanzen üppiger und dadurch widerstandsfähiger und härter gegenüber den Angriffen durch Krankheitspilze macht.

Aderhold=Proskau veröffentlicht nun im „Weinbau und Weinhandel" 17. Jahrgang, Nr. 6 eine vorläufige Mitteilung über Versuche, durch welche er übereinstimmend mit den genannten Forschern nachweist, daß die Keimung der Pilz-Sporen (in seinem Falle von Fusicladium pirinum) auf mit Kupfervitriol versehenen Blättern thatsächlich statt=

findet, daß aber die Keimschläuche derselben nicht in dieselben eindringen können. Man hat diese, die Pflanze kräftigende (Dünger-)Wirkung dem Kupfer zugeschrieben; Aberhold kommt dagegen auf Grund seiner Arbeiten zu dem Ergebnis, daß es das im Kupfervitriol als Verunreinigung vorkommende Eisen sei, dem jener günstige Einfluß zugeschrieben werden muß. Diesbezügliche Versuche zeigten, daß die schützende Wirkung der Bespritzung gerade dort eine besonders augenfällige war, wo die Eisenmenge in der Brühe hoch bemessen wurde. Obwohl die Wirkung des Eisens selbst, damit auch ebensowenig, wie diejenige des Kupfervitriols erklärt ist, so genügt doch schon die Thatsache, um die Wichtigkeit dieser Erkenntnis für die Praxis beurteilen zu können, für welche sich damit neue Gesichtspunkte bei der Ausführung der Bespritzungsarbeit ergeben. Verfasser schlägt denn auch vor, bei der Herstellung der Flüssigkeit neben Kupfervitriol und Kalk auch Eisenvitriol zu verwenden und zwar in folgender Weise:

Für 10 Lit. Brühe löse man in 5 Lit. Wasser ein knappes $^1/_5$ kg Kupfervitriol und einen gehäuften Theelöffel Eisenvitriol (beides zusammen etwa 200 g schwer). Sodann werden 200 g gebrannter Kalk trocken und gelöscht und nach dem Zerfallen mit 5 Lit. Wasser zu Kalkmilch verrührt. Beides wird dann gleichzeitig in ein drittes Gefäß gegossen, wegen der besseren Vermischung, welche nach amerikanischen Erfahrungen für das spätere Haften der Brühe von Bedeutung ist.

Die mit einer solchen Lösung behandelten Weinberge nehmen ein intensiveres Grün an, das dem Eisenvitriol, — dessen Wirkung in dieser Richtung schon lange bekannt ist und bei gelbsüchtigen Pflanzen vielfach mit Erfolg ausgenutzt wurde, — zuzuschreiben ist und erlangen dadurch eine bessere Widerstandsfähigkeit gegen Ansteckung durch Pilze.

Die Praxis, welcher die versuchsweise Anwendung dieser neuen und billigeren Brühe empfohlen wird, wird zu ermitteln haben, inwieweit sie den geschilderten Erwartungen entspricht, ob die Zusammensetzung geändert werden muß oder ob sie bleiben kann. Es wird auch darauf zu achten sein, ob durch das auf diese Weise in den Wein gelangende Eisen nicht ein öfteres Schwarzwerden des Weines, das in vielen Fällen der Gegenwart größerer Eisenmengen im Weine zugeschrieben werden muß, zur Folge haben wird, wie bei Anwendung gewöhnlicher Brühe. Fr. Z.

## Ueber Anlage von Rebschulen.

(Zugleich Antwort auf die Anfrage mehrerer Winzer in A. (Luxemburg.)

Von Heinr. Friederichs.

Der Zweck der Anlage einer Rebschule ist, in einem oder zwei Jahren schöne Wurzelreben zu erhalten, die im Weinberge erfahrungsgemäß viel leichter anwachsen, als Blindholz und deshalb auch einen gleichmäßigeren Stand des Jungfeldes sichern.

Im Ertrage sind die Wurzelreben gegenüber den Blindreben ebenfalls ein Jahr voraus, wodurch der Ernteausfall geringer wird. Die

Beseitigung falscher Sorten in der Rebschule ist leichter und die Reife der gebildeten Triebe bis zum Herbst wegen der früheren Pflanzung eher möglich, als bei Blindholz. Die Vorzüge der Wurzelreben gegenüber dem Blindholze sind mithin ganz bedeutend; deshalb und weil die Wurzelreben im Einkaufe sehr teuer sind und der Bezug durch die Reblausgesetze mit Recht erschwert ist, liegt es wohl in jedes Winzers Interesse, sich seinen Bedarf an Wurzelreben, wenn irgend thunlich, selbst heranzuziehen.

Es ist dieses leicht und ohne viele Mühe zu erreichen, wenn man nur von vornherein der Auswahl des Grundstückes, welches der Anlage einer Rebschule dienen soll, die nötige Beachtung schenkt, die Pflanzung richtig ausführt und es an der Pflege nicht fehlen läßt.

Was die Auswahl des Grundstückes betrifft, so wähle man nur ein solches mit geschützter, warmer Lage, also etwas nach Süden geneigt. Der Boden sei humusreich, leicht, locker, und nicht zu trocken. Vor Winter wird das Land 50 cm tief rigolt. Das Einlegen der Reben geschieht in Gräben, in denen die Reben schräg (etwa im Winkel von 45°) zu liegen kommen. Die Reihen erhalten einen Abstand von je 40 cm, in den Reihen kommen die Reben etwa 5—6 cm von einander. Das Ausheben der Gräben geschieht am besten mit dem Spaten und wird der Boden aus dem ersten Graben rückwärts über das Land verteilt. Nach dem Ausheben wird der Graben von obenher etwas schräg abgestochen und an die schräge Wand werden die Reben in den angegebenen Abständen eingestellt. Nach dem Einstellen wird der Graben mit den eingelegten Reben etwa bis zu ein Drittel mit Erde gefüllt und diese an den Fuß der Reben angetreten, damit sie sich recht innig an die Reben anschließt. Hierauf wird der Graben vollends wieder ausgefüllt und die Reben etwa fingerdick mit Erde bedeckt, damit die obersten Knospen nicht austrocknen. Es ist gut, wenn die Reben zuvor in der Dunstgrube vorgetrieben wurden. Das Spaten wird nun solange fortgesetzt, bis an der richtigen Entfernung 40 cm von der ersten Reihe wieder ein zweiter Graben entsteht. Die Reben können aber auch mit dem Setzstückel senkrecht gepflanzt werden, eine Arbeit, welche langsamer von statten geht, als die vorstehend geschilderte. Die Bewurzelung ist hierbei auch eine sehr gute, doch lassen sich so eingestückelte Reben nicht so leicht ausgraben, als gräbenweise und schräg eingelegte. Will man die Wurzelbildung noch durch Verbesserung des Bodens mit Dünger begünstigen, so verwendet man guten Kompost, der sich dazu besonders gut eignet. Was die jährlichen Arbeiten in der Rebschule betrifft, so beschränken sie sich auf ein Lockerhalten des Bodens von Unkraut. Bei Trockenheit ist Begießen und zum Schutze gegen Peronospora im Sommer 3- bis 4maliges Bespritzen mit Bordelaiser Brühe nötig. Im Herbste sind die Triebe durch Behäufeln vor Frost zu schützen. Erscheinen die Wurzelreben im ersten Jahre nicht kräftig genug, so beläßt man sie noch ein weiteres zweites Jahr in der Rebschule, jedoch ist im Frühjahr alsdann ein Beschneiden notwendig. Hierbei werden die Triebe, wenn mehrere aus einer Pflanzrebe hervorgegangen sind, bis auf den stärksten entfernt und auch dieser bis auf ein Auge zurückgeschnitten.

## Jadoo.

(Aus „Tiroler landw. Blätter".)

Unter diesem Namen wird von der „Jadoo Company Wien I. Schulhof Nr. 6 ein Material zu 40 fl. per Tonne (1000 kg) angeboten, das in den Ankündigungen als eine präparierte, die Nährstoffe der Pflanzen enthaltende, vergorene Pflanzenfaser bezeichnet wird, deren Fabrikation in allen Staaten patentiert sei.

Der uns zu Versuchen eingesandte sogenannte „Jadoo" stellt sich nach dem äußeren Ansehen als ein feinfaseriges torfmullartiges Pulver dar. Die chemische Untersuchung desselben ergab nachstehendes Resultat: 0,76% Gesamtstickstoff (0,29% in Ammoniakform); 0,56% Gesamtphosphorsäure (0,30% in wasserlöslicher Form); 0,21% wasserlösliches Kali; 13,9% Wasser; 9,17% Asche.

Darnach kann der Jadoo nicht als ein Düngemittel angesehen werden, da der Nährstoffgehalt ein sehr geringer ist und 100 kg Jadoo höchstens mit etwa 40 fr. bewertet werden können. Der Jadoo kann daher lediglich als ein die Wurzelbildung wahrscheinlich beförderndes Lockerungsmittel des Bodens angesehen werden. Um seine Wirkung in dieser Beziehung zu prüfen, wurden zunächst im Anstaltsgarten eine Reihe von Versuchen angestellt.

In der That wurden durch Anwendung von etwa 1 Kilo Jadoo auf 1 m² des etwas schweren Gartenbodens bei Frühgemüse wie Bohnen, Salat, Gurken, Melonen recht gute Resultate erzielt. Besonders Bohnen entwickelten sich in dem mit Jadoo gemischten Boden viel üppiger als ohne dessen Beimischung und wurden etwa 20 cm höher. Besonders vortheilhaft erwies es sich auch, das Jadoopulver auf Saatbeeten aufzustreuen, in welchem Falle es die Krustenbildung verhinderte, welche sonst in Folge des wiederholten Begießens eintrat.

Auf leichten, sandigen Böden war dagegen seine Wirkung im Ganzen stets gering. Nun erscheint es aber wahrscheinlich, daß eine ähnliche günstige Wirkung auch mit gewöhnlichem Torfpulver, das man viel billiger haben kann, zu erreichen ist. Um dies festzustellen, wurden eine Reihe Versuche in der Rebschule und im Pikierland der Obst-Saatschule angestellt, da hier vor allem eine günstige Wirkung zu erwarten stand.

Es wurden zunächst in einem Rebschulschlage etwa 10,000 Schnittreben von 14 Sorten teils mit Jadoo, teils zum Vergleiche mit Kunstdünger versehen.

Ferner wurden in einem anderen Rebschulschlage 400 Schnittreben von Rheinriesling angepflanzt und je mehrere Reihen mit Jadoo, mit Torf aus Freienfeld bei Sterzing und mit Torf und Kunstdünger versehen.

Der verwendete Kunstdünger bestand aus einer Mischung von schwefelsaurem Ammoniak, konz. 95-proz. schwefelsaurem Kali und Superphosphat, und wurde diese Mischung in einer Menge angewendet, daß auf 1 ha 60 kg Stickstoff, 80 kg Kali und 100 kg Phosphorsäure kamen. (Der Boden, auf dem die Versuche angestellt wurden, ist ein lehmig sandiger Etschalluvialboden, der an Kali ziemlich reich ist). Von

Jadoo und Torf kamen in jede etwa 150 Schnittreben enthaltende Rebreihe 250 g.

Im Sommer zeigte sich ein wesentlicher Unterschied zwischen den einzelnen Versuchen; jedenfalls standen die mit Jadoo ersetzten Parzellen nicht besser als jene, die einen Zusatz von Torf oder gar von Torf und Kunstdünger erhalten hatten. Anfang Dezember wurden die ganzen Rieslingsreben ausgehoben und von den übrigen Reben je ein Teil als Stichprobe aus dem Boden genommen.

Die erzielten Wurzelreben zeigten bei allen Versuchen eine befriedigende Bewurzelung; die stärksten und längsten Wurzeln wurden aber bei Anwendung von Torf und Kunstdünger erzielt.

Die Reben in der mit Jadoo versehenen Parzelle hatten zwar auch zahlreiche Wurzeln wie bei Verwendung von Torf und Kunstdünger, dieselben waren aber viel schwächer. Die blos mit Kunstdünger ohne Zusatz von Jadoo oder Torf gedüngten Reben standen den mit Jadoo eingelegten nicht nach. Die Reben hatten während des letzten Sommers nie von Trockenheit zu leiden und ist es wohl denkbar, daß die Wirkung von Jadoo und Torf in einem mehr trockenem Sommer oder in einem trockeneren Boden mehr zur Geltung gekommen wäre. Bei den übrigen eingelegten Reben konnte zwischen der Wirkung von Jadoo und einer bloßen Düngung mit Kunstdünger kein merkbarer Unterschied wahrgenommen werden. Bei den grünpikierten Pflänzchen der Obstsaatschule konnte zwischen der Wirkung von Jadoo und von Torf ebenfalls kein Unterschied festgestellt werden.

Ein weiterer vergleichender Versuch mit Jadoo und Torf wurde bei einer Spalierpflanzung von dreijährigen teils auf Johannis-, teils auf Splittapfel veredelten Bäumchen ausgeführt.

Es zeigte sich aber zwischen der mit Torf und der mit Jadoo versehenen Abteilung im Laufe der ganzen Vegetationsperiode weder in Bezug auf die Länge der Triebe noch hinsichtlich der Farbe und Größe der Blätter der geringste Unterschied.

Die hier angestellten Versuche zeigen daher, daß die Anwendung von Jadoo in der That in vielen Fällen eine günstige Wirkung auf die Entwickelung der Wurzeln in Reb- und Saatschulen ausüben kann, „daß aber dieselbe Wirkung auch durch Anwendung geeigneten feinen Streutorfes oder Torfmull zu erzielen ist und daß durch gleichzeitige Anwendung von Torf und Kunstdünger noch ein weitaus vollkommeneres Resultat erlangt werden kann."

Da nun aber 100 kg Jadoo um 4—5 fl. verkauft werden; Torf aber um $1/3$—$1/4$ dieses Preises und noch billiger, je nach der Entfernung des nächsten Torfwerkes erhalten werden kann, kann die Verwendung des Jadoos unseren Landwirten und Gärtnern nicht empfohlen werden.

Die Direktion der landw. Landes-Lehranstalt<br>und Versuchsstation.

Anmerkung der Schriftleitung. Versuche, welche mit Jadoo seitens der Firma J. B. Sturm in Rüdesheim und der Königl.

Lehranstalt in Geisenheim bei Pflanzung von Reben, bezw. in Rebschulen gemacht wurden, ergaben übereinstimmend und im Einklange mit vorstehenden Erfahrungen, daß das Mittel nach keiner Richtung hin eine Wirkung zeigte, welche derjenigen des Torfmulls überlegen wäre, die aber gegenüber dem erheblich billigeren Kompost bedeutend zurückblieb.

### Rigolversuche.

In den Jahresberichten der Königl. Lehranstalt 1895/96, S. 50 und 1897/98 wurde von der Anstellung von Rigolversuchen gesprochen, bezw. über dieselben kurze Mitteilungen gemacht. Das betreffende Grundstück mußte wegen anderweitiger Benutzung im Herbst 1898 geräumt werden, bevor die Beobachtungen und Feststellungen an den darauf angepflanzten Reben hinreichendes Material für eine endgültige Beurteilung der wichtigen Frage ergeben konnten. Wenn nachstehend trotzdem darüber berichtet wird, so geschieht es, weil der Stand der Versuchsparzellen im Laufe der drei Jahre immerhin Ergebnisse geliefert hat, welche wenigstens als Beitrag zu der genannten Frage dienen können. Die dem Versuch zu Grunde gelegte Fragestellung war folgende:

1. **Welchen Einfluß übt es auf die Entwickelung der Rebe, wenn die oberste Bodenschichte (Ackerkrume, Taugrund, Kulturschichte) beim Rigolen in verschiedene Tiefe zu liegen kommt und**
2. **Wie gestaltet sich das Wachstum, wenn die ganze gelockerte Erdmasse miteinander gleichmäßig vermischt wird?**

Als Versuchsfeld diente ein bis dahin dem Ackerbau dienender Verwitterungsboden gleicher Beschaffenheit in seiner Breitenausdehnung auf der „Leideck", der vorher niemals Reben getragen hat und nur bis zu einer Tiefe von etwa 15 cm beackert worden ist. Hier hatte man gleiche Parzellen von 58,5 qm wie folgt auf die übliche Tiefe von 60 cm rigolt.

1. **Parzelle 1:** Die Ackerkrume kam auf die Sohle, also 60 bis 40 cm tief zu liegen, während der darunter liegende Boden jetzt darüber und zwar die unterste Schichte ganz obenauf geschicht wurde.

**Parzelle 2:** Die Krume blieb obenauf; die unterste Schichte kam in die Mitte, diese auf die Sohle zu liegen.

**Parzelle 3:** Die Krume kam in die Mitte, also 40—20 cm Tiefe die mittlere Schichte nach oben, die unterste blieb gelockert in der ursprünglichen Tiefe liegen.

**Parzelle 4:** Alle Schichten wurden bis zur genannten Tiefe gleichmäßig miteinander vermischt.

Es sei bemerkt, daß der Boden unterhalb der Krume bis zur Rigoltiefe in seiner Beschaffenheit auch gleichmäßig war.

Die Kosten der Rigolarbeit stellen sich bei einem Taglohn von 2 Mk. 20 Pf. auf den Morgen berechnet, wie folgt:

Nach Methode der Parzelle 1 auf 374 M. oder 15 Pf. pro qm
" " " " 2 " 330 " " 13,2 " " "
" " " " 3 " 402 " " 16 " " "
" " " " 4 " 497 " " 20 " " "

Im Frühjahr 1896 wurden die Felder mit je 120 Stück ausgesuchten, unter sich im Aussehen und Austrieb gleichen, in der Dunstgrube vorgetriebenen Riesling-Blindreben von je 50 cm Länge derart bepflanzt, daß zwischen den einzelnen, aneinanderstoßenden Parzellen immer ein Streifen von 2 m Breite als neutrale Zone frei blieb. Die Anwachsung ließ infolge des trockenen Frühjahrs bei allen zu wünschen übrig, zeigte aber in den einzelnen Feldern bemerkenswerte Unterschiede. Sie betrug bei Parzelle 1 65%, Parzelle 2 30%, Parzelle 3 42,5%, Parzelle 4 56,6%.

Was die weitere Entwickelung der angewachsenen Reben betrifft, so ergaben die Beobachtungen der drei Jahre folgendes:

Parzelle 1 war in der Triebkraft allen andern, sowohl in Stärke, als Länge der Reben in deutlicher, beim bloßen Augenschein leicht bemerkbarer Weise überlegen.

Parzelle 2 zeigte ein am wenigsten befriedigendes Aussehen; sie war am schwächsten geblieben.

Die Parzellen 3 und 4 waren unter sich so ziemlich gleich, obwohl 3 um ein unbedeutendes über 4 stand. Im Vergleich zu 1 und 2 sind sie zwischen beide und zwar näher an 1 zu stellen. Um einen ganz zuverlässigen Maßstab für die Beurteilung der Wachstumsstärke zu gewinnen, ließ man 1897 und 1898 nach dem Frühjahrschnitt jedem Stock nur je einen Trieb wachsen und maß diesen in beiden Jahren im Spätherbst nach Abschluß des Längenwachstums bei jedem Stock. Das Mittel der Rebenmaße beider Jahre ergab dann unter sich vergleichbare Größen, welche sich wie folgt gestalten:

Bei Parzelle 1 betrug die Trieblänge 1,98 m
" " 2 " " " 1,42 "
" " 3 " " " 1,85 "
" " 4 " " " 1,80 "

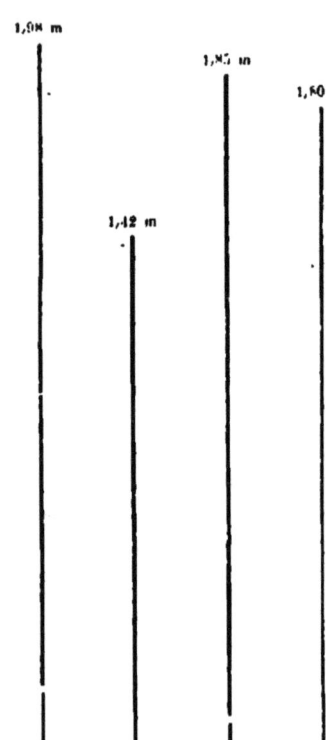

Vorstehende graphische Darstellung zeigt dieses Verhältnis noch augenscheinlicher.

Beim Abräumen des ganzen Stückes wurden von den einzelnen Feldern je 3 Durchschnittsstöcke unter thunlichster Schonung der Wurzeln ausgegraben und einem Vergleiche unterzogen. Obwohl die Unterschiede zwischen den unterirdischen Teilen nicht so deutliche waren, wie bei den Trieben, so waren sie doch unschwer festzustellen und gingen dahin, daß Reben aus der Parzelle 1 eine stärkere Wurzelstange und kräftigere Wurzeln hatten, als alle übrigen, ein Umstand auf den übrigens schon aus der Beschaffenheit der oberirdischen Teile geschlossen werden mußte. Parzelle 2 blieb auch hier zurück, während die Felder 3 und 4 dem Felde 1 sehr nahe kamen. Die Fußwurzeln waren bei den Reben aller Parzellen gut entwickelt, doch war deren Dicke bei Parzelle 1 den andern gegenüber größer. Was geht aus dem Mitgeteilten bis jetzt hervor?

Die Antwort ist nicht schwer und lautet: Diejenigen Reben, deren untere Enden in der fruchtbaren Ackerkrume steckten, haben die kräftigste Entwickelung genommen. Daraus folgt aber, daß überall da, wo dem für eine Weinbergslage bestimmten Boden eine mehr oder weniger starke Kultur-(Humus)Schicht, welche ursprünglich vorhanden, oder zugefahren wurde aufsitzt, das Rigolen so einzurichten ist, daß sie dahin zu liegen kommt, wo die zu pflanzenden Reben ihre Fuß-(Haupt-)-Wurzeln bilden sollen. Die Tiefe dieser Lage wird eine verschiedene sein und von der üblichen Länge des Setzholzes abhängen. Sie wird je nach der Rotttiefe einmal unten, das andere Mal in der Mitte und ein weiteres Mal vielleicht in der Oberfläche (wenn ganz kurzes Setzholz gebraucht wird) zu liegen kommen. Die Kosten des Rigolens werden sich hiernach auch verschieden gestalten; Anhaltspunkte für die Beurteilung dieser Frage bei gleicher Rotttiefe geben die Zahlen in der obigen Zusammenstellung.

*Fr. Zweifler.*

## Rheinwein und Moselwein.
### Von Hermann Schlegel in Oestrich.

Stolz rühmt sich jetzt die Mosel, daß ihre Weine neben dem König der Weine des Rheines als Königin der Weine gepriesen und als solche in allen Landen gradezu mit Begeisterung aufgenommen und verherrlicht werden. Mit einem gewissen Reid schauen die benachbarten Weingebiete hinüber zur Mosel und fragen sich: wie ist es möglich, wie konnte es geschehen, daß diese Weine unsern alt bewährten Ruf zu verdunkeln drohen? Wie konnte es kommen, daß sich selbst die jugendlichen Weine des stillen Saarthales mit an die Spitze der deutschen Weine stellen konnten? Wohl waren die Weine der Mosel, an steilen Geländen auf mühsam hergestellten Terrassen gewachsen schon seit den ältesten Zeiten ein viel begehrter Tropfen, doch die des Rheines, besonders die in ihrer Art eigenen Weine des Rheingaues vermochten sie wohl in Schatten zu stellen.

Wohl wurzeln die Reben noch in denselben urkräftigen Gestein und reifen die Trauben in derselben Sonne wie ein Jahrhundert zuvor, aber die Berge schauen auf ein anderes Geschlecht, auf andere Sitten und Gebahren, als wie vor Jahrhunderten, ja als kaum Jahrzehnten hernieder. Nicht Boden und Lage, nicht die Sonne haben den Wechsel zu Wege gebracht, sondern die Menschen, nicht allein diejenigen, welche die Rebe pflegen, sondern auch die, welche sich am Wein erfreuen, haben den Moselweinen in den letzten Jahren den Weltruf verschafft.

Freilich müssen die neidischen Nachbarn zugestehen, daß der Winzer an der Mosel ganz ungemein rührig ist, daß er Jahr aus, Jahr ein in seinen Rebbergen herumklettert und gewiß nichts versäumt, was seinen Reben wohl thut und nützlich ist. Er wendet mit großem Fleiß alles auf und versucht auf alle mögliche Weise sein Produkt zu erhöhen und zu verbessern, verschließt sich auch den Neuerungen nicht und lenkt schon eher auf andere Wege ein, ganz gleich ob diese von der Wissenschaft oder Praxis gezeigt wurden. Und hinter dem Winzer steht der rührige Kaufmann, ein, in allen Stücken wohl organisierter Handel, welcher mit rastlosem Eifer und selbst opferbringender Thätigkeit den Weinen der Mosel ein Gebiet nach dem andern erschließt. Wie kaum in einer anderen Weinbaugegend, wohl auch selten bei einem anderen Produkt, gehen Produzent und Handel so Hand in Hand als an der Mosel.

Nicht immer waren die Zeiten an der Mosel so glänzend; die Winzer haben trübe Zeiten durchmachen müssen. Gewiß haben sie zur Verbesserung ihrer Lage ein gut Teil beigetragen, aber kaum ein glänzenderes Beispiel dürfte es geben, wie sehr ein wohlorganisierter Handel die wirtschaftliche Lage eines ganzen Landes zu heben und zu verbessern vermag, als gerade an der Mosel.

Daß der Moselwein so bevorzugt wird, mag ja zu einem guten Teil im Zuge der Zeit liegen, man liebt den Wechsel; galt vor Jahrzehnten der firne Rheinwein als der edelste Trank, so liebt man heute den Wein frisch und sprudelnd, welche Eigenschaft der Moselwein wohl am meisten offenbart. Grade den Moselwein modern zu machen, diese Kunst hat wohl zum allergrößten Teil der Kaufmann an der Mosel durch allerlei geschickte und glückliche Reklame zu Wege gebracht. Gewiß wird die Mosel geradezu beneidet um die wirtschaftlichen Erfolge der letzten Jahre. Recht ist es aber nicht diesen Neid durch Spott oder gar Verdächtigungen zum Ausdruck zu bringen, wie es hier und da geschehen ist. Die Kraft der Moselaner steckt hauptsächlich in der weisen Anwendung des Weingesetzes vom Jahre 1892. Man mußte sich die Vorteile desselben nutzbar zu machen, die Nachteile hingegen zu überwinden.

Noch wurden die Spitzen der Rheingauer Weine von den besten der Mosel nicht übertroffen. Dieselben haben, wenn man den reellen Preis als Wertmesser nimmt, denen der Mosel noch viel voraus und werden von der Nebenbuhlerin Mosel wohl auch schwerlich übertroffen werden. Der Fleiß des Rheingauer Winzers ist dem an der Mosel mindestens gleich. Nur dürfte er nicht gleich so verzagt sein, wenn durch den Geschmack des Weintrinkers sein Erzeugnis einmal etwas vernachlässigt wird. Recht hat der Rheingauer als Winzer, wenn er für den Wein nur ein Gesetz kennt, das Naturgesetz nämlich), welches ihn auf streng puritanischen Boden stellt. Durch dieses Festhalten mag ihm wohl der augenblickliche Vorteil schwinden, er setzt sich aber nicht der Gefahr aus, sich für die Zukunft etwas zu zerschlagen.

Die Moselaner haben es verstanden, den Geschmack der Trinker gleichsam für den Moselwein passend zu erziehen und so kommt es, daß der Moselwein heutzutage, wenn wir auch hier dieses Wort anwenden wollen, Mode geworden ist. Haben wir damit das richtige Wort gewählt, so ist wohl sicher vorauszusehen, daß diese früher oder später wechseln wird. Es wird auch die Zeit wieder kommen, wo es den Rheinländern gelingt, die Liebhaberei für ihre Weine geltend zu machen und wenn diese Zeit gekommen, werden auch die Rheinweine wieder im Werte steigen.

Jedoch den Stand um das Ansehen der Rheingauer Weine so düster zu malen, wie es mitunter geschieht, hieß nur der eigenen Sache schaden.

Der Preisdruck in den letzten Jahren war nur eine Folge des übereichen 96er Herbstsegens bei nur mäßiger Güte. Man war hinsichtlich der Preise der vorhergehenden vorzüglichen Jahrgänge etwas verwöhnt und man hat vielfach vergessen, zu welchen Preisen man noch vor einem Jahrzehnt geringe Weine verkaufen mußte.

Noch scheint dieselbe Sonne auf unsre Berge und rühriger und fleißiger denn je betreiben die Winzer die Pflege der Reben. Ein gänzliches Fehljahr liegt hinter uns und doch, oder gerade deshalb erhoffen wir ein besseres Jahr. Man müsse blind sein, wenn wir dem Rheingauer Weinhandel eine emsige Thätigkeit absprechen wollten und erst neuerdings stattgefundene Vorkommnisse zeigen, wie sehr dahin gestrebt wird, ein enges Zusammengehen des Weinbaues und Weinhandels herbeizuführen. Bei dieser allseitigen Thätigkeit werden auch die Weine am Rhein wieder gesucht werden. Hoffen wir nur, daß uns bald ein gutes Jahr recht reichlich davon beschert.

---

### Kleinere Mitteilungen.

**Frachtermäßigung für hochprozentige Kalisalze.** Nachdem das Verkaufssyndikat der Kaliwerke und der D. L.-G. schon im Sommer in Betreff der Frachtermäßigung für hochprozentige Kalidüngesalze Eingaben bei der preußischen Eisenbahnverwaltung eingereicht hatten, ist es noch am letzten Tage des alten Jahres gelungen, die Genehmigung des Ministeriums zu erhalten, den Tarif für Rohsalze bis auf 40%ige Kalidüngesalze auszudehnen, eine Maßregel, welche den Bezug der Salze wesentlich erleichtern und für die Einführung derselben eine wesentliche Hilfe sein wird.

**Das Einkommen in den Städten und auf dem Lande.** Die „Kreuzztg." beschäftigt sich in einem sehr beachtenswerten Artikel mit der Verschiedenheit des Einkommens in den Städten und auf dem Lande. Während in den Städten unter 10000 Einwohnern 211 sind, die über 3000 M. Einkommen haben, beträgt die Zahl dieser Einkommensteuerpflichtigen auf dem Lande nur 45 unter 10000. Während sie in den Städten in den letzten Jahren nicht unerheblich gestiegen ist, ist sie auf dem Lande fast konstant geblieben. Das in den Städten versteuerte Einkommen aus Grundvermögen ist seit 1892 von 389 auf 470½ Millionen, also um 1/5 gewachsen, hat sich aber in der gleichen Zeit auf dem Lande von 366½ auf 345¼ Millionen vermindert. Wenn es möglich wäre, das rein landwirtschaftliche Grundvermögen statistisch von dem Grundvermögen der ländlichen Industriellen, Villenbesitzer u. s. w. zu sondern, würde das Verhältnis sicher noch wesentlich verschlechtert werden.

(„Zeitschr. f. d. landw. Ver. f. d. Großh. Hessen.")

**Einfuhr nach und Ausfuhr aus Deutschland von Wein und Most in Fässern im Monate Januar 1898 und 1899**, mitgeteilt aus dem Januarhefte des Kaiserlichen statistischen Amtes:

| Jahr bezw. Angabe des Landes | Einfuhr kg | Ausfuhr kg |
|---|---|---|
| 1898 . . . . . . . . . . . | 2 980 100 | 527 800 |
| 1899 . . . . . . . . . . . | 3 736 200 | 447 900 |

Davon im Januar 1899 ein- bezw. ausgeführt aus- bezw. nach:

| | | |
|---|---|---|
| Belgien . . . . . . . . | — | 102 000 |
| Dänemark . . . . . . . | — | 8 100 |
| Finnland . . . . . . . . | — | 3 900 |
| Frankreich . . . . . . . | 1 817 600 | 41 200 |
| Griechenland . . . . . . | 106 000 | — |
| Großbritannien . . . . . | — | 47 900 |
| Italien . . . . . . . . . | 298 300 | — |
| Niederlande . . . . . . | — | 40 600 |
| Oesterreich-Ungarn . . . | 376 500 | 4 100 |
| Portugal . . . . . . . . | 164 000 | — |
| Rußland . . . . . . . . | — | 4 200 |
| Schweden . . . . . . . | — | 21 500 |
| Schweiz . . . . . . . . | 21 600 | 97 200 |
| Spanien . . . . . . . . | 603 300 | — |
| Türkei . . . . . . . . . | 226 100 | — |
| Algerien . . . . . . . . | 23 500 | — |
| Chile . . . . . . . . . | 17 100 | — |
| Verein. Staaten von Amerika . . . | 52 000 | 57 500 |

Für die **Verbreitung landwirtschaftlicher Kenntnisse** thut vielleicht keine Regierung so viel wie die der Vereinigten Staaten. Abgesehen von den höheren landwirtschaftlichen Unterrichtsinstituten, die teils selbständig, teils den Universitäten angefügt, alle aber vom Staate reich subventioniert sind, und abgesehen davon, daß die Unterweisung in den Grundbegriffen der Ackerwirtschaft in die Lehrpläne der von 14 000 000 Kindern besuchten Volksschulen eingeführt ist, werden von der Ackerbauabteilung in Washington alljährlich massenhaft landwirtschaftliche Broschüren gratis an Landwirte verteilt. So ließ im Jahre 1897 die Regierung 501 solcher belehrender Broschüren drucken und in nicht weniger als 6 280 000 Exemplaren durch das ganze Land verteilen. Das von der staatlichen Ackerbauabteilung herausgegebene Jahrbuch wird in einer Auflage von einer halben Million gedruckt, und für 1899 hat der Staatssekretär hierfür eine Erhöhung der Subvention verlangt.

**Winzerverein.** Im nahen hessischen Dorfe Planig hat sich im Februar ein Winzerverein gebildet, dem sofort 35 Mitglieder beitraten. Ueber die Gründung des Vereins sprach Herr Schulze aus Darmstadt, Revisor des Reiffeisen'schen Kassenverbandes. Die benachbarten Gaubickelheimer berichteten über ihren Winzerverein, der schon nach zweijährigem Bestehen 40 000 M. geliehenes Kapital zurückerstatten konnte und voriges Jahr noch einen Reingewinn von 25% verteilte.

H. Fuchs.

Der **Weinhändlerverein an der Nahe**, der vor einigen Jahren ins Leben gerufen wurde, hat bei der Eisenbahndirektion Mainz erreicht, daß in Zukunft gewisse offene Waggons statt bisher mit 16 jetzt mit 20 Halbstück beladen werden dürfen. Derselbe Verein hat ferner eine Eingabe an das Handelsministerium gerichtet, um den Uebelständen zu begegnen, welche sich durch die verschiedenen staatlichen Aichämter im deutschen Reiche gerade an der Grenze zwischen Preußen und Bayern ergeben, da ersteres die bayrische, dieses die preußische Aichung nicht anerkennt oder doch nur ein Durchgang dieser Fässer gestattet ist, wenn der Wein in Originalgebinden weiter gegeben wird. Schickt nun ein Weinhändler aus dem Kreise Kreuznach seine Fässer nach der bayrischen Pfalz hinüber, um Wein zu holen, so können diese nicht nur von der bayrischen Behörde beschlagnahmt werden, sondern es kann auch noch eine Strafe nachfolgen. Da wäre es allerdings angebracht, wenn diese Belästigungen, die manchmal ganz unangenehm werden, gehoben würden durch Einführung einer deutschen Reichsaichung oder doch durch gegenseitige Zulassung der beiden Aichen. H. Fuchs.

Als **einfaches Mittel zur Vertreibung von Kaninchen** aus Weinkulturen wird im „Westungarischen Weinbergsboten" der Schwefelkohlenstoff empfohlen, welcher, in die Bauten gebracht, durch seine leichte Flüchtigkeit, sie so ausfüllt, daß die Tiere darin zu Grunde gehen oder sie schnell verlassen. Wenn Netz und Schießen mit dieser Maßregel in Verbindung gebracht werden, so sei es möglich, in kurzer Zeit die Plage los zu werden.

(Wir haben freilich Bedenken, daß auf diese Weise nicht nur Kaninchen, sondern auch die Reben notleiden werden, wenn es sich um Höhlen in Weinbergsgelände selbst handelt. Die Schriftl.)

Ueber **Entsäuerung von saurem Wein mittels Elektrizität** findet man in verschiedenen Zeitschriften Angaben, welche der „Elektrischen Rundschau" entnommen sind. Danach soll beispielsweise ein Wein von 11,5%o Säure nach 3 Stunden auf 6,10%o Säuregehalt gebracht werden, wenn man Elektrizität der Stromstärke von 0,12 Ampere durchleitet. Der durch Elektrizität erzeugte Wasserstoff soll es sein, der dieses fertig bringt. Uneingeweihte müßten nun glauben, daß durch dieses Verfahren alle seither in der Praxis freilich nur selten angewandten Entsäuerungsmittel, wie kohlensaurer Kalk u. a., überflüssig werden müßten. Allein so wie Elektrizität seither bei anderen Behandlungsweisen des Weins den vorhergesagten glänzenden Erwartungen nicht entsprach, so dürfte es auch mit dieser, von interessierter Seite mit viel Zuversicht behaupteten Leistung gehen. Deshalb seien unsere Leser zur Vorsicht gegenüber solchen Nachrichten gemahnt. Fr. Z.

## Vom Büchertisch.

Praktische Anleitung zur **Rebenkultur im Hausgarten.** Ausführliche Beschreibung der rationellen Traubenzucht auf Grundlage des modernen Weinbaues; nebst einem Anhange: Verwertung und Konservierung der Trauben des Hausgartens Praktischer Ratgeber für Gartenbesitzer, Rebenzüchter und Freunde des Weinstockes. Von A. Menotti dal Piaz, Oenolog. Mit 48 Abbildungen. 8 Bogen. Gr.-Oktav. Geh. 1 fl. 65 kr. = 3 M. Eleg. geb. 3 fl. 20 kr. = 4 M.

## Persönliches.

Zum Fachlehrer für Weinbau an der Königl. Lehranstalt für Obst-, Wein- und Gartenbau zu Geisenheim wurde Herr **Seufferheld** aus Weinsberg (Würtemberg), ein ehemaliger Geisenheimer Schüler, ernannt.

---

**Verlag von Rud. Bechtold & Comp. in Wiesbaden.**

**Obstverwertung unserer Tage.** Von R. **Goethe**, Landesökonomierat. 131 Abbild. In Kaliko geb. 3.50 ℳ

## Anzeigen.

(Für Form und Inhalt der Anzeigen ist die Schriftleitung nicht verantwortlich.)

### Wein-, Obstwein- u. Beerenwein-Pressen,
neuester Konstruktion.

Bisheriger Absatz **10 000** Stück. Geliefert an viele Genossenschaften und Behörden. Lehrreiche Broschüre über Bereitung und Pflege der Obst- und Beerenweine gratis und franko.

**Ph. Mayfarth & Co., Frankfurt a. M.,**
Spezialfabrik für Geräte zur Obstverwertung auf genossenschaftl. Wege.

### Katz & Klump,
Holzsägewerk und Imprägnier-Anstalt
in **Gernsbach** (Baden),

empfehlen mit Quecksilbersublimat imprägnierte **Rebstecken**, Baum- und **Rosenpfähle** in allen vorkommenden Längen, ferner: imprägnierte Latten, Bretter, Rahmen und Spalier-Latten, fertige Mistbeet-Fenster und profilierte Holzteile zu Dachkonstruktionen für Gewächshäuser aus imprägniertem Farbenholz als Ersatz für Eisenteile.

### Baum- u. Rebspritzen:

**Deidesheimer und Vermorel**
l'Eclair

zum Bespritzen der Weinberge gegen die Peronospora, sowie die bewährten Schwefelungsapparate

„**Vulkan**" und „**Torpille**".

ferner Schwefelungsbälge

„**Original Don Rebo**"

zur Bekämpfung der Traubenkrankheit, auch Aescherich (Oïdium Tuckeri) genannt, von der Königl. Lehranstalt empfohlen, liefert die Eisenhandlung

**Moritz Strauß, Geisenheim.**

Druck von Rud. Bechtold & Comp., Wiesbaden.

# Mitteilungen

über

## Weinbau und Kellerwirtschaft.

### XI. Jahrgang.

Herausgeber: | Schriftleitung:
Landes-Oekonomierat **R. Goethe.** | Fachlehrer **C. Seufferheld.**

**Nr. 5.**    Geisenheim, im Mai    **1899.**

### An unsere Leser.

  Im letzten Hefte hat der frühere Schriftleiter dieser Zeitschrift, Herr Direktor Franz Zweifler in Marburg in Steiermark, von den Lesern derselben Abschied genommen und ich beginne das neue, unter einer andern Leitung erscheinende Heft mit Worten des wärmsten Dankes für den unermüdlichen Eifer und die treue Hingabe, mit welchen Herr Zweifler vom Tage des Erscheinens dieser Blätter an den übernommenen Verpflichtungen nachgekommen ist. Wenn sich unsere „gelben Heftchen" eine so stattliche Zahl von Freunden erworben haben und, wie ich wohl bei dieser Veranlassung sagen darf, gern gelesen werden, so ist das in erster Linie der Arbeit des Herrn Direktors Zweifler zu danken.

  Ich bitte nun die Abonnenten unserer Zeitschrift, dem neuen Schriftleiter Herrn Weinbaulehrer Seufferheld Vertrauen entgegenzubringen und ihn durch Aufsätze und Mitteilungen zu unterstützen, damit er seiner Aufgabe gerecht werden kann. An der Tendenz des Blattes wird durch den Wechsel in der Schriftleitung nichts geändert.

Der Herausgeber:<br>R. Goethe.

---

  Mit der Bitte des Herrn Herausgebers erlaube ich mir meine persönliche, um Vertrauen und Unterstützung der geehrten Mitarbeiter und Leser zu vereinigen. Wenn diese Zeitschrift schon so vielen Lesern praktische Dienste geleistet hat, so war dies nur möglich, weil sie stets mit Theorie und Praxis in innigster Beziehung und stets auf der Höhe der Zeit stand. Die Zeitschrift in diesem Sinne weiterzuführen, darauf wird mein ganzes Bestreben gerichtet sein.

Der Schriftleiter:<br>C. Seufferheld.

## Bemerkungen über Rebenbefruchtungen.

### Von C. Froelich in Edenkoben.

Durch Herrn Dr. Müller, den bekannten Rosenzüchter in Weingarten (Pfalz), welcher durch Kreuzungen, Wegnahme der Pollenblätter vor der Blüte und Uebertragung des Blütenstaubes einer anderen Sorte zum Zwecke der Befruchtung und Aussaat der erzielten Rosensamen, hervorragendes im Erziehen neuer Rosen-Sorten geleistet hat, wurde ich veranlaßt, meine früheren Kreuzungsversuche bei den Reben im Jahre 1897 wieder aufzunehmen.

Zu diesem Zwecke wählte ich als die zu befruchtende Sorte die Madeleine angevine, eine vorzügliche edle Wein- und Tafeltraube, die bei allen Vorzügen: starkem Wachstum, außerordentlich großer Fruchtbarkeit bei gutem Blütenwetter, großer Widerstandsfähigkeit des Holzes gegen Winterkälte und der Trauben gegen vorzeitige Fäule und feinem muskatellerartigem Aroma derselben, früher Reife (Beginn Mitte Juli), nur den einen, aber großen, schwerwiegenden Fehler hat, bei regnerischem Blütenwetter nahezu vollständig zu „verrieseln". Als befruchtende Sorten nahm ich I. Oesterreicher, II. Riesling, III. Vanille, IV. Muscat Hambro und ich hoffte dann durch Aussaat der gewonnenen Kerne Sämlinge zu erhalten, welche im günstigsten Falle die guten Eigenschaften der beiden Sorten in sich vereinigten.

Trotzdem durch den Eingriff in die Blüte nachteilige Folgen für dieselbe zu befürchten waren und zudem die Blüte bei dem schlechtesten, regnerischen Wetter der Jahre 97 und 98 stattfand, so entwickelten sich doch sämtliche behandelten Blüten zu derart vollkommenen Trauben aus, daß ein einziges Exemplar mehr wog als das Ertägnis der nicht so behandelten Früchte des ganzen übrigen Rebstockes.

Der Einfluß des Pollens auf die Form und Gestalt der Traubenbeeren war in der Zeit, in welcher solche halb ausgewachsen waren, derart, daß man glaubte, wirkliche Oesterreicher-, Riesling- 2c. Trauben vor sich zu haben, auch die Form wie die Größe der Traubenkerne wurde ebenso beeinflußt und die durch Aussaat hervorgegangenen Sämlinge hatten im ersten Jahre 1898 ganz dieselben Merkmale derjenigen Sorten, von denen der Blütenstaub entnommen war. Dieser unerwartete Erfolg der künstlichen Befruchtung kann seinen Grund nur im Bau der Blütenorgane haben.

Nach dem Linné'schen Sexualsystem gehören die Reben (vitis) in die 5. Klasse (Pentandria), 5 freie Staubgefäße in einer Zwitterblüte. Bei näherem Betrachten giebt es jedoch bei der Weinrebe verschiedene Blüten und zwar auf verschiedenen Stöcken, sowie ausnahmsweise auf demselben Stock; man kann die Blüten also einteilen in:

I. Aechte Zwitterblüten; hier sind in der Fruchtanlage sowohl entwicklungsfähige Samenanlagen, als befruchtungsfähiger Pollen vertreten; sie sind im Stande, selbständig keimungsfähigen Samen zu bilden. Zu dieser

Art ist ein großer Teil unserer Wein= und Tafeltrauben zu rechnen.

II. Scheinzwitterige Fruchtblüten; diese gleichen ganz den obigen. Der in den Antheren der Pollenblätter gebildete Pollen besitzt aber **nicht das Vermögen**, befruchtend zu wirken, diese können selbstständig keine vollkommene Trauben und keinen keimungsfähigen Samen erzeugen und sind zur Befruchtung auf den Blütenstaub der anderen (I oder III) angewiesen. Hierher gehören insbesondere M. angevine, Malaga, Olivier de Serres, blauer Augster, Sicklers Rosine und viele unserer Weintrauben, die in der Blüte entartet und deshalb, wie man sagt, empfindlich in der Blüte sind.

III. Scheinzwitterige Pollenblüten; sie sind das Gegenstück der scheinzwitterigen Fruchtblüten. Der Blütenstaub ist befruchtungs= fähig, die Fruchtanlage aber **verkümmert**, manchmal nur angedeutet und deshalb nicht in der Lage, Trauben zu bringen. Diese sind vertreten in Sämlingen von Europäern und Amerikanern.

Gewöhnlich blühen die Reben offen, doch machen manche Abarten des Gutedels und Muskatellers, wohl infolge der Witterung, eine Aus= nahme, indem sie unter der Kappe verblühen, dabei aber doch vollkommene Trauben liefern. Uebergänge von den ächten Zwitter= zu den schein= zwitterigen Frucht= und Pollenblüten und umgekehrt kommen sehr oft vor. Es wäre also im Baue der Blüten eine Erklärung dafür gegeben, daß in Jahren mit ungünstiger, naßkalter Witterung während der Blüte **einzelne Rebstöcke ein und derselben Varietät volle Ernten geben**, während die umgebenden Nachbarstöcke kaum nennens= werten Ertrag liefern.

Geht die Blüte des Weinstockes bei trockenem Wetter vor sich, so ist die Luft mit befruchtungsfähigem Blütenstaub beladen und die Ueber= tragung des Pollens auf die scheinzwitterigen Fruchtblüten findet auf natürliche Art statt. Anders bei regnerischer Witterung. Hier wird der in die Luft gelangende Blütenstaub zu Boden gewaschen und kann nicht wirken.

Deshalb beabsichtige ich, zur Kultur solcher Sorten, die auf den Blütenstaub anderer Reben angewiesen sind, wie M. angevine in der Weise die Anlage in den Weinbergen zu machen, daß auf der untern Etage die zu befruchtende, in einer höhern die befruchtende zu gleicher Zeit blühende Rebe gezogen wird. Der Blütenstaub, schwerer als die Luft, wird auf die Blütennarben der Reben der untern Etage fallen und dieselben befruchten. Den Versuch des Uebereinanderziehens machte ich im Jahre 1898 und es gelang derselbe vollständig; es wäre damit der Beweis erbracht, daß es möglich ist, den Ertrag des Rebstocks mindestens bei Garten= und derartigen Anlagen ziemlich unabhängig von den Witterungsverhältnissen während der Blüte zu machen.

Auch im letzten Jahre (1898) wiederholte ich den Versuch der Uebertragung des Blütenstaubes in größerem Maßstabe zu dem Zwecke,

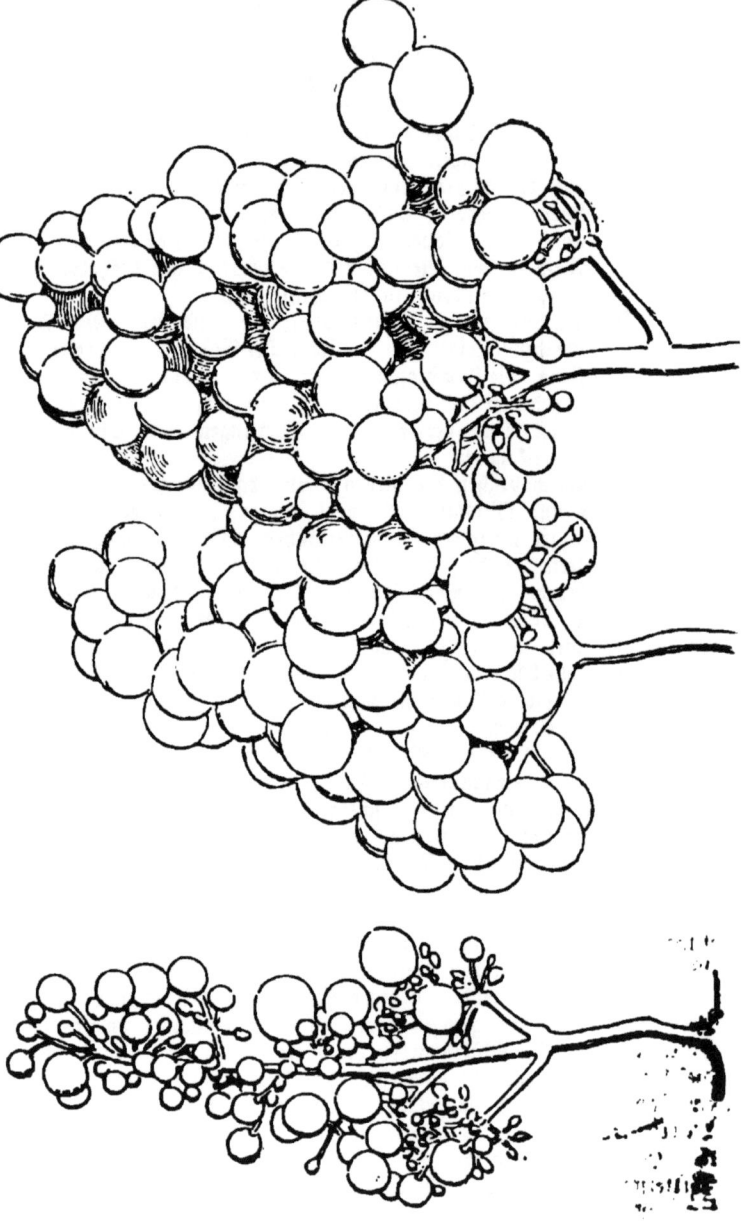

Fig. 9. Madeleine angevine, links 2 Trauben befruchtet mit dem Blütenstaub von Muscat Hambro, rechts 1 Traube nicht befruchtet.

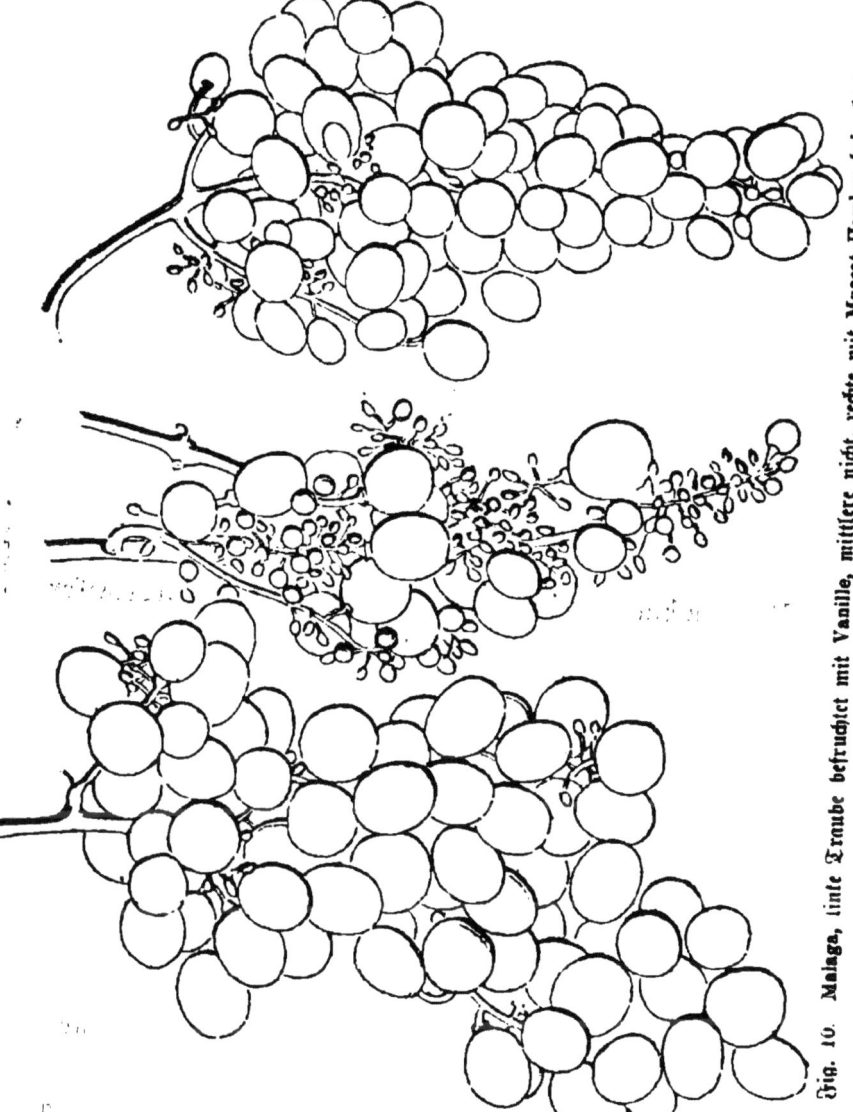

Fig. 10. Malaga, linke Traube befruchtet mit Vanille, mittlere nicht, rechte mit Muscat Hambro befruchtet.

die für M. angevine geeignetste Befruchtungssorte festzustellen und die Kerne zur Saat zu benutzen. Die Resultate waren dahingehend, daß unsere Wein- und Tafeltrauben, als: Riesling, Oesterreicher, roter Krachgutedel, früher Burgunder, Gewürztraminer ꝛc., sich sehr dazu eignen. Blütenstaub von Amerikanern (echten Zwittern), als: Isabella, Delaware, sowohl als von scheinzwitterigen Pollenblüten ergaben wohl einigermaßen befriedigende Resultate, konnten sich aber im Fruchtansatze nicht entfernt mit obigen messen.

Wie ich oben anführte, können auch bei schlechtem Blütenwetter einzelne Rebstöcke volle Ernten liefern; es hat dies seinen Grund mit darin, daß dieselben mit der Zeit wertvolle Eigenschaften ausgebildet haben; dieselben äußern sich in der Weise, daß sie weniger frostempfindlich sind, außerdem einen stärkeren Wuchs haben und bei hinreichender Ernährung im Stande sind, einen Teil ihrer Ranken (Gabeln) in Gescheine umzubilden. Diese Umbildung beginnt, wenn die Ranke aus der Triebspitze hervorwächst. Zur Nachzucht sollte man daher nur von solchen Stöcken die Reben benutzen, es wird dann nicht ausbleiben, daß die Erträge des Weinbaues größer und sicherer werden.

Welchen Einfluß das Uebertragen von Blütenstaub auf scheinzwitterige Fruchtblüten im Jahre 1898 gezeigt hat, lassen die Abbildungen Fig. 9 und Fig. 10 deutlich erkennen.

## Untersuchungen über die Herstellung der Bordelaiser Brühe.

### Von Karl Mohr, Chemiker in Laubenheim bei Mainz.

Die Zeit rückt immer näher, wo die Winzer sich rüsten müssen zur Bekämpfung pflanzlicher Schmarotzer auf Reben, Obstbäumen, Kartoffeln ꝛc. Ueber die Herstellung der Kupferkalkbrühe ist schon viel geschrieben worden. Ungeachtet dessen glaube ich mit Recht, in Anbetracht der Wichtigkeit des Gegenstandes, auf einige hochinteressante Einzelheiten zurückkommen zu müssen. Nach der bekannten Formel wird Kupfersulfatlösung mit Kalkmilch versetzt, bis gelbes Kurkumapapier gerötet wird. Es gibt das eine sehr zarte flockige Brühe. Leider verliert dieselbe sehr bald diese günstige Eigenschaft durch längeres Stehen. Der anfangs flockige Niederschlag verändert seinen Aggregatzustand und wird allmählich körnig, infolgedessen er sich schnell absetzt. Dieser Uebelstand kann nur dadurch vermieden werden, daß man die fertiggestellte Würze baldigst verbraucht. Wenn aber plötzlich Regenwetter oder ein starker Wind einsetzt, die die Verschiebung auf passendere Zeiten nötig machen, so kann es vorkommen, daß eine Würze 8—10 Tage stehen bleibt. Dann tritt jene Veränderung des Aggregatzustandes ein, welche deren Wirksamkeit beeinträchtigt.

Ich habe mich nun bemüht, die Bedingungen jener molekularen Veränderungen des Kupferhydroxyds zu erforschen und wie man sie vermeiden kann.

Durch einen kleinen Zusatz eines Klebstoffes ist es mir gelungen, dieses Ziel zu erreichen. Dieser Zusatz darf aber nicht nach der Fällung erfolgen, sonderen muß schon in der Kupfersulfatlösung bestehen. Dieser neue Körper schlägt sich mit dem Kupferoxyd nieder und verhindert somit die modifizierte Krystallform des Niederschlages. Bei meinen Vorträgen in den Winzervereinen habe ich den Vorgang experimentell gezeigt, da jeder der Anwesenden sich von der Richtigkeit überzeugen konnte. Weitere Angaben kann ich leider nicht machen, da ich meine Erfindung geschäftlich zu verwerten beabsichtige. Da es durch die Praxis erwiesen ist, daß die Wirksamkeit des Kupferniederschlages um so kräftiger in die Erscheinung tritt, je chemisch reiner derselbe ist und je länger er mit der Blattepidermis in Berührung bleibt, so schließe ich daraus, daß diese verbesserte Brühe, eine Art bouillie bourgignonne, sich Eingang verschaffen wird.

Ich löse 1 kg 250 g des präparierten Kupfersulfates in 100 Lit. Wasser auf und setze unter Umrühren eine gesättigte Sodalösung zu, bis das Kurkumapapier gerötet wird. Dazu gehören ungefähr 800 g hochgradiger kalcinierter Soda. Diese Mischung hält auf unbestimmte Zeit die flockige Form bei, sie läßt sich leicht verspritzen, ohne jemals die Ausflußspitze zu verstopfen. Damit erziele ich dieselbe nachhaltige Wirkung, welche gewöhnlich mit der frisch bereiteten 2%igen Kupferkalkwürze erhalten wird. Letztere haftet indessen weniger gut und langer Regen wird einen Teil davon leicht abwaschen. Auf 100 Lit. Würze spare ich somit 750 g Kupfersulfat. Meine verbesserte Würze stellt sich somit noch billiger als die alte Vorschrift, selbst wenn das Kupfersulfat um eine Kleinigkeit sich teurer stellen sollte.

## Zur Bekämpfung des Heuwurmes.

### Von Dr. G. Lüstner in Geisenheim.

Im vergangenen Jahre haben wir bereits an dieser Stelle darauf hingewiesen, daß die bisher angewandten Mittel zur Bekämpfung des Heuwurmes nicht hinreichen, um denselben zu vertilgen. Die Natur hat diese Raupen mit Schutzmitteln ausgestattet, welche die Bekämpfung sehr erschweren. Flüssigkeiten dringen nur äußerst schwer, pulverförmige Substanzen gar nicht in das von diesen Tieren angelegte Gespinst ein. Wir haben damals empfohlen, Versuche mit dem Dufour'schen Wurmgift anzustellen, das aus 1½ kg persischem Insektenpulver (Pyrethrumpulver) und 3 kg Schmierseife auf 100 Lit. Wasser besteht und wollen auch diesmal nicht versäumen, die Aufmerksamkeit der Winzer auf dieses Mittel zu lenken. Die Mischung wird hergestellt, indem man 3 kg Schmierseife in 10 Lit. warmem Wasser auflöst und unter stetem Umrühren nach und nach 1½ kg persisches Insektenpulver (Pyrethrumpulver) hinzuschüttelt. Diese Flüssigkeit wird alsdann mit 90 Lit. Wasser verdünnt. Das Wurmgift kommt mit der Peronosporaspritze zur Anwendung, welche zur Erzeugung eines starken Strahles mit besonderen Lanzen versehen wird. An diesen Lanzen ist ein Schlußventil angebracht (S in den Figuren), wodurch der Strahl beliebig unterbrochen oder reguliert werden kann. Die Lanze von Sibela Basilio in Nembro bei Bergamo (Fig. 11) ist derjenigen von Vermorel in Villefranche (Fig. 12) vorzuziehen, weil sie infolge ihrer Kürze ein leichteres Arbeiten gestattet.

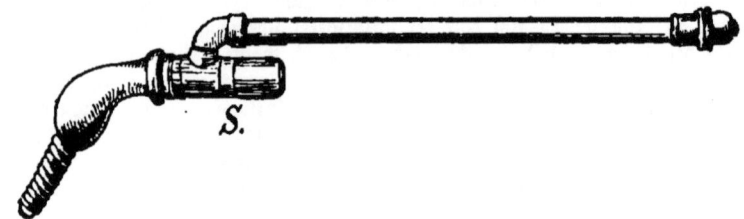

Fig. 11. Lanze mit Schlußventil von S. Basilio in Nembro bei Bergamo.
Länge 30 cm. S = Schlußventil.

Erstere Form fertigt auch die Firma Karl Platz in Deidesheim (Pfalz) an. Die von letztgenannter Firma vor einem Jahre in den Handel gebrachte selbstthätige Spritze (Fig. 13) ist für die Bekämpfung des Heuwurmes sehr zu empfehlen, weil zu ihrer Handhabung nur eine Hand erforderlich ist und der Arbeiter mit der anderen Hand die Gescheine freilegen kann.

Die besten Erfolge erhält man, wenn das Mittel sehr frühzeitig angewandt wird, zu einer Zeit, in welcher die Heuwürmer noch klein und empfindlich sind. Die Bekämpfungsversuche, welche im vergangenen Jahre teils auf Anregung des Herrn Ministers für Landwirtschaft, Domänen und Forsten, teils aus persönlichem Interesse in den verschiedenen Weinbau treibenden Gegenden angestellt worden sind, haben gezeigt, daß die Flüssigkeit nur dann den Tod der Raupen herbeiführt, wenn zu ihrer Herstellung frisches und echtes persisches Insektenpulver, sog. Pyrethrumpulver verwendet wird.

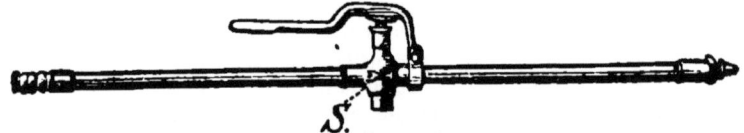

Fig. 12. Lanze mit Schlußventil von Vermorel in Villefranche.
Länge 52 cm. S = Schlußventil.

Zur Erlangung des echten persischen Insektenpulvers haben wir uns an die bekannte Firma J. Zacherl in Wien gewandt, welche uns mitteilte, daß sie dieses nicht offen versende, sondern nur in Originalflaschen zum Verkaufe bringe, da offenes Pulver sehr bald unbrauchbar würde. Gleichzeitig benachrichtigte uns die genannte Firma, daß sie zur Vertilgung von Pflanzenschädlingen ein neues „Zacherlin-Präparat" hergestellt habe, welches bereits die Aufmerksamkeit einer Anzahl hervorragender Fachmänner auf sich gezogen und die ungeteilte Anerkennung seiner sehr

Fig. 13. Spritzkanne von K. Platz in Deidesheim. — *A* Pumpe, *B* Schlußventil.

guten Wirksamkeit erworben hat. Das neue „Zacherlin-Präparat" kommt in Kartons in den Handel. Der Preis stellt sich pro Stück auf 30 kr. = 60 Pf. loko Wien und gewährt die Firma bei Abnahme von 20 Stück aufwärts einen Rabatt von 25%, von 100 Stück aufwärts 30% und von 1000 Stück aufwärts 33$\frac{1}{3}$%. Das Mittel kommt mit solchen Spritzen zur Anwendung, welche eine beliebig unterbrechbare, feinste und sparsamste Verstäubung ermöglichen. Der Inhalt eines Kartons wird in 5 Lit. Wasser unmittelbar vor dem Gebrauche kalt aufgelöst, indem man das Mittel in kleine Stücke schneidet, diese mit der Hand im Wasser gut zerdrückt und etwa 10 Minuten lang verrührt. Die Bespritzung soll keinesfalls zu einer Zeit vorgenommen werden, in der die besetzten Pflanzenteile von der Sonne beschienen werden können; man wähle also am besten die Abendstunden.

## Ueber Frostschaden und Vorbeugung.
### Von Heinrich Friederichs.

Die anhaltende Kälte, welche der milden Witterung des Februar und der ersten Hälfte des Monats März folgte, hat den Obstbäumen

(Aprikosen, Pfirsichen und edlen Birnen), die besonders an günstigem Standorte in ihrer Entwickelung schon weit vorgeschritten waren und vielfach dem Aufbrechen nahe Blütenknospen zeigten, gewiß empfindlichen Schaden zugefügt.

Für den Obstzüchter ist dieses um so betrübender als auch die angewandten Vorbeugungsmaßregeln (Aufstellen von Stroh- und Schilfmatten, Ueberhängen mit Tüchern 2c.) den Obstbäumen den gewünschten Schutz nur teilweise gewähren konnten. Nicht minder wird, zumal bei größeren Obstanlagen, die Anwendung genannter Schutzmittel durch entstehende Unkosten und allerlei Schwierigkeiten sehr erschwert oder auch ganz in Frage gestellt. An hiesiger Lehranstalt wurde denn auch, wie schon des öfteren bei dieser höchst unwillkommenen Gelegenheit ein Versuch gemacht mit dem in neuerer Zeit so viel besprochenen und beschriebenen Vorbeugungsmittel, nämlich dem Rauch. Behufs Prüfung kamen bei diesem Versuche zwei Räuchermittel in Anwendung und zwar: „Französisches Räucherharz" (aus Wien von Leop. Bachmayr bezogen) und sog. Torfzylinder", welch' letztere in Finnland zum Schutze der jungen Getreidefelder gegen dort häufig auftretende Sommerfröste mit sicherem Erfolge in Anwendung gebracht werden.

War nun bei der strengen Kälte und dem herrschenden trockenen Ostwinde ein wirksamer Schutz durch den Rauch allein kaum zu hoffen, so kam es immerhin darauf an, den Unterschied der beiden genannten Mittel in ihrer raucherzeugenden Eigenschaft herauszufinden. Schon nach Verlauf einer halben Stunde, nach angestelltem Versuche, ließ sich feststellen, daß die Torfzylinder gegenüber dem Räucherharz den Vorzug verdienen. Letzteres brannte wohl anfangs sehr gut und entwickelte einen dicken rußigen Qualm — bald jedoch verkohlte und verkrustete die Oberfläche der noch bei weitem nicht verbrannten Harzhäufchen und erlöschten dieselben schon nach kurzer Zeit. Auch durch mehrmals wiederholtes Anzünden wurden sie nicht zum vollständigen Verbrennen gebracht.

Die Torfzylinder dagegen klimmten ruhig weiter, dabei gleichmäßig rauchend und ohne einen so unangenehm riechenden Rauch (Qualm) wie das Räucherholz zu verbreiten.

Als Resultat des Versuches hat sich ferner gezeigt, daß bei einer Kälte von 6—8°, wie wir sie zur Zeit des Versuches hatten, das Räuchern allein wohl kaum als wirksames Schutzmittel bei schon ausgetriebenen Obstbäumen ausreichen dürfte, dieselben vor Schaden zu bewahren. Jedenfalls müßte, was zur Zeit nicht der Fall war, vollkommene Windstille herrschen, damit sich der Rauch ganz dicht lagern könnte.

Bei kleineren Maifrösten dagegen, welche oft noch verheerender wirken als strenge Fröste im Februar bis April, da bei nun vorgeschrittener Vegetation schon ganz geringe Kälte hinreicht, größeren Schaden an unseren edlen Kulturen anzurichten, dürfte uns in dem Räuchern doch ein ganz wirksames Schutzmittel gegen Frostschaden in die Hand gegeben sein. Der dicht gelagerte Rauch würde gewiß ausreichen, die Ausstrahlung des Bodens gegen den hellen Himmel hin zu verhindern. Neben der Rauchentwickelung erzeugen die ohne Flammen klimmenden Torfzylinder aber auch noch

Wärme, die, wie frühere Versuche lehrten, hinreicht, die Luft in Bewegung zu setzen, und wird durch diese Luftbewegung der gefährliche Begleiter des Frostes, die **Windstille**, gebrochen. Die bis jetzt vorliegenden Erfahrungen über diese Doppelwirkung der Torfzylinder sind unzweifelhaft und fordern zu deren weiterer Anwendung auf. Ein günstiger Umstand, der den Torfzylindern gegenüber dem Räucherharze und vielleicht allen anderen Räuchermitteln (Teer und Pech) das Wort redet, ist auch der, daß durch die mehr klimmende Flamme in der Nähe stehenden Pflanzen keinerlei Schaden zugefügt wird. Namentlich für Weinberge, die mit den Obstbäumen das gleiche Schicksal teilen müssen, durch Frost geschädigt zu werden, ist dieses ein nicht zu unterschätzender Vorteil; denn gar leicht können durch die auflodernde Flamme der aus Harz, Teer und Pech hergestellten Räuchermittel die Stöcke, zumal bei der häufig zu engen Zeilung, arg geschädigt werden.

Außerdem verursachen die Torfzylinder nur ganz geringe Unkosten und Mühen, da dieselben leicht aus im Inlande reichlich vorhandenem Material (Torf und Moorerde) von jedermann selbst hergestellt werden können, wodurch der Verallgemeinerung dieses Mittels noch wesentlich Vorschub geleistet wird.

Ueber Anwendung und Herstellung der Torfzylinder wurde schon in Heft 11, Jahrgang 1895 dieser Mitteilungen Erwähnung gethan und wird hierüber auf Wunsch noch gern weitere Auskunft erteilt.

Die Versuche mit diesem Vorbeugungsmittel gegen Frostschaden werden an hiesiger Lehranstalt gegebenen Falles weiter fortgesetzt und sollen die Resultate derselben auch fernerhin an dieser Stelle zur Veröffentlichung gebracht werden. Im Interesse der Pfleger, unserer edlen schon ohnehin durch andere Einflüsse (schlechte Witterung, Insekten) sehr heimgesuchten Kulturen wäre jedoch zu wünschen, daß sich zur weiteren Erprobung sobald nicht wieder Gelegenheit finden möge.

---

## Rundschau.

In Sachen der **Ausstellung Deutscher Weine auf der Weltausstellung in Paris 1900** hat am 9. April zu Wiesbaden eine zweite Konferenz von Interessenten stattgefunden, welcher der stellvertretende Reichskommissar Geheimrat Lewald und im Auftrage des Herrn Ministers für die Landwirtschaft, Domänen und Forsten der Herr Geheimrat Dr. Fr. Müller beiwohnten. Man einigte sich dabei über folgende Punkte:

„Die Ausstellung von deutschen Weinen und Schaumweinen auf der Weltausstellung in Paris setzt sich zusammen:

1. Aus Teilnehmern am Ausschank. An diesem beteiligt sich eine beschränkte Anzahl von Weinhandels- und Schaumweinfirmen und soll hierdurch ein abgerundetes Bild der Produkte des deutschen Weinbaues gegeben werden. Die Aufforderung zur Teilnahme ergeht durch den Reichskommissar; auch trifft derselbe, unter Mitwirkung der Teilnehmer,

sowie Hinzuziehung einiger Sachverständiger, die Auswahl unter den Weinen, damit womöglich eine Vertretung aller charakteristischen Weine erzielt wird.

Für die Beteiligung an dem Ausschank zahlt eine jede der Firmen eine Grundtaxe von 5000 Mk. Entstehende Mehrkosten tragen dieselben gemeinsam auf Grund vorausgegangener Vereinbarung.

2. Aus der Teilnahme an dem Wettbewerb. An diesem können sowohl Weinproduzenten als Weinhändler sich beteiligen, und ergeht die Aufforderung hierzu ebenfalls durch den Reichskommissar. Bei von Weinhandelsfirmen zum Wettbewerb anzumeldenden Weinen, welche nicht in deren Besitz befindlichen Weinbergen entstammen, sind die Namen der Produzenten anzugeben. Bezüglich des Wettbewerbes wird Gruppenbildung für die einzelnen Weinbaugebiete empfohlen. Die Festsetzung der von jeder Weinsorte zur Prüfung durch die Jury einzusendenden Anzahl von Flaschen bleibt den diesbezüglichen Bestimmungen der Pariser Welt-Ausstellung überlassen.

Für die Beteiligung an dem Wettbewerb wird von einer jeden zu demselben angemeldeten Weinsorte eine Gebühr von 50 M. erhoben. Dieses gilt auch bezüglich der zum Ausschank kommenden, soweit dieselben an dem Wettbewerb teilnehmen.

Sowohl bezüglich 1 als 2 werden von jedem einzelnen Teilnehmer an Stillweinen und an Schaumweinen nicht mehr als je zehn Sorten einer jeden dieser beiden Kategorien zugelassen."

Die Fachpresse nimmt bis jetzt diese Beschlüsse wohlwollend auf, obgleich bereits in Weinhandelskreisen Besorgnisse laut werden, es könnten die großen Firmen den Rahm abschöpfen und die kleinen hätten das Nachsehen. In denselben Artikeln heißt es freilich auch, der Weinhandel bringe, wenn er sich an der Pariser Ausstellung beteilige, große Opfer und zwar aus nationalen Gründen, ohne nennenswerte Aussicht, diese Opfer wieder ersetzt zu bekommen. Wer weiß, ob nicht die Franzosen doch dem deutschen Weine, wenn auch halb widerwillig, mehr Interesse entgegen bringen, als jetzt anzunehmen ist; wenn die den Ausschank versorgenden Firmen für edle, reine Getränke sorgen, werden auch die Franzosen den Erzeugnissen deutscher Rebenhügel nicht zu widerstehen vermögen. Das wäre eine Eroberung auf friedlichem Wege.

Die Gelegenheit, deutschen Weinen einen guten Namen zu machen, sollte von seiten der Beteiligten mit beiden Händen ergriffen werden, denn es geschehen mancherlei Dinge, die nur zu sehr geeignet sind, das Gegenteil herbeizuführen. So hat die Reihe der elsässischen Weinfälschungsprozesse vor kurzem eine Fortsetzung in Straßburg erhalten, die ein grelles Licht auf das Gebahren gewisser Weinhändler wirft. Das sind Leute, die man nach unserer Auffassung nicht „Weinhändler", sondern „Weinbrauer" nennen sollte. Solche Betriebe, in denen es sich um viele Hunderttausende von Litern handelt, stützen sich auf das zur Zeit geltende Weingesetz und können, wenn sie es geschickt genug angefangen haben, nur sehr schwer überführt und bestraft werden.

Verwunderlich erscheint die Möglichkeit solcher Betriebe nun freilich nicht, wenn man Artikel liest, wie ein solcher in der Zeitschrift für öffentliche Chemie, Heft VII des V. Jahrganges erschienen ist. Die Ueberschrift lautet: „Die Wein-Konferenz im Reichs-Gesundheitsamte" und der Verfasser ist ein hochgestellter Justizbeamter der Pfalz. Wir fragen nur: Sind die darin enthaltenen Anschauungen auch diejenigen der Allgemeinheit der Pfälzer Weinproduzenten?

Der am 11. April im neuen Realschulgebäude zu Neustadt a. d. Haardt eröffneten **Weinbauschule** erwächst eine große Aufgabe, zu deren Lösung wir ihr alles Gute wünschen. Möge es ihr gelingen, den richtigen Weg zum Nutzen des deutschen und speziell des pfälzischen Weinbaues einzuschlagen!

---

## Kleinere Mitteilungen.

**Rheingauer Siegelweine.** Ueber das Projekt des Vereins zur Wahrung der wirtschaftlichen Interessen des Rheingaues „Siegelweine" im Rheingau einzuführen, ist in der Presse unrichtig berichtet worden. Es handelt sich keineswegs darum, einen Verkauf der Rheingauer Weine in den Wirtschaften unter dem Originalsiegel der betreffenden Konsumenten zu erstreben; es besteht vielmehr der Plan, ein Siegel des genannten Vereins für Rheingauer Flaschenweine in gewisser Preislage, die zum Konsum in den Wirtschaften des Rheingaues bestimmt sind, einzuführen. Durch dieses Siegel soll den Konsumenten von seiten des Vereines gewährleistet werden:

    a) daß die Weine in der betreffenden Gemarkung gewachsen sind und den der Gemarkung bezw. der besonderen Lage eigentümlichen Charakter haben;
    b) daß die Weine reingehaltene, gute Naturweine sind;
    c) daß der Verkaufspreis ein angemessener ist.

Es ist in Aussicht genommen, nur bei Wirten im Rheingau die Siegelung auszuführen, wobei die Farbe des Flaschenlackes die jedesmalige Preislage in folgender Weise kennzeichnen soll:

    Blauer Lack M. 1,50 per Flasche
    Gelber     „    „ 2,—   „    „
    Roter      „    „ 3,—   „    „
    Weißer    „    „ 5,—   „    „

Dagegen soll, um allenfallsige Mißbräuche zu verhüten, von einem Vereinsetikett ganz abgesehen werden. Der Vereinssiegel soll lediglich für die in den Wirtschaften zum Konsum gelangenden Weine gewährt werden und ein handelsmäßiger Vertrieb der Siegelweine soll vollständig ausgeschlossen sein. Der Siegel soll auch nur für Weine gewährt werden, welche in der Gemarkung der Ortschaft gewachsen sind, wo der betreffende Wirt sein Geschäft betreibt.

Das schließt natürlich nicht aus, daß der Wirt mehrere Siegelweine bezw. alle 4 Sorten führen kann, sofern er die erforderlichen Qualitäten auf Lager hat. Der Gedanke der Einführung solcher Siegelweine ist vollständig neu. Er wird auch vielleicht nicht vor Anfechtungen sicher sein. Aber die Ideen sind stärker als die Menschen, und es ist anzunehmen, daß jener Gedanke, da er sich weise auf das Erreichbare beschränkt, auf fruchtbaren Boden fällt. Die großen Vorteile einer derartigen Forderung sind unschwer zu erkennen. Dem großen Publikum wäre Gelegenheit geboten, in jedem Weinorte des Rheingaues Flaschenweine der betreffenden Gemarkung zu finden, denen von sachverständiger Seite die Legitimation beigegeben wäre, daß sie gut und preiswert sind. Das würde erstens in sehr wünschenswerter und auch in ausgiebiger Weise die allgemeine Kenntnis der Rheingauer Weine fördern, was dem Handel darin sehr zu gute kommen würde. Zweitens wäre durch eine derartige über den ganzen Rheingau verbreitete gleichmäßige Siegelung eine dauernde und feine, sehr wirksame Reklame geschaffen, was allen beteiligten Kreisen sehr vorteilhaft sein würde.

Angesichts des großen Nutzens, den die in unserer Zeit kaum noch entbehrliche Reklame bringt — man denke nur an die großen Erfolge, welche die

Mosel mit der geschickten Reklame für ihre Weine erzielt hat — ist gerade diese Seite der Sache von großer Bedeutung. Müßte doch das Publikum, um z. B. einen durch Vereinssiegel legitimierten Geisenheimer Wein zu erhalten, nach Geisenheim gehen bezw. um solchen Johannisberger zu trinken, nach Johannisberg u. s. w. Da der Wein für die wirtschaftlichen Interessen des Rheingaues, dessen Kommission zur Begutachtung der Weine einen Ehrendienst übernimmt, für sich selbst keinerlei Nutzen vorsieht, so soll die Siegelung der Weine gegen Erstattung der Kosten erfolgen, die rund pro Halbstück bezw. pro Stück berechnet werden. Die den Wirten erwachsenden Auslagen würden also so gering sein, daß sie gegenüber den für sie eintretenden Vorteilen nicht in Betracht kämen. Der Wirt würde auch, so weit er den betreffenden Wein nicht selbst produziert, im Einkaufe gar nicht beschränkt sein. Er müßte lediglich darauf bedacht sein — und das liegt jetzt schon in seinem Interesse — in seinem Orte einen Wein zu erwerben, der rein und gut, sowie einer jener vier Sorten entsprechend preiswert wäre. Selbstverständlich würden die Wirte in keiner Weise beschränkt sein, neben den Siegelweinen ganz nach ihrem Belieben auch andere Qualitäten zu führen. Die neue Idee, mit der der Verein für die wirtschaftlichen Interessen des Rheingaues den Konsum der Rheingauer Weine fördern will, ist eine gesunde; Produzenten, Händler, Wirte und Publikum, sie alle sollen Vorteil haben.

---

### Fragekasten.

**Frage.** Habe in Nr. 3 der „Mitteilungen über Weinbau und Kellerwirtschaft" in dem Artikel „Rückgang der Stöcke" gelesen, daß an der Königl. Lehranstalt bei Jungfeldern ein Versuch mit Kalkdüngung vorgenommen worden sei und zwar mit bestem Erfolg. Ich bitte nun mir mitzuteilen, welche Sorte Kalk, wie viel, wie tief und wann derselbe anzuwenden ist.

**Antwort.** Betreffs Ihrer Anfragen und in Ergänzung des Artikels „Ueber Rückgang der Stöcke" in Nr. 3 der „Mitteilungen" erhalten Sie in folgendem die gewünschte Auskunft.

Für kräftige, nährstoffreiche Böden eignet sich am besten gebrannter Kalk (Aetzkalk), während für leichte hitzige Böden kohlensaurer Kalk (gemahlener Kalkstein) vorzuziehen ist. Die Menge beträgt pro Hektar 15—20 Doppelzentner und wird derselbe am besten im Herbste ausgestreut und beim letzten Bau (Winterbau) untergegraben.

Bei Neuanlage von Weinbergen wird der Kalk beim Rigolen ausgestreut und mit dem Boden gut vermischt; auch kann alsdann die Menge etwas größer sein. Von größter Bedeutung ist natürlich die Kalkdüngung für einen kalkarmen aber sonst nährstoffreichen Boden oder bei vorausgehender oder auch sonst regelmäßig wiederkehrender Stallmistdüngung. Die kräftigen aber kalkarmen Rheingauer Schieferböden z. B. gewinnen durch Kalkdüngung ungemein; fehlt es indes an Nährstoffen im Boden, so bleibt natürlich die Düngung mit Kalk allein wirkungslos.

Die Prüfung des Bodens auf seinen Kalkgehalt ist leicht und geschieht dieselbe, indem man eine der Tiefe entnommene Bodenprobe mit Salzsäure beträufelt; ein starkes Aufbrausen läßt auf hohen Kalkgehalt schließen, während bei einem kalkarmen Boden sich nur ein kaum bemerkbares Aufschäumen zeigt. Die angeführte Kalkmenge, welche dem Boden bei Mangel an solchen zugeführt wird, genügt nur für einige, etwa 3—4 Jahre, und ist die Düngung alsdann zu wiederholen. Den Kalk gleichzeitig mit einer Stallmistdüngung zu geben, wäre deshalb unwirtschaftlich gehandelt, weil durch den Kalk alsdann sehr wertvolle Stoffe (Ammoniak) aus dem frischen Stallmist ausgetrieben würden und in der Luft verloren gingen.

Kohlensaurer Kalk (Kalksteinmehl) ist zu beziehen von der Agnesenhütte in Saiger (Hessen-Nassau) und von Bruch, Kalkwerk in Weisenau bei Mainz.

Heinrich Friederichs.

**Frage.** Welches sicher wirkende Mittel giebt es, um Schildläuse an den Traubenstöcken auszurotten? Wann ist das Mittel anzuwenden?

**Antwort.** Es gibt 2 Arten Schildläuse an den Rebstöcken, die große Rebschildlaus Pulvinaria vitis und eine kleine kommaförmige Mytilaspis conchaeformis vitis. Es wird sich hier in diesem Falle wohl um die große Schildlaus handeln. Diese werden am besten vernichtet, indem man die Zeit abwartet, zu der an den Seiten des Schildes die weiße Wolle hervorquillt. In der weißen Wolle sind die Eier abgelegt und werden diese dann durch einen Tropfen Erdöl vernichtet. Diesen Tropfen Erdöl bringt man am besten mittels eines Maschinenölers unter die Schilde. Die kleine kommaförmige Schildlaus vernichtet man am besten durch ein Abreiben der Reben beim Schnitte.

**Frage.** 1. Wird zum Imprägnieren der Rebpfähle das blaue Kupfervitriol verwendet oder ist das grüne ebenso gut?

2. Kann man gleichzeitig bei dem Spritzen der Reben das Oidium bekämpfen, indem man der Bordelaiser Brühe Schwefel zusetzt?

**Antwort.** 1. Am besten ist zum Imprägnieren der Rebpfähle Kupfervitriol, welches immer eine blaue Farbe hat, grünes Kupfervitriol giebt es nicht. Es ist hier jedenfalls Eisenvitriol gemeint, welches zur Imprägnierung nicht zu verwenden. Die Pfähle werden am besten in grünem Zustande imprägniert, da in diesem Zustande die Lösung am besten eindringt. Sie bleiben dann ein Jahr liegen und werden erst im nächsten Jahre verwendet.

2. Die Möglichkeit, mittels des Spritzens gegen die Peronospora auch zugleich das Oidium zu bekämpfen, wird durch alle möglichen Mittel zu erlangen versucht. Ein solcher Versuch ist aber zur Zeit praktisch noch nicht gelungen. Es müssen also bis jetzt noch, so sehr eine gleichzeitige Bekämpfung beider Krankheiten mit einem Mittel zu begrüßen wäre, beide Krankheiten mit getrennten Mitteln bekämpft werden.
C. Seufferheld.

Weiterhin sei noch eine **Antwort** auf zahlreiche, das sogenannte Cochylit betreffende Anfragen gegeben. Wir sind auf Grund vielfacher Erfahrungen zu der Ansicht gekommen, daß man gut thut, sich allen neu auftauchenden Dingen gegenüber, die mit großer Reklame in allen Zeitungen angepriesen werden, vorsichtig zu verhalten. Die Ergebnisse wissenschaftlicher Forschung legen es jedenfalls nahe, an die verheißene Wirkung dieses neuen Mittels nicht ohne vorhergegangene, günstig ausfallende Prüfung zu glauben. Wir haben uns zur Ausführung von Versuchen bereit erklärt und werden unseren Lesern über die Ergebnisse getreulich Bericht erstatten.

Ganz ebenso verhält es sich mit den vielen neuen Mitteln, die Oidium und Peronospora mit einer Klappe schlagen und aus der Welt schaffen wollen. Es freut sich niemand mehr als wir, wenn das gelingt, aber einstweilen halten wir es für richtiger, die bereits unternommenen und noch bevorstehenden Proben abzuwarten. Auch hierüber werden wir nicht versäumen, unsere Leser zur rechten Zeit zu informieren.
R. G.

## Vom Büchertisch.

**Moderner Weinbau.** Ein Leitfaden für Winzer und Rebfreunde, die Weinbau nach neuer Methode und mit höchstem Gewinne betreiben wollen. Mit vielen Abbildungen. Von Robert Erdmann. Erfurt 1899. Druck und Verlag von J. Frohberger. Preis geb. M. 2 = 1½ fl.

## Persönliches.

**O. Würzner,** ein früherer Eleve der Geisenheimer Lehranstalt und bisher Königl. Weinbergsaufseher des Neroberges in Wiesbaden, übernahm die neu gegründete Stelle eines Weinbau-Wanderlehrers zu Saarburg (Rheinprovinz) An seine Stelle trat **F. Osbahr,** ebenfalls ein ehemaliger Eleve.

**G. Reichenbach,** auch ein ehemaliger Geisenheimer Eleve, wurde als Obst- und Weinbaulehrer in Alzey (Rheinhessen) angestellt.

# Anzeigen.

(Für Form und Inhalt der Anzeigen ist die Schriftleitung nicht verantwortlich.)

## Trauben-, Obst- und Beeren-Pressen

mit *Duchscher's Original-Differenzialhebel-Presswerk.*

**Unübertroffen**

in Sorgfalt und Stärke der Ausführung, praktischer Einrichtung aller Organe, Druckkraft u Handlichkeit.

**Patentpresskorbeinrichtungen**

D. R. P. No. 34240 u. 62554.

**Neuheit!**

Verbesserte hydraulische und Wein-Obstpressen, Ober- und Unterdruck-keltern.

### A. Duchscher & Cie., Eisenhütte Wecker,

Grossherzogt. Luxemburg, im deutschen Zollverein,
Trauben-, Obst- und Beerenmühlen, Passiermaschinen.

*Kataloge von 1899 enthalten Neuheiten u. werden gratis u. franko zugesandt.*

## Wein-, Obstwein- u. Beerenwein-Pressen,

neuester Konstruktion.

Bisheriger Absatz **10 000** Stück. Geliefert an viele Genossenschaften und Behörden. Lehrreiche Broschüre über Bereitung und Pflege der Obst- und Beerenweine gratis und franko

### Ph. Mayfarth & Co., Frankfurt a. M.,

Spezialfabrik für Geräte zur Obstverwertung auf genossenschaftl. Wege.

## Katz & Klump,

Holzsägewerk und Imprägnier-Anstalt in **Gernsbach** (Baden),

empfehlen mit Quecksilbersublimat imprägnierte **Rebstecken, Baum-** und **Rosenpfähle** in allen vorkommenden Längen, ferner: imprägnierte Latten, Bretter, Rahmen und Spalier-Latten, fertige Mistbeet-Fenster und profilierte Holzteile zu Dachkonstruktionen für Gewächshäuser aus imprägniertem Farbenholz als Ersatz für Eisenteile.

# Mitteilungen

über

## Weinbau und Kellerwirtschaft.

### XI. Jahrgang.

Herausgeber: | Schriftleitung:
Landes-Oekonomierat **R. Goethe**. | Weinbaulehrer **C. Seufferheld**.

Nr. 6.      Geisenheim, im Juni      1899.

## Rebenmüdigkeit des Bodens und frühzeitiger Rückgang der Weinstöcke.

Von W. Eschbach II. in Rauenthal (Rheingau).

Anschließend an den Artikel „Ueber Rückgang der Stöcke" in Nr. 3, 1899 der „Mitteilungen", sind noch weitere Punkte beachtenswert zur erfolgreichen Bekämpfung der Rebenmüdigkeit des Bodens.

Gerade die besseren und besten Lagen des Rheingaues sind am frühesten mit Wein bepflanzt worden und erheischen aus diesem Grunde auch eine besondere Sorgfalt und Pflege in Bau und Düngung, um kräftig treibende ausdauernde Stöcke zu erzielen und zu erhalten.

Schon die Behandlung des Wüstfeldes läßt vielfach manches zu wünschen übrig. Ein solches Feld sollte vor allem nicht zu irgend einer Zwischenkultur, welche dem Boden Nährstoffe entzieht, benutzt werden. Das Hauptaugenmerk muß vielmehr darauf gerichtet sein, ein solches Feld möglichst mit Nähr- und Humus bildenden Stoffen zu bereichern, und kann man hierin so leicht des Guten nicht zu viel thun.

Durch starke Düngung des Wüstfeldes wird der Teil der Bodenkrume reich mit Nährstoffen versehen und verbessert, welcher durch das Roden in die Tiefe kommt und dort die untersten, wichtigsten Wurzeln, die sog. Fußwurzeln, des Weinstöckchens ernährt und zur kräftigen Entwickelung bringt.

Die möglichst starke Entwickelung der Fußwurzeln ist aber unbedingt nötig zur Erzielung kräftiger langlebiger Stöcke. Es wird dadurch der Stock viel unabhängiger von abnormen Witterungsverhältnissen. Eine große Hitze und Trockenperiode kann z. B. die Entwickelung der Trauben und des Holzes viel weniger nachteilig beeinflussen, ein stark in die Erde dringender Frost in Verbindung mit Trockenheit des Bodens, wird weniger Schaden anrichten, als wenn durch magere Anlage des Weinberges ein dürftiger Holztrieb entsteht und um diesen zu beseitigen, schon in den ersten Jahren nach der Anpflanzung mit Mistdüngung begonnen werden muß, und so die Wurzelbildung da begünstigt, gefördert wird, wo der junge Weinstock überhaupt keine haben sollte, also nahe an der Oberfläche.

Ein Einroden von schwerem speckigem Miste erscheint nicht so vorteilhaft, als wenn eine solche Düngung vorher erfolgt und dann durch mehrmaliges Durcharbeiten mit der Erde vermischt wird. Wenn direkt eingerodet, bleibt der Mist für längere Zeit in einem Zustande, welcher wenig geeignet erscheint, eine wirksame Ausbreitung und Ernährung der Wurzeln zu erzielen. Er wird, wenn so verwandt, wenig zur Bodenlockerung beitragen und dadurch einen seiner Hauptzwecke schlecht erfüllen, denn nur in einem gleichmäßig mit Nährmitteln und humusreichen Bestandteilen versehenen Erdreiche wird ein gedeihliches Pflanzenwachstum stattfinden. Was wird z. B. in vielen Handelsgärtnereien für eine Sorgfalt auf richtige lockere düngerreiche gut durchmischte Beschaffenheit der zu verwendenden Pflanzenerde gelegt, und welche hervorragenden Erfolge werden dann auch in den einzelnen Kulturen erzielt. Es wird keinem Gärtner, welcher seine Sache versteht, einfallen, in seine Pflanztöpfe Klumpen von schwerem speckigen Miste zu thun und dann seine Pflänzlinge darauf setzen, er führt vielmehr solchen Dung seiner Kompoststätte oder seinem Erdmagazin zu, wo derselbe mit anderen Stoffen vermischt in 1 bis 3 Jahren eine prächtige Pflanzerde abgibt. Als ein gutes lockerndes Dungmittel ist daher der Kompost zu betrachten und sollte derselbe auch schon aus Sparsamkeitsrücksichten, er stellt sich billiger als reiner Mist, viel mehr bereitet und bei Wüstfeldern verwandt werden.

Bei stark auftretender Rebenmüdigkeit ist eine mehrjährige Ruhe und vielleicht auch Versuche mit Schwefelkohlenbehandlung angebracht. Wer aber nur ein- bis zweijährige Ruhe gestatten will oder kann, die finanziellen Verhältnisse sprechen in manchen Fällen mit, der dünge sein Feld vor dem Aushauen stark, gebe ihm noch einen mehrmaligen Bau und säe es dann mit starke Büsche bildendem Grase ein. Dieser Graswuchs wird mit künstlichen Düngern, Asche, Kompost rc. zum üppigen Gedeihen gebracht, das Gras zweimal im Sommer niedergeschleift oder abgemäht, und um Diebstahl zu verhüten, leicht mit Erde oder Kompost überworfen. Bei größeren Feldern kann es auch auf einem Haufen zusammen mit Erde kompostiert werden. Bis zur Zeit des Rodens ist eine teilweise Verwesung eingetreten und man hat einen nahrhaften lockernden Kompost zum verteilen.

Eine Abnutzung des Grases gibt ein sich auf Kosten der kommenden Weinstockanlage sehr teuer stellendes Futtermittel. Die Folge ist Ausmagerung des Bodens und dann kümmerliches Wachstum der Jungfelder.

Auch bei dem Roden selbst ist manches zu beachten, welches auf ein gutes Gedeihen der Weinstöcke Einfluß hat. So wird häufig noch zu flach gerodet. Unter 80 cm sollte solches nie geschehen. In Lagen mit Untergrund, der vielen kohlensauren Kalk enthält, auch Salpeterboden genannt, muß entschieden noch tiefer gerodet werden, da diese Bodenart den Wurzeln ein Eindringen vollständig wehrt. Ja selbst der sich sonst fast überall durchschaffende Regenwurm, ein noch sehr verkannter Helfer in der Bodenlockerung, scheint solche Schichten zu scheuen. So fand ich beim Roden eines Weinberges auf der früheren Rodsohle, es war nur 50 cm tief gerodet worden, eine halbfingerdicke Lage Rebwurzeln, welche so durcheinander verwachsen waren, daß dieselbe wie Filz aussah. Von Wurmgängen, wie man sie sonst fast überall auf mehrere Meter Tiefe finden kann, war nichts zu entdecken.

Dieses Feld wurde 1,30 m bis 1,40 m tief gelockert, und ist jetzt eine prächtig gedeihende Anlage.

In Lagen mit festem Fels in der Tiefe sollten durch Pulversprengungen tiefer gehende Fugen geschaffen werden, um ein Eindringen der Feuchtigkeit und der Wurzeln zu erzielen. Es werden dadurch die Stöcke gegen große Trockenheit widerstandsfähiger. In hervorragenden Lagen wie z. B. „Gefrn" Rauenthal, welcher als Untergrund festen Fels hat, würden sich solche Sprengungen sicher bedeutend rentieren, es ließen sich dadurch Stöcke mit viel längerer Lebensdauer und kräftigerem Holztriebe erzielen, als es so der Fall ist.

Zum Schlusse sei noch des Pflanzenmaterials, des Setzholzes, gedacht. Die Erdbehandlung des Setzholzes, oder Dunstgrubeneinschlag, wie es vielfach heißt und in diesen Blättern schon öfter beschrieben wurde, trägt auch manches zur Erzielung kräftig gedeihender Weinstöcke bei. Durch den richtig ausgeführten Einschlag werden an dem Setzholz hauptsächlich die unteren Wurzeln (Fußwurzeln) in Masse erzeugt. Mir vorliegende auf diese Art behandelte einjährige Reiflinge sehen einer Flaschenbürste ähnlich, so stark ist das untere Ende mit Wurzeln besetzt. Diese Fußwurzeln sind aber, wie schon erwähnt, sehr richtig zum guten Gedeihen, namentlich muß dieses bei trockenen heißen Berglagen behauptet werden.

### Zum Spritzen der Reben gegen Peronospora.

Auch in diesem Jahre soll wieder wie in den vorhergehenden auf die Bekämpfung der Peronospora aufmerksam gemacht und im nachstehenden den Winzern, welche mit der Handhabung der Schutzmaßregel noch nicht allgemein vertraut sind, diejenigen Punkte näher erläutert werden, welche bei Bereitung und Anwendung der Bespritzungsflüssigkeit in Betracht kommen.

Zur richtigen Zeit spritzen, zu einer Zeit, in der die Krankheit noch nicht oder höchstens in ihren ersten Anfängen vorhanden, ist einer der wichtigsten Faktoren bei Bekämpfung der Peronospora. Ein vollständiger und auffälliger Erfolg wird nur erzielt, wenn die Bespritzung frühzeitig geschieht. Die Arbeit des Spritzens der Weinberge muß der Winzer in die Reihe seiner wichtigsten jährlichen Weinbergsarbeiten einstellen. Erst, wenn dies geschehen, kann von einer allgemeinen Bekämpfung gesprochen werden.

Als bestes Mittel hat sich bis jetzt überall die Kupferkalkbrühe bewährt. Die Zubereitung dieser Brühe ist höchst einfach und bei einiger Genauigkeit immer gleichmäßig herzustellen. Das Kupfervitriol wird in einem Säckchen oder Körbchen in das Wasser gehängt und erfolgt auf diese Weise eine rasche Auflösung desselben. Hat sich das Kupfervitriol ganz aufgelöst, so mischt man in etwas Wasser gelöschten Kalk zu einer milchartigen Flüssigkeit und gießt diese Flüssigkeit durch ein feines Sieb (um grobe Bestandteile zurück zu halten) unter tüchtigem Umrühren zu der Kupfervitriollösung. Diese blaue trübe Mischung läßt man dann eine halbe Stunde ruhig stehen, bläst die an der Oberfläche gebildete Kalkhaut zur Seite und entnimmt mit einem Wasserglas eine Probe, die man vor ein weißes Blatt Papier hält. Ist die Flüssigkeit nun richtig, d. h. sind Kupfervitriol und Kalk nun in der Mischung bei einander, in welcher sie den Blättern nicht schaden, so muß das Wasser vollkommen klar sein und nicht eine Spur blauer Färbung zeigen. Ist das letztere der Fall, so ist nicht genügend Kalk zugesetzt worden. Benutzt man eine solche Mischung, so kann ein Verbrennen der Blätter eintreten. Man wird deshalb durch Hinzufügen einer weiteren Menge Kalkes die blaue Färbung ganz entfernen.

Ein anderes sicheres Mittel, um die Flüssigkeit auf ihre richtige Mischung zu prüfen, ist die Anwendung von rotem Lakmus- oder weißen Phenolphtalein-Papier. Die Kupferkalkbrühe wird nämlich, solange nicht genügend Kalkwasser zugesetzt ist, eine saure Eigenschaft zeigen und wirkt infolgedessen schädlich. Ist die Mischung richtig, so wird die Flüssigkeit laugenhaft sein und das rote Lakmuspapier wird blau und das weiße Phenolphtaleinpapier rot gefärbt werden. Das Phenolphtaleinpapier wird von der chemischen Fabrik von Eugen Dieterich in Helfenberg bei Dresden in einer kleinen Blechdose aufgerollt in den Handel gebracht. Durch einen kleinen Schlitz in der Blechdose kann das Papier nach Art eines Meßbandes herausgezogen und an der bestimmten durchlochten Stelle abgerissen werden. Das Papier ist dadurch geschützt vor Durchnässung und etwaiger vorzeitiger Verfärbung durch kalkige Finger des Bereiters der Brühe.

Für die erstmalige Bespritzung nimmt man auf 100 Lit. Wasser 1 kg Kupfervitriol und 2—2½ kg Kalk, für die zweite und gegebenen Falles die folgenden Behandlungen die doppelte Menge dieser Stoffe auf 100 Lit. Wasser.

Die Bereitung der Mischung sollte höchstens nur für 2 Tage im Voraus geschehen. Je frischer die Brühe ist, desto bessere Wirkung hat dieselbe. Bei längerem Stehenbleiben büßt sie in ihrer Wirksamkeit ein. Die Lösung muß beim Gebrauch stets aufgerührt werden, weil sich besonders bei der Kupferkalkbrühe bei längerem Stehen ein Bodensatz bildet.

Die Gefäße, in denen die Kupferkalkmischung bereitet und stehen gelassen wird, müssen aus Holz hergestellt sein; eiserne Behälter rufen Umsetzungen in derselben hervor und schädigen ihre Wirkung. — Um den Transport auf weitere Entfernung zu erleichtern, kann die Kupferkalklösung zunächst beliebig dicker (konzentrierter) hergestellt und erst an Ort und Stelle mit Wasser auf den gewünschten Gehalt verdünnt werden.

Der gelöschte Kalk muß in mit Erde bedeckten Gruben oder in Bütten unter Wasser aufbewahrt werden. An der Luft verändert er sich und ist dann zur Herrichtung der Mischung unbrauchbar. Je frischer der gelöschte Kalk ist, um so besser ist es.

Mit dieser einfachen Kupferkalkbrühe ist bei rechtzeitiger Anwendung und mehrfacher Wiederholung noch immer eine vollständige Bekämpfung der Peronospora erzielt worden.

Außer dieser Kupferkalkmischung nach der vorstehenden einfachen Art bereitet, sind jedoch noch viele andere Kupferpräparate in den Handel gekommen und haben auch teilweise in der Praxis Eingang gefunden. Das vorteilhafteste und beste derartiger Präparate ist das Kupferzuckerkalkpulver von der chemischen Fabrik Dr. A s ch e n b r a n d t, Straßburg (Elsaß). Dieses Präparat entspricht in seiner Zusammensetzung so ziemlich unserer Kupferkalkmischung. Der Zuckerzusatz soll dafür sorgen, daß die Masse besser auf den Blättern haften bleibt. Die Brühe läßt sich aus diesem Pulver unter Hinzufügen von Wasser sehr rasch und einfach nach der von der Firma beigegebenen Vorschrift herstellen. Für hohe Weinbergslagen, wohin der Wassertransport ein sehr erschwerlicher ist und für Leute, die kein Verständnis für die richtige Zubereitung der einfachen Bordelaiser-Brühe haben, leistet Dr. A s ch e n b r a n d t's Kupferzuckerkalkpulver zufriedenstellende Dienste. Es werden auf 100 Lit. Wasser 3—3$^1/_2$ kg Pulver genommen. Eine solche Bespritzungsflüssigkeit kommt etwas teurer zu stehen als die gewöhnliche Kupferkalkmischung.

Was die Zeit der Ausführung der Bespritzung anbetrifft, so ist Hauptsache, wie ich schon eingangs erwähnt, daß man sehr frühzeitig spritzt, ehe der Pilz vorhanden, also vor der Blüte mindestens einmal. Geschieht dies, so kann nachher die für die Vegetation des Pilzes so außerordentlich günstige feuchtwarme Witterung ruhig eintreten, der Rebstock ist geschützt. Bei frühzeitigem Bespritzen kann eine gleichmäßige feine Verteilung der Flüssigkeit auf alle u n t e r e n B l ä t t e r stattfinden, während später dies nicht mehr so gut möglich ist, da hier diese durch die oberen mehr oder weniger verdeckt werden. Wir müssen die Reben so rasch als möglich vor einer Infektion schützen, weil wir nie wissen, wie das Wetter sich gestaltet. — Wird man durch Umstände gezwungen, während der Blüte zu spritzen, so lasse man sich durch den an den Blüten etwa verursachten Schaden davon nicht abhalten. Dieser ist so gering, daß er nicht in Betracht gezogen werden kann. Wenn während der Spritzarbeiten eintretender Regen die noch nicht trocken gewordene Mischung von den Blättern abwäscht, so muß die Behandlung wiederholt werden, sowie die Blätter abgetrocknet sind.

Ueber Zeit und Zahl der nachherigen Bespritzungen läßt sich bestimmtes nicht sagen, es kann hier keine genaue Zeit angegeben werden, da dies wesentlich von den Wachstums- und Witterungsverhältnissen abhängt. In feuchtwarmen Jahren wird man das Spritzen früher wiederholen müssen als in trockenen Jahren, ebenso wird in solchen Jahren auch die Zahl der Wiederholungen eine größere sein. Im allgemeinen wird zum zweitenmal nach der Blüte, also Mitte Juni bezw. Anfang Juli gespritzt, zum drittenmal im August. Beim zweiten und dritten Spritzen muß das ganze Bestreben darauf gerichtet sein, die nachwachsenden Teile zu schützen, sie dem Stocke zu erhalten und muß deshalb das zweite-

und drittemal ebenfalls zeitig gespritzt werden, d. h. ebenfalls zu einer Zeit, in der der Pilz die jungen Triebe noch nicht erfaßt hat.

Was die Art der Bespritzung betrifft, so sollte bedeutend mehr auf eine feine Verteilung der Flüssigkeit auf der Oberseite der Blätter gesehen werden. Man sieht oft Weinberge, welche ganz blau bespritzt sind, Rebstöcke, deren Blätter eine gänzlich blaue Oberfläche zeigen. Eine derartige Bespritzung ist gänzlich fehlerhaft, da sie die Thätigkeit solch bespritzter Blätter beeinträchtigt. Es genügt, wenn die Flüssigkeit in feinsten Tropfen und auf's feinste verteilt auf der Oberfläche der Blätter ist. Ein Bespritzen der Unterseite der Blätter ist unnötig, da der Pilz auf der Oberseite eindringt. — Gleich nach einem Regen sollte man nicht spritzen, man muß solange warten, bis die Blätter etwas abgetrocknet sind. Ebenso sollte nicht sofort nach dem Heften gespritzt werden. — Obwohl die Bespritzung mit richtig zusammengesetzter Flüssigkeit bei heißem Wetter und heiterem Himmel ausgeführt, einen Schaden nicht verursacht, so trachte man doch darnach, dieselbe bei kühler Witterung oder in den kühleren Vor- und späteren Nachmittagsstunden vorzunehmen. Es sollte dies deshalb eingehalten werden, um bei der erstmaligen Behandlung die kleineren Verletzungen der jungen zarten Blätter an den Triebspitzen nach Möglichkeit einzuschränken. Sie wachsen sich übrigens sehr bald aus, ohne daß bisher eine fühlbare Schädigung des Stockes nach irgend einer Richtung hin beobachtet worden wäre.

Rebschulen leiden, da die Blätter der jungen Reben beim Boden sehr nahe stehen, länger betaut bleiben und durch ihre nahe Pflanzung den Boden sehr stark beschatten und sehr feucht halten infolge dieser für die Entwickelung des Pilzes günstigen Bedingungen stets mehr. Es reicht deshalb bei diesen ein zweimaliges Bespritzen nicht aus. Sie müssen, sobald sich die ersten 5—6 Blätter gebildet haben, zum erstenmale gespritzt und dieses alle 3—4 Wochen, im ganzen also ungefähr 4—5 mal wiederholt werden.

Jungfelder werden zum erstenmale Ende Juni, zum zweitenmale Mitte bis Ende Juli behandelt.
C. Seufferheld.

## Unfug im Düngerhandel.
### Von Prof. Dr. Paul Wagner.

Darf man thatsächlich noch von „Unfug im Düngerhandel" reden? Haben nicht seit Jahrzehnten die Fabrikanten einmütig zusammengewirkt, aller unreellen Konkurrenz entgegenzutreten und den Düngerhandel in geordnete Bahnen zu lenken? Haben sie nicht ihre Fabrikate unter die Kontrolle der Versuchsstationen gestellt, bindende Garantie für den Gehalt der Düngemittel geboten, ihren Abnehmern kostenfreie Untersuchung gewährt und den Käufern dadurch die weitestgehende Sicherheit für die Vollwertigkeit ihrer Ware gegeben? In der That, es ist das alles geschehen. Und wo der Bedarf des Landwirtes an Düngemitteln so gering war, daß eine regelmäßige Probenahme und regelmäßige Ausführung der

Kontrollanalyse sich nicht lohnte, da haben die landw. Konsumvereine Gelegenheit geboten, durch Zusammenschluß der Kleinkonsumenten alle Sicherheit und alle Vorteile zu erlangen, die dem Großkonsumenten gewährleistet sind. Seit 25 Jahren ist der Verband der hessischen landw. Konsumvereine auf das Eifrigste bemüht gewesen, den Zusammenschluß der Konsumenten zu bewirken, auch den kleinsten Landwirt in direkte Verbindung mit dem Großhändler zu setzen, um ihn den Schädigungen zu entziehen, die der Zwischenhandel ihm vielfach gebracht hat. Und unsere Landwirtschaftslehrer endlich sind nicht müde geworden, die Konsumenten wieder und immer wieder zur Vorsicht beim Ankauf von Düngemitteln zu ermahnen, ihnen den Bezug aus sicheren Quellen, den Kauf nach bestimmtem Gehalt, Garantieforderung für den angegebenen Gehalt und regelmäßiges Prüfenlassen der empfangenen Ware zu empfehlen!

Das alles ist geschehen, aber dennoch — die Gleichgiltigkeit der Kleinkonsumenten ist in weiten Kreisen eine so überaus große geblieben, daß es nach wie vor ein Leichtes ist, geringwertige Ware an den Mann zu bringen und sie drei- bis viermal so hoch bezahlen zu lassen, als ihrem thatsächlichen Wert entspricht.

Will man Beispiele hierfür, so sei erwähnt, daß seit einigen Monaten ganz unglaubliche Zustände im Kleinhandel mit Thomasmehl zu Tage getreten sind.

Im Odenwald, an der Bergstraße, im Nassauischen sind aus dritter und vierter Hand Thomasmehle mit einem Gehalt von nur 4—7% Phosphorsäure an kleine Landwirte verkauft und zum Preise einer 14 bis 16%igen Ware bezahlt worden. Es ist unglaublich, mit welcher Leichtigkeit und in welchem Umfang solcher Handel sich vollzieht. Thomasschlacke, die so geringwertig ist, daß die vereinigten Thomaswerke sie gar nicht zur Vermahlung bringen, findet durch Seitengassen ihren Weg zum Kleinhandel. Sie gelangt aus der betreffenden Mühle auf verhältnismäßig niedrigen Zentnerpreis und ohne Gehaltsangabe an den Händler. Von diesem wird sie in die Hand eines zweiten Händlers gegeben, dem man eventuell die Angabe macht, daß eine 14%ige „Sternmarkenware" augenblicklich nicht zu haben sei, daher ein Thomasmehl zu etwa 10—12% und zu entsprechend geringerem Preis geliefert werde. Von hier wandert die Ware dann oft noch in die vierte Hand und wird von dieser aus dem Kleinkonsumenten offeriert. Fragt der Konsument nach dem Gehalt, so giebt man eine ausweichende Antwort. Drängt er auf Angabe von „Prozenten", so giebt man entweder zur Antwort, daß man von „Prozenten" nichts wisse, die Ware aber „gut" sei, oder man giebt an, daß das Thomasmehl auf der Versuchsstation ein gutes Resultat ergeben habe, 16—17% Phosphorsäure ermittelt worden seien. Dies beruhigt in der Regel den Käufer. Nur sehr vereinzelt kommt es vor, daß er sich dennoch zur Einsendung einer Probe entschließt, und wenn dann sich zeigt, daß das Thomasmehl nicht 16—17%, auch nicht 10—12%, sondern nur 7 oder 5, mitunter kaum 4% Phosphorsäure enthält, so versichert der Händler zunächst nochmals, daß die Ware gut sei, im gegebenen Falle ein Analysenfehler oder eine unrichtige Probenahme vorliegen müsse und erst, wenn der Käufer dies nicht glaubt, bezw. in Aussicht stellt, sich nochmals an die Versuchsstation wenden zu wollen, erklärt der Händler sich bereit, den Mindergehalt zu vergüten, eventuell auch auf jede Zahlung zu verzichten gegen das Versprechen, daß man über den Vorfall schweigen wolle!

Nach uns vorliegenden Akten hat sich thatsächlich der Kleinhandel mit Thomasmehl vielfach also vollzogen.

Man bezahlt das Thomasmehl mit 2 Mk. pro Zentner, auch wenn es nur 1 Mk. oder nur 50 Pfg. wert ist. Man streut das geringwertige Thomasmehl auf den Acker, der nach einer Düngung mit reichhaltiger Ware einen erheblichen Mehrertrag ergeben haben würde; die Ertragssteigerung aber bleibt alsdann aus, man hat nochmals einen Schaden zu tragen, und zwar einen Schaden, der erheblich größer ist, als der schon beim Ankauf des Thomasmehls erlittene.

Einige solcher Fälle werden in nächster Zeit wohl zu gerichtlicher Verhandlung führen und die Tagespresse wird dann näher darüber berichten. Hier sei nur noch mitgeteilt, daß namentlich die Orte Rheinheim im Odenwald, Zwingenberg, Eppertshausen, Groß-Zimmern es gewesen sind, aus welchen wir ganz besonders geringwertige Thomasmehle zur Untersuchung erhalten haben. Der Gehalt betrug 8, 7, 6% und sank in mehreren Fällen bis unter 4% Phosphorsäure, während überall da, wo eine Gehaltsangabe überhaupt gemacht worden war, solch: im Minimum auf 10%, im Mittel auf 12% Phosphorsäure lautete. Eine dankbare Aufgabe der landw. Vereine, der Landwirtschaftslehrer und der Konsum-Vereine dürfte es sein, solchem Unwesen steuern zu helfen, und es ist selbstverständlich, daß die Mitwirkung der Versuchsstation ihnen dabei jeder Zeit zur Verfügung stehen wird.

(Aus der „Zeitschr. f. d. landw. Vereine f. d. Großh. Hessen.")

## Kostprobe der mit und ohne Reinhefe vergorenen 1898r rheinhessischen Weine.

### Von Dr. Meißner in Geisenheim.

Die in den früheren Jahren gemachten Erfahrungen über die Anwendung reingezüchteter Weinhefen in der Praxis der Weinbereitung haben sich bei der diesjährigen Kostprobe, welche von seiten des Rheinhessischen landwirtschaftlichen Vereins am 18. März dieses Jahres im Kasino zu Alzey veranstaltet wurde, wiederum vollständig bestätigt. Zur Probe waren im ganzen 35 mit Reinhefe vergorene Traubenweine, nebst den dazu gehörigen Kontrollweinen aufgestellt; außerdem ein mit Reinhefe vergorener Apfelwein und die dazu gehörige Kontrollprobe.

Die praktischen Resultate, die sich bei der erwähnten Kostprobe durch unmittelbare Vergleichung der mit Reinhefe vergorenen Weine und der spontan vergorenen aus demselben Most gewordenen Kontrollweine ergaben, zeigen klar und deutlich die Vorteile des neuen Gärverfahrens mittels Reinhefe. Infolge der sicheren, schnell einsetzenden und glatt verlaufenden Gärung, welche durch den Zusatz von Reinhefe zur Maische oder zum frisch gekelterten, noch in Gärung gekommenen Moste erzielt wird, sind die reinvergorenen Weine weiter in der Entwickelung. Sie sind fertiger, bei rationeller Behandlung im allgemeinen klarer als die spontan vergorenen; erstere sind aber auch reintönig und sauberer im Bouquet als letztere. Dieser günstige Einfluß der Reinhefe auf die Gärprodukte trat ohne weiteres bei den zur Probe in Alzey ausgestellten 1898er Weinen wiederum zu Tage.

Was ferner die Wirkung der angewendeten Heferassen betrifft, welche den Versuchsanstellern vom Rheinhessischen landwirtschaftlichen Verein unentgeltlich geliefert worden waren, so zeigt sich auch in diesem, wie in den früheren Jahren, daß sich zur Vergärung rheinhessischer Moste zwei von der Geisenheimer Hefe-Reinzucht-Station gezüchtete „Oppenheimer Kreuz"- und „Gau-Bickelheimer Goldberg"-Hefen besonders eignen. Diese Hefen prägen den Weinen nichts fremdartiges auf; sie passen zum Ton und zur Art rheinhessischer Weine. Es war Sache der praktischen Versuche schon in den früheren Jahren, die Heferasse oder Rassen zu finden, welche für die Vergärung von rheinhessischen Mosten sich ganz allgemein empfehlen lassen. Die Erfahrung dieses Jahres hat in Uebereinstimmung mit den in früheren Jahren gesammelten Erfahrungen, gelehrt, daß von den rheinhessischen Hefen die „Oppenheimer Kreuz-" und „Gau-Bickelheimer Goldberg-Hefe allgemein zu empfehlende Hefen sind. Damit war eine Frage, die im vorigen Jahre noch offen gelassen werden mußte, nämlich ob auch die „Gau-Bickelheimer Goldberg"-Hefe ebenso günstig wirkt wie die „Oppenheimer Kreuz"-Hefe im bejahenden Sinne beantwortet. Ebenso zeigte es sich, daß nicht alle rheinhessischen Hefen in rheinhessischem Moste mit Vorteil wirken und daß andererseits auch Hefen aus dem Rheingau wie die „Steinberger"- und „Rüdesheimer Berg"-Hefe, einen günstigen Einfluß auf die Weine haben. Letzteres wurde besonders schön durch eine Probe demonstriert, bei welcher der gleiche Most mit folgenden Heferassen getrennt vergoren wurde: „Rüdesheimer Berg", „Heimersheimer Ruth", „Liebfraumilch", „Schloß Vollrads", „Gau Bickelheimer Goldberg", „Oppenheimer Kreuz", während ein Teil des Mostes der spontanen Gärung überlassen blieb. Die Weine, welche mit den Hefen „Rüdesheimer Berg", „Gau-Bickelheimer Goldberg" und „Oppenheimer Kreuz" vergoren waren, probierten sich besonders gut und standen geruchlich wie geschmacklich über den andern. Die „Schloß-Vollrads-Hefe dagegen, die sich bei der Vergärung von Rheingauer Mosten, wie bei der Vergärung von Apfelmosten als vorzüglich bewährt hat, ebenso eine von den Moselanern mit gutem Erfolg viel angewendete „Pisporter" Hefe eignen sich nicht zur Vergärung rheinhessischer Moste, wie die angestellten praktischen Versuche erwiesen. Zwar waren die mit diesen Hefen vergorenen Weine auch weiter in der Entwickelung, sauber und reintönig, aber sie haben dem Gärprodukt einen fremdartigen Charakter verliehen, den man an den rheinhessischen Weinen nicht gewöhnt ist.

Die Unterzeichneten, welche vom Rheinhessischen landwirtschaftlichen Vereine ersucht wurden, sich über die bei der Probe gemachten Wahrnehmungen gutachtend zu äußern, sind der Aufforderung gern gefolgt und haben den Gesamt-Eindruck der Probe im Vorhergehenden niedergelegt. Sie fassen ihr Urteil in dem Satze zusammen, daß sich bei rationeller Behandlung der Weine und bei richtiger Verwendung der geeigneten Heferassen Vorteile erzielen lassen, die dem neuen Gärverfahren mittels Reinhefe eine große Bedeutung beizulegen direkt zwingen.

L. Sittmann, Oppenheim.   M. Knoll, Heimersheim.
Dr. R. Meißner, Geisenheim.   Dr. Ziegenbein, Alzey.

## Untersuchung über die Herstellung der Bordelaiser Brühe.

So überschreibt Herr Chemiker und Fabrikant Mohr aus Laubenheim eine Notiz, in welcher er auf eine Verbesserung der Bereitung dieser „Würze" aufmerksam macht, deren kaufmännische Verwertung er beabsichtige. Das dürfte unbeanstandet bleiben, handelte sichs hier um wirkliche Verbesserung.

Aus nachstehendem wird sich ergeben, daß dies nicht wahrscheinlich, nicht nachgewiesen, daß vorerst größere Hoffnungen daraufhin unberechtigt erscheinen. Herr Mohr will das Kalkhydrat, die Kalkmilch, durch eine Lösung von kalzinierter Soda ersetzen; er sagt aber nicht, daß er damit, an Stelle des Kupferoxydhydrats, Halbkohlensaures Kupferoxyd einsetzte und daß dessen pilzwidrige Eigenschaft noch unerprobt. — Als anderes Umsetzungsprodukt enthielte dann die Brühe das sehr leicht lösliche schwefelsaure Natron an Stelle des physiologisch günstigen Gipses, dessen Schwerlöslichkeit das Abschwemmen eher verhindert als das so viel leichter lösliche, dazu noch verwitternde Salz, ganz zu schweigen von den steten Verunreinigungen der Soda.

Der Einfluß gewisser organischer Stoffe auf die Feinheit der Fällungen ist bekannt; werden dieselben mit ausgefällt, so vergrößern sie meist das Korn, wenn man so sagen darf. Das Halbkohlensaure Kupferoxyd fällt allerdings feinflockiger aus als das lockerflockige Oxydhydrat, aber dies kann doch nicht viel besagen. Das Kupferoxydhydrat ist relativ löslicher, schmeckt stark metallisch, das Halbkohlensaure Kupferoxyd — natürlich kommt es als „Malachit" vor — ist unlöslich in Wasser. Gestern mit Soda bereitete Brühe aufgespritzt, ist heute, nach etwas Regen, vollständig abgespült, wogegen Kupferkalkbrühe vollkommen haften geblieben. Der geheimnisvolle Klebestoff wird daran nichts hindern. Wie nun das Mohr'sche Rezept eine Ersparnis an Kupfervitriol ermöglichen soll, ist unersichtlich; oder ist etwa erwiesen, daß die untergeschobene Kupferverbindung um so viel pilzwidriger wirke?

Die Mitteilung des Herrn Zweifler in Nr. 5, S. 52 macht es zweifelhaft, ob dem reinen Kupfersalze überhaupt die Wirkung zukomme, die Herr Mohr ihm allein zuzumessen scheint. — Ich habe von Brühe, aus ganz reinem Kupfervitriol sachgemäß bereitet, keine Wirkung erfahren und werde nun mit unreinem, bezw. mit Eisenvitriol versetztem

Kupfervitriol den Versuch wiederholen. Die rohe Handelsware soll 4 bis 9% Eisenvitriol enthalten.

Es ist zur Erzielung einer feinflockigen Brühe unbedingt erforderlich, daß beide Lösungen kalt und verdünnt zusammengegossen werden. Warme Lösungen geben grobkörnige, mißfarbige, mit Kupferoxyd vermischte, heiße Fällung von schwarzem Kupferoxyde.

Wiesbaden, 22. Mai 1899.

Dr. F. Lossen.

## Rundschau.

Rhein und Mosel haben in diesem Jahre bei den Versteigerungen wieder gezeigt, welche hervorragende Produkte sie zu liefern vermögen. Sämtliche Versteigerungen nahmen einen flotten und glänzenden Verlauf.

Ein Teil der Weingutsbesitzer der Mosel, Saar und Ruwer haben sich vereinigt, um an den Trierer Weinversteigerungstagen in geordneter, jedes Jahr wechselnder Reihenfolge ihre Weine zum Verkauf zu bringen. Dasselbe bezweckt die Vereinigung Rheingauer Weingutsbesitzer, welche ebenfalls einen bestimmten Versteigerungscyklus einhält.

Die Trierer Versteigerungen wurden schon im Monat April abgehalten, während die Rheingauer erst am 31. Mai mit denen der Königl. Domäne ihren Abschluß finden. An der Mosel waren es nur 97er Weine, welche zum Verkaufe gelangten und bildeten dieselben auch im Rheingau den Hauptbestandteil der diesjährigen Versteigerungen. Neben den 97er nahmen hier noch die 96 und 95er Gewächse das wesentlichste Interesse in Anspruch. Die 93er Weine waren nur in kleineren Quantitäten vertreten, lenkten aber, da sie zu den besten des so ausgezeichneten Jahrganges zählten, die allgemeine Aufmerksamkeit auf sich.

Die höchsten Preise bei den bis jetzt stattgehabten Rheingauer Versteigerungen wurden erzielt für ein Halbstück 93er Eltviller Klümpchen (Gräflich Eltz'sche Gutsverwaltung, Eltville) 15 000 Mk. und für ein Halbstück Hattenheimer Nußbaum Beerenauslese (Freiherr Langwerth von Simmern, Eltville) 4100 Mk. Preise, wie sie kein anderes Weinbaugebiet zu erreichen im Stande ist. Die 98er Weine wurden im Durchschnitt mit 430—720 Mk., die 97er mit 600—1780, die 96er 310—650 Mk. und die 95er mit 1000—2500 pro Halbstück bezahlt.

Die höchsten Preise an der Mosel wurden erzielt für 2 Fuder 97er (1000 Lit.) Zeltinger (Franz Werrem, Zeltingen) 10 010 Mk. und Erben Eduard Puricelli zu Trier 9070 Mk. Im Durchschnitt wurden bezahlt für die Moselweine 1336—4808, die Saarweine 1830 bis 5314, die Ruwerweine 3406—4556 Mk. pro Fuder.

Die Vereinigung Rheingauer Weingutsbesitzer hat das Programm ihrer Versteigerungen, in einem hübschen Oktavhefte zusammengestellt, das als Anhang eine interessante vergleichende Zusammenstellung der Ergebnisse der Versteigerungen der Mitglieder der Vereinigung in den Jahren 1894 bis 1898 enthält.

Die Versteigerungsergebnisse der Trierer Versteigerungen sind ebenfalls in einem Heftchen zusammengestellt und im Verlage von Jak. Lintz,

Trier erschienen. Diese Zusammenstellung ist insofern sehr interessant, als sie einen Ueberblick gewährt über den Verbleib und Preis eines jeden einzelnen Fuders. C. S.

## Kleinere Mitteilungen.

**Branntweinbrennerei.** Der Betrieb der Branntweinbrennereien in Elsaß-Lothringen hat im Betriebsjahre 1897/98 (vom 1. Oktober bis 31. September) dem Vorjahre gegenüber abgenommen. Die Zahl der im Betrieb gewesenen Brennereien betrug 23 194 gegen 23 624 im Vorjahre und die Zahl derjenigen Materialbesitzer, welche eigene Brennerei-Einrichtungen nicht besaßen, sondern ihr Material in der Brennerei eines Anderen verarbeiten ließen oder für ihre Rechnung verarbeiten ließen, belief sich auf 32 499 gegen 33 592 im Vorjahre. Die Gesamtproduktion an reinem Alkohol sank von 15 405 hl im Vorjahre auf 13 644 hl, also um 1 761 hl. An diesem Ausfalle sind die vorbezeichneten Materialbesitzer mit 576 hl beteiligt. Die Abnahme der Produktion ist hauptsächlich auf die geringere Steinobst- und Weinernte des Jahres 1897 zurückzuführen. Die Produktion von Branntwein aus mehligen Stoffen ist hinter derjenigen des Vorjahres um 79 hl reinen Alkohols zurückgeblieben. Die Menge der zur Branntweinbrennerei verwendeten Stoffe belief sich auf 16 853 Doppelzentner Kartoffeln, 3 485 Doppelzentner Getreide, 1 004 Doppelzentner Mais, 20 281 hl Kernobsttreber, 186 588 hl Weintreber, 10 088 hl Kernobst, 1 952 hl Beerenfrüchte, 973 hl Brauereiabfälle, 119 hl gepreßte Weinhefe, 423 hl Wurzeln, 319 hl Traubenwein, 30 hl Obstwein, 18 603 hl flüssige Weinhefe, 131 665 hl Steinobst und 1 644 hl andere Stoffe; im ganzen 21 342 Doppelzentner mehlige und 373 685 hl nicht mehlige Stoffe.

Wesentliche Veränderungen hinsichtlich des Branntweinverbrauchs sind gegen das Vorjahr nicht zu verzeichnen. Eine Zunahme des Branntweinverbrauchs im allgemeinen ist durch die Vermehrung der Arbeiterbevölkerung, der Gewerbebetriebe und durch erhöhten Verbrauch von denaturiertem Branntwein zu Brennzwecken veranlaßt. Die Branntweinausfuhr aus Elsaß-Lothringen war auch im abgelaufenen Betriebsjahre nicht bedeutend. Dieselbe beschränkte sich auf feineren Trinkbranntwein. Das Absatzgebiet des ausgeführten Branntweins, für welchen Branntweinsteuer-Rückvergütung gewährt wurde, ist Belgien, Frankreich und Amerika.

Die Groß- und Kleinverkaufspreise des mit dem allgemeinen Denaturierungsmittel versetzten Branntweins betrugen 30—45 Pf. und 40—60 Pf. für 1 Liter. Die Hauptsorten von Trinkbranntwein, welche in Elsaß-Lothringen verbraucht werden, sind Kirschwasser, Zwetschenwasser, Weintreberbranntwein, Kernobst- und Obsttreberbranntwein, Korn- und Kartoffelbranntwein. Der Preis des Kirschwassers betrug 2—4 M., des Zwetschenwassers 1,50—3 M., des Weintreberbranntweins 1—1,80 M., des Kernobst- und Obsttreberbranntweins 1,10—2 M., des Branntweins aus Beerenfrüchten 5,50—11 M., des Weinhefenbranntweins 1,50—3 M., des Korn- und Kartoffelbranntweins 0,50—1,20 M. für das Liter bei Abgabe aus der Brennerei. Der hergestellte Korn- und Kartoffelbranntwein hatte durchschnittlich eine Stärke von 45—50%, die übrigen Sorten hatten eine solche von 50—52%. („Landw. Zeitschr. f. Elsaß-Lothringen.")

**Untersuchungen über die Beeinflussung der Fruchtbarkeit der Ackererde mittels Schwefelkohlenstoff.** Die bekannte Thatsache, daß mit Schwefelkohlenstoff imprägnierte Felder eine auffallend üppige Vegetation hervorrufen, hat zu verschiedenen Erklärungen dieser Erscheinung Anlaß gegeben. In Heft 3 der „Vierteljahrsschrift des Bayerischen Landwirtschaftsrates" veröffentlicht Prof. Dr. E. Wollny die Ergebnisse seiner hierüber angestellten Versuche und formuliert dieselben in folgenden Schlußfolgerungen:

1. Die Einführung von Schwefelkohlenstoff in das Ackerland während der Vegetationszeit hat je nach der angewendeten Menge entweder eine vollständige

Vernichtung des Pflanzenlebens oder eine vorübergehende Störung desselben, verbunden mit einer mehr oder minderen Depression der Produktion pflanzlicher Substanz zur Folge.

2. Bei Anwendung des Schwefelkohlenstoffs einige Monate vor dem Anbau wird die Fruchtbarkeit des Bodens in einem meist beträchtlichen Grade gesteigert. Diese Wirkung erstreckt sich je nach der Menge des dem Erdreich zugeführten Schwefelkohlenstoffs auf eine oder mehrere Vegetationsperioden, worauf, wenn keine Düngung stattfand, ein bedeutender Rückgang der Erträge auf den imprägnierten Feldern in die Erscheinung tritt.

3. Die bei der Zersetzung der organischen Stoffe und bei der Salpeterbildung in der Ackererde beteiligten niederen Organismen, sowie die Knöllchenbakterien der Leguminosen werden selbst bei Benutzung sehr großer Mengen von Schwefelkohlenstoff nicht getötet, sondern nur in ihrer Thätigkeit zeitweise gehemmt, um dann später ihre Funktionen wieder vollständig aufzunehmen.

4. Eine Erklärung für die günstigen Wirkungen, welche der Schwefelkohlenstoff unter den ad 2 bezeichneten Bedingungen auf die Produktionsfähigkeit des Kulturlandes ausübt, ist zur Zeit noch nicht gefunden.

Ueber die praktische Bedeutung der Behandlung des Bodens mit Schwefelkohlenstoff wird man kaum im Zweifel sein können, wenn man die Kosten in Betracht zieht, welche diese Operation erheischt. Ganz abgesehen von dem beträchtlichen Arbeitsaufwand, würden bei Anwendung von 20—30 kg pro Ar und einem Preise des Schwefelkohlenstoffs von 40—45 M. pro Meterzentner (à 100 kg) sich die Kosten pro Hektar auf 800—1350 M. stellen, und diese selbst unter den günstigsten Verhältnissen nicht im Entferntesten durch den Mehrertrag gedeckt werden.

Dazu kommt, daß die imprägnierten Felder später immerhin einer sehr beträchtlichen Nährstoffzufuhr bedürfen, um deren Fruchtbarkeit auf gleicher Höhe zu erhalten und daß bei der Verwendung des Schwefelkohlenstoffs wegen der leichten Entzündbarkeit desselben große Vorsicht geboten ist. In Ansehung dieser verschiedenen Momente kann das in Rede stehende Verfahren für die Kulturen im großen eine Bedeutung nicht in Anspruch nehmen und überhaupt nur in Frage kommen dort, wo es sich bei dem Anbau edlerer, wertvoller Produkte liefernde Gewächse, vor allem bei dem Weinbau um Vernichtung schädlicher tierischer Parasiten im Boden handelt. („Zeitschr. f. d. landw. Ver. im Großh. Hessen.")

**Etwas vom Saccharin.** In den Zeitungen wird in jüngster Zeit eine großartige Reklame entwickelt, um das Saccharin an den Mann bezw. an die Frau zu bringen. Da liest man: „Große Ersparnisse im Haushalte ermöglichen Fahlberg, List & Co.'s Tabletten, der beste, billigste und gesündeste Süßstoff. Der Ersatz von 1 Pfund Zucker kostet nur 12 Pfennige! Ausgezeichnet zum Versüßen von Kaffee, Thee, Kakao, Schokolade, Suppen, Grog, Punsch, Glühwein, Warmbier, Limonaden u. s. w. Zu haben in allen durch Saccharin-Plakate kenntlichen Drogen-, Kolonial- und Farbwaren-Handlungen."

Was ist denn eigentlich Saccharin? Saccharin ist ein süßer Stoff, gewonnen aus dem Teer der Steinkohle. Es wurde im Jahre 1879 von Fahlberg entdeckt und wird seit 1886 im großen dargestellt. Im Wasser ist Saccharin schwer löslich, dagegen kann man es in Alkohol leichter auflösen. Es wird raffiniert in den Handel gebracht und ist 500mal so süß als Rohrzucker. Zur Beurteilung des Süßstoffes muß man feststellen, daß er ein unorganischer Körper ist, der sich wohl im Wasser auflösen läßt, wie auch der Lehm, daß er aber, als Nahrungsmittel genommen, von Mensch und Tier nicht verdaut wird, sondern in unveränderter Form wieder abgeführt werden muß. Setzt man ihn dem Moste oder Weine zu, so löst er sich darin wohl auch auf, nie aber wird derselbe durch Gärung umgewandelt werden können. Da Saccharin also unorganisch, unverdaulich und unvergärbar ist, so kann es niemals ein Ersatz für Zucker, der in der That ein Nahrungsmittel ist, sein.

Bestreiten wollen wir nicht, daß Saccharin in der Hand des Arztes ein Heilmittel abgiebt, jedoch ist der Zusatz desselben zu Speisen und Getränken durchaus nicht zu empfehlen, da es, auch in kleinen Mengen genommen, nicht gesund-

heitfördernd wirken kann. In letzterer Zeit sind Fütterungsversuche mit Kaninchen gemacht worden, über die A. Stift im Organ des landwirtschaftlichen Vereins Rheinpreußen berichtet, „daß durch Saccharinzusatz zur Nahrung die Verdaulichkeit bezw. Ausnutzbarkeit sämtlicher Nährstoffe herabgesetzt wird. Die Verminderung der Ausnutzung ruft Gesundheitsstörungen im Verdauungskanal hervor, welche zur Erkrankung des Gesamtorganismus führen. Bertholet und Liebreich haben seinerzeit gefunden, daß Hunde und Katzen einen eigentümlichen Widerwillen bekunden und mit unbedingter Sicherheit „saccharinhaltige Nahrung von saccharinfreier unterscheiden." Saccharin mag also wohl der billigste Süßstoff sein, der beste und gesündeste ist er nie und nimmer und ein Ersatz für Zucker kann er nicht werden.
H. Fuchs.

## Fragekasten.

**Frage.** Wo ist das Pyrethrumpulver in Flaschen zu haben und in welcher Zeit wird das Dufour'sche Wurmgift am besten mit Erfolg angewendet?

**Antwort.** Das Pyrethrumpulver werden Sie jedenfalls in allen Apotheken und Drogerien erhalten können. Wenn Sie es von dem betreffenden Kaufmann in Flaschen verlangen, so wird dieser sich das Pyrethrumpulver auch in Flaschen kommen lassen.

Das Dufour'sche Wurmgift hat den besten Erfolg, wenn es sehr frühzeitig, zu einer Zeit, in welcher die Heuwürmer noch klein und empfindlich sind, angewandt wird. Eine genaue Zeit läßt sich hier nicht angeben. Es wird dies in dem einen oder anderen Jahre früher oder später sein. Der sorgfältige Winzer muß hier selbst seine Reben beobachten.

**Frage.** Es wurde mir gemahlener Schwefel von 65—70% und solcher von 85—90% offeriert. Kann ich nun beim ersten Spritzen, wo die Knospen noch weich sind, die Sorte von 65—70% oder die von 85—90% nehmen und welche beim zweiten Spritzen?

**Antwort.** Die Prozente bezeichnen hier den Feinheitsgrad des Schwefels. Je feiner gemahlen der Schwefel aber ist, desto wirksamer ist er. Ich rate Ihnen deshalb, den Schwefel von 85—95% Feinheit zu benutzen, sowohl beim ersten wie beim zweiten Schwefeln. Wenn Sie den Schwefel gleichmäßig fein verteilen, so wird er den jungen Trieben nichts schaden, im Gegenteil, je früher geschwefelt wird, desto sicherer ist die Wirkung des Schwefels.
C. Seufferheld.

**Frage.** Ist der Widmann'sche Getränkeschützer dort bekannt und kann derselbe zum Schutze angebrochener Weine empfohlen werden? B. in W.

**Antwort.** Der Widmann'sche Getränkeschützer ist ein Apparat, welcher bei im Zapf befindlichen Weinen den Zutritt der Luft ermöglicht, diese aber von den darin enthaltenen Krankheitskeimen befreien soll. — Ich halte von dieser, wie von allen ähnlichen Vorrichtungen, nicht viel. Dieselben beruhen auf der unrichtigen Voraussetzung, daß die Keime, welche die Erkrankungen des Weines bei Luftzutritt bedingen, vorwiegend aus der Luft stammen, während die Kahnpilze, welche auf angebrochenen Weinen am häufigsten sich entwickeln, in der Regel schon im Weine vorhanden sind, ebenso manche andere Krankheitserreger. Bei Zutritt der Luft können sich diese, selbst wenn die zugeführte Luft keimfrei ist, rasch entwickeln.

Will man nur den Luftzutritt etwas beschränken, so thun einfachere und viel billigere Apparate, wie z. B. Neßlers Glycerinröhren, dieselben Dienste.
Prof. Dr. Kulisch.

## Persönliches.

Dem Dirigenten der önochemischen Versuchsstation, Herrn **Dr. Kulisch**, wurde der Titel Professor verliehen.

Die **Vermorel**'schen
Reben-, Baum- und Kartoffelspritze „**L'Eclair**",
sowie der Schwefelverstäuber „**La Torpille**"
sind die anerkannt ☞ **einfachsten,**
☞ **dauerhaftesten**
und ☞ **berühmtesten Apparate.**
Sie sind zu beziehen durch alle besseren Eisen- und landwirtschaftl. Maschinenhandlungen Deutschlands.
● Vor jeglicher Nachahmung wird strengstens gewarnt! ●

Prämiiert auf allen beschickten Ausstellungen mit höchsten Auszeichnungen.

## L. Lieberich Söhne,
### Neustadt a. Haardt,
**Kellerei-Maschinenfabrik — Metallgiesserei.**

Einzige Fabrik zur Ausführung selbstthätiger Kellerei-Einrichtungen.

**Victoria-Schnell-Filter**, patentiert in allen Kulturstaaten, zur Feinfiltration von Wein, Bier, Obstwein etc. Vollkommenster, leistungsfähigster und billigster Filter.

**Weinpumpen**, eigner, bestbewährtester Systeme, ganz aus Messing und Phosphorbronce, unerreicht in Dauerhaftigkeit, Leistungsfähigkeit und Einfachheit.

**Automatischer Sicherheitshundskopf**, das Ueberlaufen der Fässer verhütend. Keine Beaufsichtigung erforderlich.

**Sämtliche Kellereimaschinen und Geschirre** in solidester Ausführung.

Lieferung auf Probe. Export nach allen Weinbau treibenden Ländern.

Feinste Referenzen. Ausführliche Preislisten gratis u. franko.

# Dr. H. ASCHENBRANDT,

erste und älteste Fabrik für Kupferkalk-Präparate im In- und Auslande

## Strassburg i. E.

### Zur Bekämpfung
gegen die

## Blattfallkrankheiten

(Peronospora)

der Reben, **Kartoffeln, Rüben, Hopfen, Tomaten, Obstbäume, Beerensträucher** und gegen **pflanzliche Parasiten, Raupenfrass, Ungeziefer, rote Spinnen, Schnecken, Blut- und Blattläuse.**

**Kupferzuckerkalkpulver** (Marke Cu Z Ca)
Verbesserte Bordelaiser Brühe. Ist, mit Wasser angerührt, zum Bespritzen sofort fertig, daher einfaches und billiges Mittel.

**Kupferschwefelkalkpulver** (Marke Cu S Ca).
Auch gegen Oidium (Aescherich), Schwarzbrenner etc. zum direkten Bestäuben.

D. R.-Patent No. 63755.

**Patente in fast allen Kulturstaaten.**
Auf landwirtschaftlichen Ausstellungen vielfach prämiiert.

**Grosse bronzene Medaille**
auf der **Allgemeinen Kartoffel-Ausstellung in Stassfurt 1892.**
Anerkannt als „**Neu und Beachtenswert**"
von der „Deutschen Landwirtschafts-Gesellschaft Berlin" auf der
10. Wanderausstellung Stuttgart-Cannstatt 1896.

*Silberne Medaille*
von der wissenschaftlichen Abteilung der **Allgemeinen Gartenbau-Ausstellung, Hamburg 1897.**
Empfohlen von vielen Autoritäten, Behörden, Landwirten und landw. Zeitschriften.

**Kupfervitriol** zum **billigsten** Tagespreis.
Rebspritzen, Blasebälge, Raupenfackel.

**Schwefel, gemahlen, Eisenvitriol, Schwefelkohlenstoff, Carbolineum (Braunkreosot).**
Alle Chemikalien zu landwirtschaftlichen Zwecken.

Preisliste, Gebrauchsanweisung, Zeugnisse gratis und franko.

---

## Katz & Klump,

### Holzsägewerk und Imprägnier-Anstalt
in **Gernsbach** (Baden),

empfehlen mit Quecksilbersublimat imprägnierte **Rebstecken, Baum-** und **Rosenpfähle** in allen vorkommenden Längen, ferner: imprägnierte Latten, Bretter, Rahmen und Spalier-Latten, fertige **Mistbeet-Fenster** und profilierte Holzteile zu Dachkonstruktionen für Gewächshäuser aus imprägniertem Farbenholz als Ersatz für Eisenteile.

Druck von Rud. Bechtold & Comp., Wiesbaden.

# Mitteilungen

über

## Weinbau und Kellerwirtschaft.

### XI. Jahrgang.

Herausgeber: | Schriftleitung:
Landes-Oekonomierat **R. Goethe.** | Weinbaulehrer **C. Seufferheld.**

**Nr. 7.**   Geisenheim, im Juli   **1899.**

### Ein neuer Feind des Weinstockes.*
Vorläufige Mitteilung von Dr. G. Lüstner in Geisenheim.

Bei den Versuchen, welche ich in diesem Jahre zur Bekämpfung des Heuwurmes anstellte, machte ich die Wahrnehmung, daß sich in vielen Gescheinen einzelne Blütenknospen (Samen) vorfanden, die eine andere Farbe zeigten als die übrigen. Während diese Knospen unter gewöhnlichen Verhältnissen grün gefärbt sind, sehen die hier in Frage stehenden braungrün aus, welche Farbe mit der Zeit noch dunkler wird. Derartige Blütenknospen öffnen sich entweder garnicht und vertrocknen, oder ihre Entfaltung ist nur eine kümmerliche. Auch meinem verehrten Chef, Herrn Landes-Oekonomierat G o e t h e fiel diese Erscheinung schon auf.

In Fig. 14, 1 ist ein derartiges Geschein vergrößert dargestellt (zum Vergleiche dient Fig. 2, welche in natürlicher Größe gezeichnet ist). Wir sehen hier bei a, a, a, 3 erkrankte Blütenknospen, welche infolge eines längeren Stieles über die anderen hervorragen. Auch die Knospen selbst sind länger gestaltet. Aeußerlich ist an denjenigen anfangs sonst nichts wahrzunehmen, erst wenn sie älter geworden sind sieht man im unteren Teile der Blütenhülle ein Loch oder Spalt, an welchem man sofort erkennt, daß die Knospe krank ist (b in der Figur). Hier an dieser Stelle beginnt später, wenn sich die Knospe überhaupt öffnet, die Blütenhülle sich abzuheben. (Fig. 3.)

Letztere fällt meistens nicht ab, sondern bleibt auf den vertrockneten inneren Blütenteilen hängen. (Fig. 4). Zuletzt wird die ganze Blüte abgeworfen. Faßt man eine solche Knospe an, oder erschüttert man das Geschein, so bricht sie sofort ab.

Beim Oeffnen einer derartig aussehenden Blütenknospe fällt uns zunächst die Farbe der Staubgefäße und des Stempels auf. In einer

---

\* Das Tier wurde schon im Jahre 1889 von Herrn Administrator Dern bei Worms beobachtet. Eine kurze Notiz hierüber findet sich in „Einige Rebenschädlinge und deren Bekämpfung" von Prof. Dr. M ü l l e r - T h u r g a u, „Weinbau und Weinhandel" 1889, pag. 282.

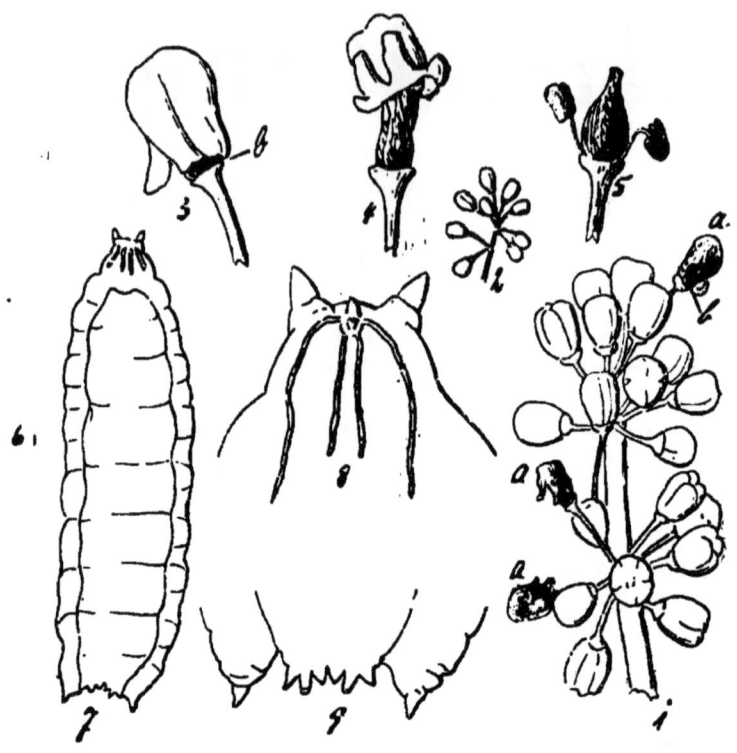

Fig. 14.

gesunden Blüte sind erstere gelb, letzterer grün gefärbt. Bei den Knospen, um die es sich hier handelt, sind die Staubgefäße rotbraun bis schwarzbraun, der Stempel schwarz gefärbt und eingeschrumpft. Beim Auseinanderlegen der eben genannten Blütenteile wird man auch den Urheber der Beschädigung in Gestalt einer kleinen, fußlosen Larve — wahrscheinlich eine Mückenmade — vorfinden. Fig. 6 stellt diese Larve in natürlicher Größe, Fig. 7 stark vergrößert dar.   Die Farbe derselben ist anfangs weiß, später rötlichgelb. Ihre Größe beträgt ungefähr 1½—2 mm. Der Körper, welcher vielfach eingeschnürt ist, spitzt sich nach vorn zu und trägt hier, neben den Freßwerkzeugen, zwei Fortsätze. Am hinteren Ende, das gleichfalls in 2 Fortsätze ausläuft, sind 8 kleinere Anhänge vorhanden, wovon 6 spitz, die übrigen stumpf sind.   Die Figuren 8 und 9 zeigen diese Körperteile stark vergrößert.   Die äußeren der kleinen Anhänge sind doppelt vorhanden und liegen übereinander, weshalb in der Abbildung nur 2 eingezeichnet werden konnten.

Eine besondere Eigentümlichkeit dieser Larven ist, daß sie sich, ähnlich wie diejenigen der Birntrauermücke, Sciara pyri, hüpfend fortbewegen.   Das Tier rollt sich zu diesem Zwecke zusammen und streckt dann plötzlich den Körper, wodurch es sich bis 6 cm weit fortschnellen kann. Larven, welche ich in einer 18 mm hohen Glasschale hielt, sprangen auf diese Weise vom Boden derselben bis an die darüber gedeckte Glasplatte.

Die Anzahl der Larven in einer Blütenknospe ist eine verschieden große. Ich zählte bis 8. Beim Auseinanderweichen der Blütenteile fallen dieselben zu Boden oder sie verlassen die Knospen durch die oben erwähnten Löcher oder Spalten. Man kann dies leicht beobachten, wenn man ein Gescheiu, an dem sich befallene Knospen befinden, in eine mit Wasser gefüllte Flasche stellt. Nach einiger Zeit, bei meinem Versuch über Nacht, wird man zahlreiche Larven auf der Unterlage vorfinden. Die Verpuppung wird wahrscheinlich im Boden stattfinden.

Zu welchem Tiere die Larve gehört, kann heute noch nicht gesagt werden. Ich werde dieselbe weiter beobachten und später ausführlich darüber berichten. In der mir zugänglichen Litteratur habe ich, abgesehen von der oben genannten kurzen Notiz, keine auf dieselbe bezügliche Angaben finden können. Ich gebe diese Mitteilung nur aus dem Grunde, damit jedermann, der eine solche Beschädigung an den Gescheinen wahrgenommen hat, weiß, worauf dieselbe zurückzuführen ist.

Der Schaden, welcher von der Larve angerichtet wird, ist nicht zu unterschätzen, findet man doch zuweilen über 15 zerstörte Blütenknospen an einem Gescheine. Die Beschädigung tritt nur nicht so deutlich in die Erscheinung, weil die Lebenszeit des Tieres mit der des verheerenden Heuwurmes zusammenfällt.

Was die Bekämpfung des Schädlings anlangt, so glaube ich, daß dieselbe auf große Schwierigkeiten stoßen wird, da die Larve nur im Innern der Blütenknospe vorkommt. Auslesen der befallenen Knospen wird wohl das einzige Mittel sein.

Anschließend an diese Beobachtung will ich noch kurz mitteilen, daß in diesem Jahre der Springwurmwickler, Pyralis vitana, welcher sich bisher in hiesiger Gegend nur bei Lorch zeigte, in ziemlich großer Anzahl in unserem Anstaltsweinberge auftritt. Diese Raupe schadet bekanntlich dadurch, daß sie anfangs die jungen Blätter an den Sprossen der Rebe zusammenspinnt und anfrißt, und später, um sich einzupuppen, die Blätter am Stiele anbeißt, so daß dieselben welken. Häufig werden mit diesen welken Blättern auch Gescheine eingesponnen, wodurch der Schaden noch größer wird. Das Tier lebt auch, ähnlich wie der Heuwurm, in den Gescheinen.

---

## Schutz für die Augen beim Schwefeln der Weinberge.

Schon manche Klage wurde laut, daß der Schwefel, das feine Schwefelpulver, das man zum Bestäuben der Weinstöcke benutzt, eine schädigende Wirkung auf die Augen ausübe. Erst kürzlich wurde uns ein Artikel von der Mosel eingesandt, in dem stand, daß selbst eifrige und intelligente Winzer, welche sich vor den unangenehmen Folgen des Ein=

bringens von Schwefelstaub in die Augen fürchteten, den Ausspruch thaten, sie würden nicht mehr schwefeln und wenn der ganze Herbst zu Grunde ginge. In dieser Zuschrift werden wir gebeten, die weinbautreibende Bevölkerung darauf aufmerksam zu machen, wie leicht eine die Augen schädigende Wirkung des Schwefels zu verhüten ist.

Es wäre im höchsten Grade bedauerlich, wenn die Furcht vor dem Schwefeln festen Fuß bei unseren Winzern fassen würde, denn das Schwefeln wird immer mehr und mehr, ebenso wie das Bespritzen, eine unumgänglich notwendige jährlich wiederkehrende Arbeit in unseren Weinbergen. Geben ja doch auch die oben angeführten Winzer zu, daß wenn sie nicht schwefeln, ihr ganzer Herbst zu Grunde geht.

Wenn ohne Einhaltung der nötigen Vorsichtsmaßregeln von einer Person längere Zeit, womöglich bei etwas windigem Wetter geschwefelt wird, kann eine schädigende Wirkung des Schwefels auf die Augen nicht abgestritten werden. Diese Wirkung wird jedoch durch Befolgung einiger Vorsichtsmaßregeln und durch die neueren Schwefelungsapparate gänzlich aufgehoben. Der Arbeiter muß, wenn er bei windigem Wetter schwefelt, sich in der Weise nach rückwärts bewegen, daß der Luftzug den Schwefel von ihm weg weht. Hierdurch wird dem Umstand vorgebeugt, daß das Schwefelpulver in die Augen gelangt, wodurch dieselben allerdings etwas schmerzen können. Dieses Eindringen des Schwefels in die Augen ist vollständig dadurch zu verhindern, daß man die Arbeiter mit entsprechenden Brillen versieht, welche die Augen schützen. Es sind dies gewöhnliche Brillen, in der einfachsten und billigsten Form, wie eine solche die Schutzbrillen haben, welche die Steinklopfer und auch manche andere gewerbliche Arbeiter

Fig. 15. Schutzbrille.

tragen, s. Fig. 15. Das Gestell besteht hier aus einem weichen, breiteren Leder, welches sich überall an das Gesicht, Nase und Wange anschmiegt und das Eindringen des Schwefelstaubes in die Augen von oben und unten her vollständig verhindert. Da namentlich der über die Nase führende Bügel ganz genau nach der Form der Nase nachträglich noch mehr ausgeschnitten werden kann, so ist die Schutzbrille vollständig für jedes Gesicht genau passend zu machen. Vor den Augen sind 2 große Gläser, welche vermittels eines einfachen und dicht schließenden Zinkringes an dem Leder befestigt sind. Die Brille hindert auch absolut nicht bei der Arbeit, da die Augen vollständig unbehindert, fast wie bei jeder anderen Brille, rechts, links und geradeaus schauen können. Diese Brillen sind wohl durch jedes Geschäft, welches Instrumente für Winzer führt oder durch optische Geschäfte zu beziehen. Da der Preis nur 50—70 Pfg. pro Stück beträgt, so kann sich dieselbe ein jeder Winzer anschaffen.

C. Sfd.

## Vergleichende Prüfung der neuesten Schwefelbälge.

Von Dr. G. Lüstner und Weinbaulehrer C. Seufferheld in Geisenheim.

Um ein genaues Urteil über die Leistungsfähigkeit der verschiedenen Schwefelbälge zu erhalten, hat die hiesige Lehranstalt vor einiger Zeit vergleichende Versuche mit 6 der neuesten derartigen Apparate angestellt, über deren Resultat hier berichtet werden soll.

Jeder der Bälge wurde mit 1 Pfd. Schwefel versehen, um festzustellen, wieviel Zeit zur Verstäubung dieser Menge nötig ist, um dadurch einen Vergleich über die mehr oder weniger sparsame Verstäubung der einzelnen Apparate zu bekommen.

### 1. Vermorels Torpille.

Fabrikant: Vermorel in Villefranche.

Preis: 20 Mk.
Einfüllöffnung: hinten.
Verstäubung: sehr gut und sparsam.
Länge und Durchmesser des Verstäubungsrohres: praktisch und gut.
Schlauch: fest und haltbar.
Entleerung des Apparates: ganz vollständig.
Zeit zum Verstäuben des ½ kg Schwefels: 14 Minuten.

Bemerkungen: Um den im Innern des Apparates befindlichen Balg in Bewegung zu setzen, muß der Arbeiter verhältnismäßig viel Kraft anwenden, wodurch ein scheuernder Druck auf den Rücken desselben ausgeübt wird. Der Apparat hat den großen Vorzug, daß der Balg ununterbrochenen Luftstrom liefert, so daß sowohl beim Aufheben als Niederdruck des Hebels Schwefel ausgestoßen wird. Er ist sehr solide und fest gebaut und wird wohl eine lange Gebrauchszeit aushalten.

### 2. Diedesfelder Zerstäuber.

Fabrikant: Conrad Reitz, Dürkheim a. Hardt.

Preis: 22 Mk.
Einfüllöffnung: oben.
Verstäubung: sehr gut und sparsam.
Länge und Durchmesser des Verstäubungsrohres: Rohr zu kurz und zu dick. Verteilungsblech an der Mündung fehlt.
Schlauch: fest und haltbar, Durchmesser zu groß.
Entleerung: nicht vollständig, am Boden und den unteren Seitenteilen bleibt Schwefel haften.
Zeit zum Verstäuben des ½ kg Schwefel: 16 Minuten.

Bemerkungen. Der Apparat arbeitet sehr leicht und gut, ist jedoch zu leicht gebaut, so daß er wohl keine lange Gebrauchszeit aushalten wird. Das Material ist gewöhnliches Eisenblech. Der Balg befindet sich außen hinten und ist sehr solide gearbeitet. Wenn das Verstäubungsrohr die richtige Länge, den richtigen Durchmesser und ein Verteilungsblech an die Mündung bekommt, so wird die Verstäubung eine noch bedeutend bessere werden.

### 3. Nechvile.

Fabrikant: Franz Nechvile, Wien V/I, Giesgasse 14.

Preis: 20 Mk.
Einfüllöffnung: oben.
Verstäubung: sehr gut und sparsam.
Länge und Durchmesser des Verstäubungsrohres: praktisch und gut.
Schlauch: zu weich, zu wenig haltbar.
Entleerung des Apparates: unvollständig, bleibt Schwefel auf dem Boden zurück.
Zeit zum Verstäuben des $\frac{1}{2}$ kg Schwefels: 19 Minuten.

Bemerkungen. Der Apparat ist trotz seiner außerordentlichen Leichtigkeit fest und dauerhaft gebaut. Der Gang ist ein riesig leichter, geht fast spielend. Arbeitet am sparsamsten.

### 4. La Rapide.

Fabrikant: J. Klein, Klempner, Beblenheim i. E.

Preis: 18 Mk.
Einfüllöffnung: hinten.
Verstäubung: schlecht, siebt schlecht, so daß öfters Klumpen ausgeblasen werden und dann der Apparat eine zeitlang versagt.
Länge und Durchmesser des Verstäubungsrohrs: das Rohr ist zu kurz.
Schlauch: fest und haltbar.
Entleerung des Apparates: bleibt etwas Schwefel zurück.
Zeit zum Verstäuben des $\frac{1}{2}$ kg Schwefels: Infolge der unregelmäßigen Arbeit 21 Minuten.

Bemerkungen. Der Apparat geht sehr schwer. Der Balg ist außen und oben. Infolge des schlechten Siebes muß er auf dem Rücken öfters gerüttelt werden, damit Schwefel überhaupt durchfällt.

### 5. Vulkan.

Fabrikant: Karl Platz-Deidesheim.

Preis: 20 Mk.
Einfüllöffnung: hinten.
Verstäubung: sehr gut, gleichmäßig, aufs feinste.
Länge und Durchmesser des Verstäubungsrohres: gut und praktisch.
Schlauch: fest und haltbar.
Entleerung des Apparates: bleibt ebenfalls etwas zurück.
Zeit zum Verstäuben des $\frac{1}{2}$ kg Schwefels: 15 Minuten.

Bemerkungen. Der Balg ist außen und oben. Der Gang infolgedessen ein sehr schwerer, wirkt ermüdend auf den Arbeiter. Er ermüdet am meisten von sämtlichen Apparaten.

### 6. Handschwefler Universal.

Fabrikant: Karl Platz-Deidesheim.

Preis: 6 Mk. 50 Pfg.

**Bemerkungen.** Der Apparat besteht aus 2 ineinander schiebbaren Blechröhren, zwischen welchen sich der Balg befindet. Er wird wie eine Handspritze gehandhabt. Die beiden Teile sind durch einen faltigen Tuchmuff miteinander verbunden, wodurch verhindert wird, daß Schwefel hier nach außen dringt. Trotz seines leichten Ganges, wirkt der Apparat doch ermüdend. Er ist für niedere Erziehungen nicht zu gebrauchen, da beim Tiefhalten der Mündung der Schwefel beinahe von selbst herausfällt, ist jedoch zum Bestäuben von Spalieren und höheren Erziehungsarten ein brauchbarer Handapparat.

Die Prüfung geschah mit einem Schwefel, welcher etwas feucht war, was jedoch in den meisten Fällen auch mehr oder weniger der Fall sein wird. Je nach der Beschaffenheit des Schwefels werden eventuell andere Resultate erzielt, was hier anzuführen wir uns für verpflichtet halten.

## Ein überaus lehrreicher Hinweis auf die Bedeutung des Spritzens und Schwefelns der Weinberge.

Den Beweis, daß zeitiges und richtiges Spritzen und Schwefeln der Weinberge, wenn die Witterung für den Erfolg dieser Arbeiten nur einigermaßen günstig ist, von weitgehendem Erfolg sind, hat wiederum das Jahr 1898 in einer großen Anzahl von Fällen geliefert. Die Zahl derer, welche dieses Verfahren bisher unterließen, nimmt infolgedessen immer mehr ab, und die Einführung von Zwangsmaßregeln zum Spritzen der Weinberge, soweit man gutwillig nicht an diese Arbeit ging, erweist sich erneut als berechtigt.

Von den vielen Beispielen, welche den Erfolg der erwähnten Arbeiten darthun, hat Generalsekretär Dahlen im „Weinbau und Weinhandel" eines herausgegriffen, welches letzteren in einer so durchschlagenden Weise darthut, wie er wohl selten sich ergeben hat. Innerhalb einer Weinbaugemarkung Rheinhessens, welche hinsichtlich ihrer Produkte mit an allererster Stelle steht und einen Durchschnittsertrag von 200—250 Stück Weißwein liefert, ereignete sich im Jahre 1898 Folgendes:

Nach den offiziellen Erhebungen standen von der Gesamtweinbaufläche mit 117 ha 100 ha im Ertrag, welche eine Gesamternte von 1000 hl lieferten. In derselben Gemarkung sind zwei größere Weingüter vorhanden, das eine in einem Umfange von 11,50, das andere mit einem solchen von 10,44 ha. In ersterem standen im Jahre 1898 in Ertrag 11,00 ha, dieselben lieferten an Most 192,0 hl, in letzterem 6,61 Hektar, welche eine Ernte von 72,0 Hektoliter brachten. Während in den anderen Weinbergen der Gemarkung diese Arbeiten vielfach unterlassen wurden, oder nur in beschränktem Maße zur Anwendung kamen, wurde in diesen beiden, seit längerer Zeit in zielbewußter Weise bewirtschafteten Gütern das Spritzen mit Kupferkalkbrühe und das Schwefeln in richtiger Weise durchgeführt. Der Erfolg ist ein durchschlagender; denn sie beide allein mit 17,61 ha brachten eine Ernte von 264,0 hl, während die verbleibende im Ertrag stehende Weinbaufläche der Gemarkung mit 82,39 ha nur 736,0 hl liefert. Es ergibt dieses pro ha im ersten Falle 15,00, im letzten nur 8,94 hl. Darauf hinzuweisen, daß auch qualitativ ein großer Einfluß vorhanden, wäre eigentlich nicht notwendig; allein er ist doch so bedeutend, daß die Zahlen erwähnt zu werden verdienen. Nach den Bestimmungen von Prof. Dr. Koch in Oppenheim wurden in dem kleineren Gute Mostgewichte von 101° Oechsle und Säuregehalte von 8—11 pro Mille festgestellt. Für 1898 unzweifelhaft recht auffällige Ergebnisse.

Weitere Bemerkungen hinsichtlich der Bedeutung dieser Sache zu machen, dürfte für einsichtsvolle Weinbauern nicht notwendig sein. Der Erfolg ist hiermit aber durchaus nicht abgeschlossen. Wer die Weinberge der erwähnten Gemarkung durchgeht, sieht sofort in deutlichster Weise auch die vorteilhafte Einwirkung auf das kommende Jahr. In den gespritzten und geschwefelten Weinbergen steht das Holz recht gut; in den anderen ist es nicht nur spärlich und schwach, sondern macht vielfach, durch die Wirkung des Oidiums, infolge seiner schwarzen Färbung, den Eindruck, als ob es durch Feuer notgelitten hätte. Daß sich infolgedessen auch für die 1899er Ernte große Unterschiede ergeben werden, wenn die Witterung für das Gedeihen der Reben auch nur einigermaßen günstig ist, bleibt selbstverständlich.

Der Name der Gemarkung wurde absichtlich verschwiegen, damit nicht behauptet werden kann, die dortigen Weinbauer hätten durch vorstehende Schilderung in großer Zahl einen erheblichen Nachteil erlitten. Möge man daselbst und auch anderwärts die richtigen Schlußfolgerungen aus dem Vorstehenden ziehen, sowie ferner seitens der von den weinbautreibenden Kreisen gelesenen Blätter im allgemeinen Interesse dieser Thatsache gedacht werden!

## Einige neue Geräte für Weinbau und Kellerwirtschaft.

Gelegentlich der jüngst stattgefundenen Ausstellung der Deutschen Landwirtschaftsgesellschaft zu Frankfurt a. M. hatte ich Gelegenheit, die neueren Geräte für Weinbau und Kellerwirtschaft genau zu besichtigen und mich über ihre Brauchbarkeit für den praktischen Betrieb zu informieren. Da die Vertreter der verschiedenen Firmen uns in liebenswürdigster Weise die Clichés ihrer Geräte zur Verfügung stellten, so sind wir im Stande an der Hand vorzüglicher Abbildungen unsern Lesern einige der wichtigsten dieser genau zu erläutern.

Eine Anzahl äußerst praktischer hydraulischer Pressen, sowohl einfache als Zwillingspressen war von dem Eisenwerk Söllingen, Post Kleinsteinbach (Baden), aufgestellt. Die Konstruktion und Bauart dieser hydraulischen Pressen bezweckt neben einer stets zu bestimmenden größten Druckkraft, vor allen Dingen eine Ersparung an Zeit und Arbeitskräften. Trotz guter Druckwerke war man bei größeren Keltern bei weitem nicht mehr im Stande mit den bisherigen Spindelpressen schnell und trocken genug abzupressen. Auch waren eine ziemlich große Anzahl von Arbeitskräften zur Bedienung notwendig.

Wenn sich trotzdem die ersten hydraulischen Pressen nicht gut einführten, so hat dies seinen Grund darin, daß sie zu unpraktisch gebaut waren und zu dem höheren Preise, gegenüber der Spindelpresse — keine wesentlichen Vorzüge besaßen. Es waren diese Pressen wie die meisten neuen Erfindungen noch unfertig. Die Ergänzung des Fehlenden und die Beseitigung früherer Fehler ist den verschiedenen Fabrikanten hydraulischer Pressen, besonders aber der Firma Eisenwerk Söllingen, Baden in ganz vorzüglicher Weise gelungen.

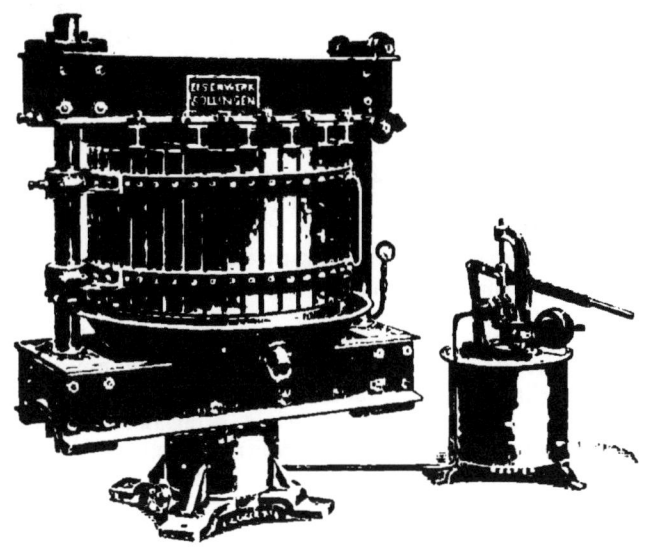

Fig. 16.

Bei diesen hydraulischen Keltern (Fig. 16) ist der obere Preßdeckel um die eine Seitensäule in äußerst praktischer Weise drehbar angeordnet und wird solcher zum Aufschütten des Preßgutes um die Säule nach der Seite abgedreht. Es kann so ein bequemes ungehindertes Aufschütten des Preßgutes stattfinden.

Da bei dieser Kelter alle Preßhölzer wegfallen, so kann das Auflockern der bereits gepreßten Treber in kürzester Zeit mühelos erfolgen. Auch fällt das so lästige und zeitraubende Reinigen der Preßhölzer gänzlich weg.

Nachdem der Preßkorb gefüllt ist und der obere Preßdeckel wieder beigedreht wurde, wird der Preßkolben mittels der Preßpumpe von unten nach oben gepumpt. Das Preßgut wird also von unten aus gegen den oberen Preßdeckel zusammengedrückt, wodurch der Saft nach unten hin abfließt. Der Boden der Presse ruht auf dem Preßkolben und geht mit diesem in dem Preßkorb in die Höhe. Es ist ein Mann im Stande, bei Beginn der Pressung äußerst langsam und dann ganz nach Bedarf schneller den höchsten Druck auf das Preßgut zu setzen. Man kann bei diesen Pressen ohne Anwendung großer Kraft einen äußerst hohen Druck auf das Preßgut ausüben und ein Mann ist im Stande die Kelter bis zum Schluß zu bedienen. Es ist ein derartig hoher Druck durch Spindelpressen kaum auszuführen, jedenfalls nicht ohne Anwendung von verschiedenen Arbeitskräften.

Nach erfolgter Pressung kann das Wasser durch ein Rücklaufventil in den Pumpenbehälter zurückgelassen werden. Der Preßkolben mit dem Boden sinkt dann durch sein Eigengewicht wieder nach unten und wird der Preßkorb nun zum Entleeren des Preßkuchens in derselben Weise wie vorher der Deckel um die Säule abgedreht. Stellt man nun unter den Preßkorb einen Karren und giebt der ausgepreßten Masse einen Stoß, so erfolgt eine schnelle momentane Entleerung der Presse und ist ein sofortiges Abfahren des Kuchens möglich. Das Abdrehen und Schließen des Preßdeckels und Korbes geschieht, ohne daß der Arbeiter irgend einen Teil der Presse zu lockern oder zu lösen braucht; es ist beides das Werk eines Augenblickes.

Alle die angeführten Erleichterungen ermöglichen es, daß auch noch bei der größten Presse ein Mann im Stande ist, dieselbe ganz allein zu bedienen.

Die Preßpumpen werden sowohl für Hand- wie auch für Motorenbetrieb eingerichtet und sind so konstruiert, daß sie an Orten, welche eine starke Wasserleitung besitzen, an diese zur Erzielung des Vordruckes angeschlossen werden können. Durch Einschaltung eines Akkumulators will es die Firma ermöglichen, die Presse ohne jede Bedienung stundenlang auf höchstem oder auf gewähltem, bestimmtem Drucke auf dem Preßgute zu halten.

Die Firma hat diese Presse in den verschiedensten Größen für große, mittlere und kleinere Betriebe hergestellt. Dieselben fassen von 400—14920 Lit. Maische. Noch zu erwähnen ist, daß diese Keltern auch als Zwillingskeltern in äußerst praktischer Weise konstruiert sind, so daß so lange die eine abgeleert, die andere in Betrieb gesetzt werden kann. Die beiden Keltern sind so mit einander verbunden, daß sich die beiden die Keltern bedienenden Personen in keiner Weise im Wege sind.

Die hydraulischen Pressen der Firma Eisenwerk Söllingen, Baden, sind für die mittleren und großen Kelterbetriebe ein bedeutender Fortschritt, da eine große Ersparnis an Zeit und Arbeitskräften mit denselben erzielt werden kann. C. Effd.

## Rundschau.

Die **Ablehnung** der hessischen Weinsteuervorlage ging im hessischen Landtage am 2. Mai vor sich. Die Vorlage wurde ohne Debatte mit 28 gegen 2 Stimmen verworfen. Weinbau und Weinhandel berichtet darüber folgendes: Die vorwiegende Majorität ist eine so große, daß ein vernichtendes Urteil über diesen Steuerplan der Regierung gefällt ist.

Ein neues Weinsteuergesetz kommt also im Großherzogtum Hessen nicht. Ob das alte Weinsteuergesetz daselbst noch weiter bestehen bleiben wird, muß sich nunmehr auch bald zeigen. Nach dem Grundsatze: „Man muß das Eisen schmieden, so lange es warm ist", haben 23 Abgeordnete am Tage nach der Verwerfung der neuen Vorlage die Aufhebung des bestehenden Weinsteuergesetzes beantragt. Freilich spielt dieses alte Gesetz gegenwärtig insofern keine Rolle, als die Weinsteuer schon seit Jahren außer Uebung gesetzt ist, aber es kann gar keinem Zweifel unterliegen, daß so lange das alte Gesetz nicht beseitigt ist, mit der Gefahr neuer Weinsteuerpläne gerechnet werden muß. Möge deshalb auch der Angriff auf das alte Gesetz Erfolg haben. Es ist anzusehen als die logische Folge der Ablehnung der neuen Vorlage. Wenn diese verwerflich war, dann ist es erst das alte Weinsteuergesetz, das zugestandenermaßen eine ungerechte Grundlage hat.

Bei Beginn des Kampfes gegen die hessische Weinsteuervorlage haben wir darauf hingewiesen, daß es von Interesse sei zu sehen, was die weinbautreibende Bevölkerung des Großherzogtums Hessen in ihrer Minderheit gegen die Mehrheit der übrigen Bevölkerung zu erreichen vermöge. Nun ist das Resultat da. Es ist jener Minderheit gelungen, einen genügenden Teil jener Mehrheit für sich zu gewinnen. Jene Minderheit hat einen Interessenkampf geführt, aber mit gutem Rechte. Die in der Gegenwart viel lebhafter als in früheren Zeiten ersetzende Thätigkeit, wenn es gilt, die wirtschaftlichen Interessen zu wahren, ist eine wertvolle Errungenschaft. Sollte nicht diese Rührigkeit dazu beitragen zu dem Aufschwunge der wirtschaftlichen Verhältnisse in der Neuzeit?

**Der Verband der Weinhändler des Rhein- und Maingaues** hat in seiner letzten Generalversammlung sehr eingehend den Mißbrauch erörtert, der mit den von Rheingauer Großgrundbesitzern zu hohen Preisen gekauften Trestern getrieben wird und die Frage besprochen, in wie weit es notwendig sei, die Versteigerungen, überhaupt den Verkauf von Trestern zu kontrollieren und ob es nicht jetzt schon angängig sei, den Preis für Traubentrester so festzulegen, daß eine Verwendung derselben für Brennzwecke anstatt zur Kunstweinbereitung ermöglicht werde. Es machte sich dabei allgemein in der Versammlung der Wunsch geltend, daß Mittel und Wege gefunden werden müßten, schon vor einer Abänderung des Weingesetzes von 1892 die Herstellung von Kunstweinen aus Trestern insoweit zu verhindern, als wenigstens die zum Verkauf gelangenden Trester nicht an solche Leute verkauft werden, von denen man weiß, daß sie oder andere dieselben zur Kunstweinfabrikation benutzen. Es wurde einstimmig der Beschluß gefaßt, die Großgrundbesitzer, welche eine Versteigerung ihrer Trester vornehmen oder dieselben aus freier Hand veräußern, zu ersuchen, ihre Trester nur an Branntweinbrenner zur Herstellung von Branntwein zu verkaufen; im Interesse einer ehrlichen Weinbereitung liegt es, daß die Weingutsbesitzer auf die hohe Einnahme aus Tresterverkäufen verzichten. Der Verband der Weinhändler des Rhein- und Maingaues hat daher an die größten Weingutsbesitzer des Rheingaues u. a. auch an die Königl. Preußische Domäne das Ersuchen gerichtet, Trester nur an

Branntweinbrenner zu verkaufen und in die Verkaufsbedingungen die Bestimmung aufzunehmen, daß die gekauften Trester bei Konventionalstrafe nicht zur Herstellung von Wein benutzt werden dürfen. Ein Teil der Gutsbesitzer thut dies jetzt schon oder verwendet die Trester als Düngemittel. Es ist zu hoffen, daß demnächst alle Weingutsbesitzer des Rheingaues den Wunsch des Verbandes der Weinhändler des Rhein= und Maingaues erfüllen.

Ueber den **jüngsten Weinfälscherprozeß** in Metz berichtet „Weinbau und Weinhandel" folgendes: In den Sitzungen der Strafkammer des Kaiserlichen Landgerichtes zu Metz vom 1. und 2. Juni d. Js. stand der Klairetkeltereibesitzer und Weingroßhändler Féry aus Moulins unter der Auflage, große Posten gefälschten, d. h. mit Tresterweine verschnittenen Weines unter Verschweigung dieses Umstandes verkauft zu haben. Seit etwa 10 Jahren betreibt der Angeklagte einen schwunghaften Weinhandel, der in den letzten Jahren bis 350 000 Mk. jährlichen Umschlag erreichte. Nachdem im Jahre 1892 durch ein Landesgesetz die Rosinenweine in Elsaß=Lothringen mit einer hohen Steuer (6 Mk. pro hl) belegt worden waren, hatte Féry in Remerchen im Großherzogtum Luxemburg große Keltereien errichtet, von welchen aus die heutigen Erzeugnisse nach Moulins dirigiert wurden, was natürlich im Publikum sehr bald den Verdacht verbreitet hatte, in Remerchen würden hauptsächlich, zur Umgehung der Steuer, Rosinenweine hergestellt. Dies verbunden mit dem Umfange des Gesamtgeschäftes überhaupt, forderten das öffentliche Aergernis in solcher Weise heraus, daß sich schließlich — freilich erst nach vielen Jahren, die Staatsanwaltschaft genötigt sah, eine Untersuchung einzuleiten. Diese wurde übrigens durch eine Anzeige über Steuerdefraudation mit Rosinenweinen indirekt veranlaßt. Trotz aller Bemühungen — die Untersuchung hat nahezu ein volles Jahr in Anspruch genommen — scheint es jedoch an Beweisen über diesen Punkt gefehlt zu haben, denn die Auflage lautete, wie gesagt, lediglich auf Weinfälschung durch Verschnitt mit Tresterwein und auch Betrug, begangen erstens dadurch, daß den Kunden ein Vermögensnachteil durch den Zusatz von Tresterwein zugefügt wurde, sowie andererseits auch dadurch, daß als Lothringer Rotwein eine Ware feilgeboten wurde, die zum Teil aus eingeführten Trauben hergestellt war und mit wirklichem Lothringer Wein keine Aehnlichkeit besaß. Es wurde durch das Zeugenverhör bewiesen, daß selbst in den Jahren 1892 und 93, wo die Lothringer Naturweine mindestens 40—60 Mk. beim Produzenten kosteten, Féry seine „Lothringer" garantiert Naturweine, mit 22 bis 24 Mk. absetzte. In Anbetracht der zahlreichen vorliegenden Beweise und des eigenen Geständnisses des Angeklagten, konnte eine Bestrafung wegen Weinfälschung nicht ausbleiben und sie erfolgte in der Form einer Geldstrafe in der Höhe von 1500 Mk., mit Einrückung des Urteils in den gelesensten Zeitungen Lothringens und Norddeutschlands, sowie im „Weinmarkt". Die Anwendung des Betrugsparagraphen versagte dagegen vollständig.

In **keinem Jahre** noch sind die pilzlichen Krankheiten des Weinstockes so frühzeitig aufgetreten wie in dem diesjährigen. Am

25. Mai wurde das Vorhandensein des Oidiums (Traubenkrankheit Aschcrich) auf Rebentrieben und Blätter festgestellt. Auch das Auftreten der Peronospora wurde zu derselben Zeit gemeldet. Anfänglich schien besonders das Oidium sich riesig rasch ausdehnen zu wollen, wurde aber durch die heiße trockene Witterung des Juni so stark in seiner Entwickelung gehemmt, daß die Krankheit fast wieder ganz verschwand. Nun herrschte aber Mitte bis Ende Juni über acht Tage jene feuchtwarme Witterung, welche der Entwickelung dieser Pilze so überaus günstig ist. Es war deshalb ein erneutes und zwar heftiges Auftreten der Krankheiten zu befürchten. Aus diesem Grunde mußte schon jetzt, zumal da der erste Schwefel durch die heftigen Regen zum Teil abgewaschen, und damit auch die jungen Triebe geschützt würden, wo schon einmal geschwefelt ein erneutes und wo noch nicht geschwefelt, baldigst das erste Schwefeln erfolgen, denn dieses ist nur dann wirksam, wenn es zeitig und in richtiger Weise angewendet wird. Auch mußte nun sofort ein Bespritzen der Reben mit Kupferkalkbrühe gegen die Peronospora stattfinden. Am besten folgt sofort nach der Bespritzung das Schwefeln.

Der Ansatz der Gescheine ist ein zufriedenstellender, zum Teil besonders in den gespritzten Weinbergen ein reichlicher. Es zeigt sich hier auch dieses Jahr wieder deutlich der Vorteil einer Bespritzung. Leider hat die prachtvolle Entwickelung der Gescheine durch die Witterung Mitte Juni gelitten und hatte der Heuwurm Zeit und Muße sein Zerstörungswerk fortzusetzen. Am 5. Juni wurden in den Weinbergen der Königl. Lehranstalt die ersten Heuwürmer angetroffen. C. Sfd.

## Kleinere Mitteilungen.

**Die Weinbaubetriebe im deutschen Reiche.** Mit der Berufs- und Gewerbezählung vom 14. Juni 1895 war bekanntlich auch eine landwirtschaftliche Betriebsstatistik verbunden worden. Die Ergebnisse dieser Erhebungen liegen jetzt vor. Sie sind in der "Statistik des Deutschen Reiches", Neue Folge, Band 112 (1898) veröffentlicht und bieten interessante Aufschlüsse auch hinsichtlich der Weinbaubetriebe, bezüglich deren wir im nachstehenden die wichtigsten Zahlen wiedergeben wollen.

Betriebe mit Weinbau wurden im Reiche insgesamt 344 850 mit einer Weinbaufläche von 126 109 ha ermittelt. Sie sind vornehmlich Kleinwirtschaften. So entfallen, wenn man die Weinbaubetriebe nach der Größe ihrer Weinbaufläche unterscheidet, von der Gesamtzahl
25,62% auf die Größenklasse unter 10 a,
67,53% " " " von 10 a bis 1 ha,
von der gesamten Weinbaufläche zwar nur
3,94% auf die Größenklasse unter 10 a,
dagegen
59,46% " " " von 10 a bis 1 ha,
so daß also die Weinbaubetriebe mit 93,15% ihrer Gesamtzahl, mit 63,40% ihrer Weinbaufläche zur Größenklasse unter 1 ha gehören. Namentlich ist es die Größenkategorie von 20—50 a, in welche besonders viele Weinbaubetriebe mit ihrer Weinbaufläche sich einreihen.

In der Hauptsache wird der Weinbau in Verbindung mit der Landwirtschaft von Landwirten betrieben, dies beweist der Umstand, daß zu den Weinbaubetrieben in der Regel noch eine viel größere sonstige landwirtschaftliche Fläche gehört — die 344 850 Weinbaubetriebe haben neben 126 109 ha Weinbaufläche die zehnfache sonstige landwirtschaftliche Fläche, nämlich 1 242 187 ha, ferner daß drei Viertel aller Weinbergsbesitzer (256 377 oder 74,34%) ihrem Hauptberuf nach zur Landwirtschaft zählen. Besonders stark sind die sich mit Weinbau abgebenden Landwirte in den Größenklassen von 20 a bis 3 ha vertreten, wo ihr Prozentsatz 78,28% und sogar 83,73 erreicht; sie bilden den eigentlichen Grundstock der Winzer. Das restliche Viertel von Weinbergsinhabern mit 88 473 ha oder 25,66% gehört dem Hauptberufe nach zu den Handwerkern, Industriellen, Beamten, Rentnern 2c., die übrigens in der großen Mehrzahl nur geringe Flächen dem Weinbau widmen; für sie ist der letztere nur Nebensache.

Die Einzelheiten hinsichtlich der verschiedenen Größenklassen haben hierbei weniger Interesse. Von den einzelnen Reichsteilen zeichnen sich durch Weinbaubetriebe die preußischen Provinzen Hessen-Nassau und Rheinland, sodann die Staaten Bayern (Unterfranken und Pfalz), Württemberg, Baden, Hessen und Elsaß-Lothringen aus. Von der Gesamtzahl der Weinbaubetriebe entfallen auf diese Gebiete 333 821 oder 96,80%, von der Weinbergsfläche 118 213 ha oder 93,74%.

Die Verteilung auf die einzelnen Staaten 2c. ist aus der nachstehenden Zusammenstellung zu ersehen.

| Staaten und Landesteile | Betriebe mit Weinbau | Weinbergs- und Weingartenfläche ha | sonstige landwirtschaftl. Fläche ha |
|---|---|---|---|
| **Königreich Preußen** | 51 581 | 25 069 | 205 494 |
| Provinz Schlesien | 3 598 | 2 270 | 30 372 |
| " Sachsen | 2 112 | 1 378 | 27 271 |
| " Hessen-Nassau | 7 305 | 3 283 | 17 877 |
| " Rheinland | 35 896 | 14 907 | 91 975 |
| **Königreich Bayern** | 51 680 | 22 652 | 226 556 |
| Pfalz | 28 092 | 13 837 | 88 652 |
| Mittelfranken | 1 720 | 562 | 16 218 |
| Unterfranken | 20 991 | 7 800 | 117 223 |
| **Königreich Sachsen** | 1 435 | 652 | 10 179 |
| Kreishauptmannschaft Dresden | 1 408 | 641 | 9 199 |
| **Königreich Württemberg** | 57 441 | 19 426 | 163 959 |
| Neckarkreis | 38 239 | 13 718 | 96 982 |
| Schwarzwaldkreis | 6 509 | 1 139 | 12 906 |
| Jagstkreis | 10 492 | 4 174 | 45 631 |
| Donaukreis | 2 201 | 395 | 8 430 |
| **Großherzogtum Baden** | 71 439 | 17 379 | 218 124 |
| Ldbez. Konstanz | 8 416 | 1 742 | 42 860 |
| " Freiburg | 32 380 | 9 066 | 84 364 |
| " Karlsruhe | 15 013 | 2 567 | 33 994 |
| " Mannheim | 15 630 | 4 004 | 56 905 |
| **Großherzogtum Hessen** | 25 513 | 13 108 | 94 868 |
| Provinz Starkenburg | 2 885 | 694 | 8 808 |
| " Rheinhessen | 22 489 | 12 393 | 85 327 |
| **Großherzogtum Sachsen-Weimar** | 839 | 261 | 5 938 |
| **Reichslande** | 84 547 | 27 458 | 313 046 |
| Bezirk Unter-Elsaß | 41 074 | 12 259 | 123 545 |
| " Ober-Elsaß | 24 806 | 11 077 | 76 830 |
| " Lothringen | 18 667 | 5 122 | 112 671 |

Es würde zu weit führen, in eingehender Weise auch die Beteiligung der Landwirte und Nichtlandwirte an dem Weinbau für die einzelnen Landesteile nachzuweisen. Es erscheint genügend, die Verschiedenartigkeit des Verhältnisses in den Hauptzahlen für die einzelnen Staaten zum Ausdruck zu bringen. Hiernach sind von den Inhabern der Weinbaubetriebe

| in: | Landwirte | Nichtlandwirte (Beamte, Kaufleute, Handwerker ꝛc.) |
|---|---|---|
| Preußen | 36 951 | 14 630 |
| Bayern | 38 868 | 12 812 |
| Sachsen | 947 | 488 |
| Württemberg | 48 845 | 11 596 |
| Baden | 44 740 | 16 699 |
| Hessen | 17 737 | 7 776 |
| Sachsen-Weimar | 622 | 217 |
| Reichslande | 60 428 | 24 119 |

## Fragekasten.

**Frage.** 1. Durch meine Traßlieferungen habe ich mehrere Waggons verbrauchter Jutesäcke, die als Lumpen nicht verkäuflich sind. Ist der Düngerwert so groß, daß sich die Verwendung als Weinbergsdünger lohnt? Die Fracht-, Fuhr- und Tragkosten stellen sich auf ca. 65 M. für 10 000 kg.

2. Hat sich die Verbindung von Schwefelmilch mit der Bordelaiser Brühe bewährt und bei welchem Schwefelzusatz?

3. Verdient der Kupferklebekalk den Vorzug vor dem gewöhnlichen Kupferkalk? Mein Werkmann glaubt ungünstigere Erfolge mit ersterem gehabt zu haben.

4. Was halten Sie von einem Ammoniakzusatz bei Umgärungen (20—30 g pro Hektoliter) zur Verstärkung der sonst gewöhnlich zu schwachen Gärung. Ich habe denselben versucht, da trotz Zusatz von Reinhefe und Zucker (1½ kg auf 100 Lit. in 3 Lit. Wasser gelöst) bei einer Wärme von 14—15° R. in schlecht vergorenen 1897r Weinen eine zu langsame Gärung eintrat. Die Weine zischen jetzt gerade noch so wie vorher ohne Wallung und hinterlassen einen etwas unangenehmen Nachgeschmack, den ich auf den Salmiakzusatz zurückführe. Wird dieser Beigeschmack, wie man behauptet, nach 2 Monaten verschwinden? Würde zur Unterstützung der Salmiakwirkung eine Lüftung des Weines nötig geworden sein?

M. A. in N.

**Antwort.** 1. Jutesäcke haben als Dünger sehr geringen Wert, da deren Nährstoffgehalt gering ist und überdies sehr langsam den Reben zugänglich gemacht wird. Daher glaube ich nicht, daß die beträchtlichen Unkosten durch entsprechende Düngerwirkung sich bezahlt machen.

2. Die Verbindung von Schwefelmilch mit Bordelaiser Brühe ist zunächst nur ein Vorschlag, der meines Wissens noch von keiner Seite so auf seine Zweckmäßigkeit geprüft ist, daß er als erprobt gelten könnte. Ich rate Ihnen, in Lagen, wo, wie bei Ihnen, im letzten Jahre das Oidium stark aufgetreten ist, bald zu schwefeln und in gewohnter Weise zu spritzen. Versuche mit Mischungen von Schwefel und Kupferlösungen werden jedenfalls in diesem Jahre viele gemacht werden. Bevor die Resultate derselben nicht ganz unzweideutig günstig ausfallen, kann ich für die Praxis nur empfehlen, zunächst beim Alten zu bleiben.

3. Kupferklebekalk hat sich im allgemeinen als wirksam erwiesen, scheint aber andererseits vor der Bordelaiser Brühe auch keine nennenswerte Vorzüge zu besitzen. Da das Mittel sich aber teurer stellt, so liegt meines Erachtens kein Grund vor, von der Verwendung der Kupfervitriol-Kalkmischung abzugehen.

4. Da Traubenmoste und auch Traubenweine verhältnismäßig reich an Nährstoffen sind, so zeigt Salmiakzusatz nach unseren Erfahrungen nur selten einen deutlichen Erfolg. Daß derselbe aber je so stark sich äußern könnte, daß eine stürmische Nachgärung erzielt wird, erscheint mir völlig ausgeschlossen. Unter den von Ihnen angegebenen Verhältnissen muß man schon zufrieden sein, wenn die Nachgärung unter langsamem Zischen verläuft. — Daß Salmiak einen Nachgeschmack hervorrufe, habe ich noch nie beobachtet, wohl aber kann bei langsam verlaufenden Nachgärungen der Wein einen eigenartigen Hefe-Abgeschmack annehmen. Tritt derselbe nur in geringem Grade auf, so verschwindet er in der

Regel bei längerem Lagern wieder — Durch Lüftung kann man die Nachgärung befördern, doch darf man dabei nicht die etwa schon abgestorbene Hefe im Wein aufrühren.
Prof. Dr. Kulisch.

### Vom Büchertisch.

**Die Weinbereitung und Kellerwirtschaft**, populäres Handbuch für Weinproduzenten, Weinhändler und Kellermeister. Von Antonio bal Piaz, Oenotechniker und Redakteur der „Allg. Wein-Ztg." in Wien. Mit 72 Abbild. Vierte, neu bearbeitete und vermehrte Auflage. 27 Bogen Oktav. Geh. fl. 2,20 = M. 4. Eleg. geb. fl. 2,65 = M. 4,80.

Der Verfasser giebt in übersichtlicher, leichtfaßlicher Darstellung Anleitung über die Mostgewinnung, Gärung, zweckmäßige Anlage von Weinkellern und die Fässer. Des weiteren wird darin in ausführlicher Weise die Schulung der verschiedenen Weine gelehrt, besonders die Behandlung junger Weine. Außerdem werden die Behandlung der Flaschenweine, Versand von Wein und die Krankheiten und Fehler der Weine besprochen. Im Anschluß an diese Artikel kommt noch die Bereitung moussierender Weine und die Behandlung und Instandhaltung der Kellereimaschinen und Geräte in sachgemäßer Weise zur Erörterung.

Wie die andern zahlreichen Werke des Verfassers, so dürfte auch dieses in den Interessentenkreisen befriedigen.
C. Seufferheld.

---

## Wein-, Obstwein- u. Beerenwein-Pressen,
### neuester Konstruktion.

Bisheriger Absatz **10 000** Stück. Geliefert an viele Genossenschaften und Behörden. Lehrreiche Broschüre über Bereitung und Pflege der Obst- und Beerenweine gratis und franko

### Ph. Mayfarth & Co., Frankfurt a. M.,
Spezialfabrik für Geräte zur Obstverwertung auf genossenschaftl. Wege.

---

## Katz & Klump,
### Holzsägewerk und Imprägnier-Anstalt
### in **Gernsbach** (Baden),

empfehlen mit Quecksilbersublimat imprägnierte **Rebstecken, Baum- und Rosenpfähle** in allen vorkommenden Längen, ferner: imprägnierte Latten, Bretter, Rahmen und Spalier-Latten, fertige Mistbeet-Fenster und profilierte Holzteile zu Dachkonstruktionen für Gewächshäuser aus imprägniertem Farbenholz als Ersatz für Eisenteile.

---

### Rebgut im Elsaß

von 15 ha (Musterbau mit Intensivkultur) ist aus freier Hand zu verkaufen. Der Erlös aus den Pflanzungen einer dazu gehörenden Rebschule hat stets die Betriebskosten des Gutes gedeckt. Näheres durch

**A. Roesch**, Notar a. D. in **Mülhausen** i. E.

---

Verlag von Rud. Bechtold & Comp., Wiesbaden.

### Die Obstverwertung unserer Tage.

Von Oekonomierat R. Goethe.

Zweite vermehrte u. verbesserte Auflage. Mit 131 Abb. In grün Kaliko geb. M. 3,50.

---

Druck von Rud. Bechtold & Comp., Wiesbaden.

# Mitteilungen
über
## Weinbau und Kellerwirtschaft.
### XI. Jahrgang.

Herausgeber: | Schriftleitung:
Landes-Oekonomierat R. Goethe. | Weinbaulehrer C. Zenfferheld.

**Nr. 8.**     Geisenheim, im August     **1899.**

## Die Rebenmüdigkeit des Bodens.

Es ist eine bekannte Thatsache, daß es innerhalb des deutschen Weinbau-Gebietes Stellen giebt, an denen Reben nicht mehr recht gedeihen wollen oder doch wenigstens nicht mehr so lange aushalten, als sie dies früher gethan haben. Ohne schwarz zu sehen, darf man von einer thatsächlichen Rebenmüdigkeit gewisser Weinberge reden.

Diese Erscheinung ist um so auffälliger, als auch reichliche und wiederholte Düngung verschiedenster Art den früheren Zustand gedeihlichen und anhaltenden Wachstums nicht wiederherzustellen vermag und sie deswegen nicht einem Mangel an Nährstoffen zugeschrieben werden kann. Es mußte sonach eine andere Ursache bestehen und diese zu erforschen, beauftragte 1893 die Rebendüngungs-Kommission Herrn Prof. Dr. Alfred Koch, derzeit Lehrer an der Großh. Wein- und Obstbauschule zu Oppenheim a. Rhein. Seine Untersuchungen begannen in der pflanzenphysiologischen Versuchsstation der Königl. Lehranstalt für Obst-, Wein- und Gartenbau in Geisenheim a. Rhein und stützten sich auf vergleichende Versuche in Deidesheim in der Pfalz und Bensheim a. d. Bergstraße.

Vor kurzem nun sind die Ergebnisse von Koch's Untersuchungen als 40. Heft der „Arbeiten der Deutschen Landwirtschafts-Gesellschaft" unter dem Titel „Untersuchungen über die Ursachen der Rebenmüdigkeit mit besonderer Berücksichtigung der Schwefelkohlenstoffbehandlung" veröffentlicht worden. Bei der Bedeutung dieser Frage und um unsere Leser auch auf diesem Felde auf dem Laufenden zu erhalten, erscheint ein kurzer Bericht über die Ergebnisse dieser Arbeit sehr zweckmäßig und soll nachstehend folgen.

Danach steigert der Schwefelkohlenstoff das Pflanzenwachstum, auch wenn der Pflanze alle Nährstoffe in löslicher Form zur Verfügung stehen; er wirkt also nicht durch Aufschließung der Bodennährstoffe, sondern als Reizmittel auf die Pflanze ein. Wahrscheinlich wird die Schwefelkohlenstoff-Wirkung eine vorübergehende sein und der Schwefelkohlenstoff den Boden nicht dauernd günstig verändern, ebensowenig, wie er etwa dadurch eine günstige Wirkung zur Folge hätte, daß er den Nebenwurzeln schädliche Bakterien tötet. Schwefelkohlenstoff ist wahrscheinlich kein spezifisches Mittel gegen Bodenmüdigkeit, sondern er kann auch in gesundem Boden mit Erfolg angewendet werden, insofern er größere Ernten bedingt. Leider wird sich seine Anwendung nur bei sehr wertvollen Pflanzen lohnen, da er hoch im Preise steht und sich wie schon gesagt nach Koch's Ansicht die anreizende Wirkung nicht lange im Boden erhalten wird.

Die Versuche mit Schwefelkohlenstoff zur Wiederbelebung alter, schwach werdender Weinberge mehrmalige Gaben von je 25 g an jeden Rebstock während des Sommers scheinen weniger auf Kräftigung des Wachstumes als auf Erhöhung des Zuckers und Verminderung der Säure in den Trauben eingewirkt zu haben.

Besondere Beachtung verdienen die Versuche mit Schwefelkohlenstoff im freien Weinberge, über welche Prof. Koch folgendermaßen berichtet:

Es mögen nun noch einige Versuche mit Schwefelkohlenstoff im freien Weinberge hier angefügt werden, die so ausgezeichnet gelungen sind, daß sie die Wirkung des Schwefelkohlenstoffes auf den Rebstock vorzüglich zeigen und deshalb aufgezeichnet zu werden verdienen. Ein Teil der Versuche ist in Ruppertsberg im Gute der Frau Witwe Wolf zu Wachenheim a. d. Haardt angestellt und die Ergebnisse sind von Herrn Gutsverwalter Schmitt mir in der freundlichsten Weise zur Verfügung gestellt worden. Es wurden dort im Jahre 1896 in einem Weinberge, der, wie üblich, drei Jahre brach gelegen hatte, zweijährige Wurzelreben gesetzt, nachdem der Boden auf 1 qm 300 g Schwefelkohlenstoff erhalten hatte. Dann betrug das Frischgewicht des abgeschnittenen Laubes von 100 Stöcken am 1. September 1897 33,6 kg auf dem behandelten Teilstücke, 14 kg auf dem nicht behandelten Teilstücke; am 11. August 1898 16 kg auf dem behandelten Teilstücke, 7,5 kg auf dem nicht behandelten Teilstücke. Das Gewicht des abgeschnittenen Holzes betrug am 12. Februar 1898 8,350 kg auf dem behandelten Teilstücke, 4,900 kg auf dem nicht behandelten Teilstücke. Auf einem anderen Stück, welches ebenfalls drei Jahre in Klee gelegen hatte und 1895 574 g Schwefelkohlenstoff auf 1 qm erhalten hatte, ergaben 374 Stöcke 1898 95,65 kg Holz auf dem behandelten Teilstücke, 77 kg auf dem nicht behandelten Teilstücke. Weiter ergaben 330 Stöcke an frischem Laub 1898 67,75 kg auf dem behandelten Teilstücke, 61,75 kg auf dem nicht behandelten Teilstücke. Wichtig ist ganz besonders ein Versuch, der auf dem gleichen Gut gemacht wurde, wobei es sich darum handelte, einen alten, lückig gewordenen Weinberg 1895 mit jungen, zweijährigen Sylvaner Wurzelreben, sogenannten Stufen, auszuflicken. Solche Stufen wachsen im allgemeinen schwer an, wohl infolge des niederhaltenden Einflusses der umgebenden Stöcke. In diesem Falle wurde an einem Teil der Stellen, wo Stufen hingesetzt werden sollten, 143 bis 574 g Schwefelkohlenstoff auf jede Pflanzstelle gebracht. Der Erfolg war ausgezeichnet, da im Jahre 1898 die mit Schwefelkohlenstoff behandelten Stufen schon im vollen Ertrag standen, während die nicht behandelten viel schwächer ent=

wickelt waren und noch keine Trauben zeigten. Ferner hat ebenfalls in der Pfalz, Herr Franz Buhl in Deidesheim Versuche mit Schwefel= kohlenstoff bei Neuanlage eines Weinberges mit ausgezeichnetem Erfolge angestellt. Der betreffende Weinberg lag in diesem Falle nur ein Jahr brach und erhielt am 6. April 1897 auf 1 qm 300 g Schwefelkohlenstoff in vier je 60 cm tiefe Löcher, welche dann fest zugestampft wurden. Am 20. Mai desselben Jahres wurde der Weinberg mit einjährigen Riesling= Wurzelreben bepflanzt. Im Laufe des Sommers 1897 konnte man einen merkbaren Unterschied zwischen den Reben des Versuchsfeldes und den anderen dieses Weinberges nicht bemerken. Erst im zweiten Jahre, also Sommer 1898 war ein auffallend stärkeres Wachstum der Reben des Versuchsfeldes zu beobachten.

Selbstverständlich entscheiden alle diese Versuche noch nicht die Hauptfrage, ob der Schwefelkohlenstoff ein Mittel gegen die Rebenmüdigkeit ist, oder ob man mit Hilfe des Schwefelkohlenstoffes die Brachzeit ab= kürzen kann, ohne die Weinbergsdauer zu beeinträchtigen; das ist erst nach Jahrzehnten möglich. Wenn die Antwort dann bejahend ausfällt, so wird der Schwefelkohlenstoff trotz seines hohen Preises und seiner um= ständlichen Anwendung ein wertvolles Hilfsmittel für den Weinbau bleiben. Andererseits werden in vielen Fällen die Kosten der Schwefel= kohlenstoff-Behandlung auch dann gedeckt werden, wenn, wie es nach den oben angeführten Versuchen wahrscheinlich wird, ein Weinberg nach Neu= anlage bei Behandlung mit Schwefelkohlenstoff früher in vollen Ertrag kommt, als sonst. Endlich hat auch die oben angeführte Behandlung alter Weinberge mit Schwefelkohlenstoff für Gegenden mit Qualitätsbau Aussicht auf besondere Bedeutung, weil gerade alte Weinberge viel feinere Weine liefern als junge. R. Goethe.

## Die Vergärung der Obstmoste mit Reinhefe.

Wenn man Obstmoste sich selbst überläßt, so fangen dieselben be= kanntlich nach einem oder zwei Tagen an zu gären; man sieht bei diesem Vorgang, wie in der Flüssigkeit zahlreiche Luftbläschen aufsteigen. Kostet man einen derartigen, ursprünglich süßen Most nach etwa 3 Wochen, so bemerkt man, daß das Gärprodukt nicht mehr süß schmeckt; der Zucker des Mostes ist verschwunden, der Most ist zu Wein geworden.

Wie schon hervorgehoben wurde, kommt ein Obstmost auch ohne unser Zuthun in Gärung. Aus diesem Grunde ist es auch zu ver= stehen, weshalb man bis vor wenigen Jahren keineswegs diesem gewissen Etwas, welches das Werden der Obstweine bedingt, die nötige Aufmerk= samkeit geschenkt hat. Aber nicht von selbst geht die Umwandlung des Mostes in Wein vor sich, sondern diese wird durch die Thätigkeit vieler Millionen von kleinen Pflanzen, die wir einzeln mit bloßem Auge gar nicht mehr wahrnehmen können, bewirkt. Diese kleinen Lebewesen sitzen schon draußen im Garten auf den Häuten der Aepfel und Birnen. Dorthin sind sie aus dem Erdboden, in dem sie sich während des Winters aufhielten, durch Wind oder Insekten getragen worden. Besonders zahlreich befinden sich aber die kleinen, die Gärung erregenden Pflänzchen an solchen Stellen der Früchte, wo die Häute der letzteren geplatzt sind und das Obstfleisch zu Tage tritt. Dort haben sie Gelegenheit, sich zahlreich zu vermehren, weil sie an diesen Stellen gute Nahrung finden. Man bezeichnet diese kleinen Lebewesen, welche im Moste die Gärung erzeugen, als Hefe. Neben der Hefe, welche die Gestalt eines Taubeneies hat, nur daß sie viel, vielmals kleiner ist, siedelt sich auf der Obsthaut oder an dem Obstfleisch noch eine bunte Gesellschaft anderer kleiner Pilze an, wie Schimmelpilze, die zum Beispiel auch häufig auf verschimmeltem Brot blaugrüne Ueberzüge bilden, oder auf dem Miste weiße, spinnwebartige Fäden herstellen; daneben treffen wir gewisse Bakterien an, welche den Menschen insofern gute Dienste leisten, als sie den Essig bereiten. Diese Art der Bakterien hat man darum auch als Essigbakterien bezeichnet. Um nur noch eine Gattung von Pilzen aus dieser bunten Gesellschaft zu erwähnen, führen wir die Lebewesen an, welche zum Beispiel auf der Flüssigkeit von eingemachten Gurken sehr häufig dicke, weiße Decken bilden. Das sind die sogenannten Kahmpilze.

Wird nun der Saft aus dem Obst gepreßt, so gelangen alle diese kleinen Pilzpflänzchen, welche an dem Obst draußen im Garten gelebt haben, mit in den Saft. Da sie in dem Moste gute Lebens- und Ernährungsbedingungen finden, so fangen sie an, sich zu ernähren und zu vermehren. Man darf sich nun nicht vorstellen, daß diese Lebewesen im Moste etwa ein Stillleben vollführen, nein, es ist ein harter Kampf ums Dasein, es ist ein Kampf auf Tod und Leben. Derjenige Organismus behauptet als Sieger schließlich das Feld, der die schärfsten Waffen führt. Welches sind diese Waffen?

Von den oben erwähnten Lebewesen vermögen einige, wie die Schimmelpilze, Essigbakterien, Kahmpilze nur dann ihre Thätigkeit zu entfalten, wenn sie im Genuß des Sauerstoffes der Luft sind. Sie gleichen in dieser Hinsicht den Menschen und Tieren, nur mit dem Unterschiede, daß sie sich längere Zeit hindurch auch ohne Sauerstoff am Leben erhalten können. Sie haben also ein zäheres Leben als Mensch und Tier. Führt man diesen Pflänzchen nach längerer Zeit, während welcher sie Sauerstoffmangel litten, wieder Sauerstoff zu, so beginnen sie zu wachsen, wieder aufzuleben und sich zu vermehren. Andere Pilze, so besonders die zahlreichen Rassen der Hefen — es giebt deren eine große Schar — können auch unter Sauerstoffabschluß thätig sein. Eine dritte Gruppe von Pilzen, die in dem Obstmoste vorkommen, können zwar auch unter Sauerstoffabschluß thätig sein, müssen aber bei der Gegenwart von nur wenigem Alkohol ihre Thätigkeit einstellen und in den Ruhestand übertreten.

Sobald der Saft von der Kelter gelaufen ist, ja schon, wenn die Früchte zerquetscht werden, entbrennt im Most der Kampf ums Dasein zwischen den Organismen. Einige von den Feinden der Hefe suchen durch ihr großes Vermehrungsvermögen, also durch die Masse, die Hefe zu unterdrücken, andere, wie die Schimmelpilze, scheiden Stoffe aus, welche hemmend auf die Entwickelung der Hefe wirken, die Essigbakterien bilden Essigsäure, die schon in geringen Mengen für das Leben der Hefen ein Gift ist. Und so kommt es häufig, daß, wenn die in dem Most vorhandenen Hefen nur schwache Lebewesen waren, dieselben wirklich in der Entwickelung von den anderen Organismen unterdrückt werden, und geschieht es, daß der Most nicht recht in das Gären geraten will, bezüglich in der Gärung stecken bleibt. Befinden sich aber gute Hefen in dem Moste, so stehen diesen auch Waffen gegen ihre Feinde zu Gebote, die stets zum Siege führen. Und diese Waffen heißen: Kohlensäure und Alkohol.

Wir haben oben bereits erwähnt, daß ein Teil der im Most befindlichen Lebewesen nur dann thätig sein kann, wenn Sauerstoff zum Most gelangt. Bilden nun die Hefen schnell Kohlensäure, d. h. leiten sie schnell eine Gärung ein, so wird den Feinden der Hefe keine Zeit gelassen, thätig zu sein. Es müssen also in diesem Falle von vornherein die Schimmelpilze, Kahmpilze und Essigbakterien aus dem Kampfe ausscheiden. Damit ist aber ein großer Teil der Hefefeinde besiegt. Der andere Teil der Feinde, die auch unter Sauerstoffabschluß thätig sein können, wird durch den Alkohol, der von den guten Hefen schnell gebildet wird, unterdrückt. Aber damit ist der Kampf um die Oberherrschaft im Most bezw. im werdenden Obstwein noch keineswegs beendet. Jetzt beginnt nämlich das Ringen zwischen den einzelnen Heferassen. Von diesen vermögen einzelne nur wenig, andere mehr, wieder andere viel Alkohol zu vertragen. Es leuchtet ohne weiteres ein, daß diejenige Heferasse schließlich Sieger im heißen Streit bleiben und die Gärung beendigen wird, welche am meisten Alkohol zu vertragen und zu bilden vermag. Die Alkoholbildung seitens der stärksten Hefe ist aber stets eine begrenzte. Das eigene Produkt, die eigene Waffe wird auch der stärksten Heferasse zum Verhängnis; sie muß dann auch ihre Thätigkeit einstellen, wenn etwa 15% Alkohol gebildet worden sind. Dann hört jede Gärung auf, wenn auch noch so viel Nährstoffe für die Hefe in dem nunmehr gewordenen Wein vorhanden sein mögen. Sonst wäre ja die Herstellung von Litörweinen z. B. bei Beerenweinen ganz unmöglich.

Auf die Organismen im Most, die das Werden der Obstweine bedingen, auf den oben geschilderten Kampf der Organismen untereinander, hat man aber in dem Falle, in dem man die Moste zwecks Gärung sich selbst überließ, keine Rücksicht genommen. Man hat es also bislang vollständig vom Zufall abhängig gemacht, ob man gute oder schlechte Hefen, oder um einmal ein treffendes Bild zu gebrauchen, ob man gute oder schlechte, faule oder fleißige Arbeiter an dem guten Baumaterial, dem Moste, thätig sein ließ. Arbeiteten schlechte Arbeiter an der Herstellung des Gärproduktes, so ist es nicht zu verwundern, daß der Wein auch schlecht ausfiel, nicht das wurde, was er hätte sein können. Waren die Arbeiter faul und langsam, dann währte es sehr lange, bis der Wein — wenn überhaupt — fertig gebildet wurde. Daraus erklärt sich dann ohne weiteres das häufige Vorkommen von kranken, trüben, unfertigen Gärprodukten, deren Wiederherstellung unter Umständen unmöglich ist, zum Beispiel in dem Falle, wenn Essigbakterien im Most infolge der langsamen Arbeit der Hefen das Uebergewicht erlangt haben.

Aber noch ein Uebelstand kommt zu alledem, wenn man es ganz dem Zufall anheimgiebt, ob gute oder schlechte Lebewesen die Umwandlung des Mostes in Wein bewirken. Jeder von den erwähnten Lebewesen entzieht dem Moste wertvolle Stoffe zur Ernährung, die zum Teil verloren gehen und giebt dafür Stoffe an den werdenden Wein, die guter oder schlechter Natur sein können. Schimmelpilze verleihen dem Weine Schimmel-Geruch und -Geschmack, die Essigbakterien bilden Essigsäure ꝛc. Die guten Hefen dagegen prägen dem Weine angenehme Geruchs- und Geschmacksstoffe auf, bilden Glycerin, verzehren die Säure zum Teil ꝛc.

Aus dem Gesagten leuchtet ein, eine wie große Gefahr in der Selbstgärung der Obstmoste liegt, namentlich in Ländern, wo kein Weinbau betrieben wird, wo demnach keine guten Hefen anzutreffen sind. Andererseits geht daraus hervor, welch' großer Vorteil geboten wäre, wenn es gelänge, die Mostvergärung durch künstliche Eingriffe nach einer bestimmten Richtung hin zu beeinflussen, so daß der Verlauf der Gärung und das Werden der Obstweine nicht mehr vom Zufall abhängig sind. Hier setzt nun das neue Gärverfahren ein, das sich nach kurzer Zeit Bahn gebrochen hat, nicht nur in Deutschland, sondern auch außerhalb der deutschen Grenzen, das Verfahren nämlich, die Obstmoste mittels reingezüchteter Weinhefen vergären zu lassen.

Die Gesichtspunkte dieses neuen, bereits erprobten und als vorzüglich befundenen Verfahrens leiten sich aus dem oben Gesagten mit zwingender Notwendigkeit ab. Will man die im Most vorhandenen Lebewesen in der Entwickelung unterdrücken, so wird man den **frisch gekelterten, noch nicht in Gärung gekommenen** Obstmosten stark gärende Hefe mit erprobt guten Eigenschaften direkt zusetzen. Derartige Hefen sind aber die reingezüchteten Weinhefen, von denen es eine große Schar von einzelnen, unter sich verschiedenen Rassen giebt. **Reingezüchtete** Weinhefen nennt man sie darum so, weil durch gewisse, hier nicht näher zu erörternde Kulturmethoden alle Hefeindividuen einer Rasse von einem einzigen Lebewesen aus unseren besten Traubenweinen entwickelt werden, weil also die Gesamtmenge der Individuen einer Heferasse eine einzige große Familie bildet. Die einzelnen Glieder dieser großen Familie haben aber alle genau dieselben Charaktereigenschaften wie die Mutterhefe, von der sie abstammen.

Was geschieht nun, wenn man solche Reinhefe dem frischen Moste in gewissen Mengen, etwa $1/2$ Lit. auf 100 Lit. Most zugiebt? Dann wird sich die Reinhefe im Moste sehr schnell vermehren, sie wird sehr bald, häufig schon nach ein paar Stunden anfangen zu gären, Kohlensäure und Alkohol, kurz gesagt, die gefährlichen Waffen gegen ihre Gegner in Anwendung zu bringen. Die Folge davon ist aber, daß sämtliche im Most vorhandenen Lebewesen, auch die spontan darin enthaltenen Hefen, nicht thätig sein können. Die Reinhefe ist von allem Anfang an im Vorteil, sie allein führt die Gärung des Mostes bis zu Ende durch, da der Kampf mit den im Most vorhandenen Organismen nur sehr kurze Zeit dauert.

Wir erhalten somit nach dem neuen Gärverfahren eine **Reingärung**. Ist dagegen der Most bereits in Gärung gekommen, ehe man Reinhefe hinzusetzte, so hat die Anwendung der Reinhefe nicht mehr viel Zweck, weil sich dann die Lebewesen des Mostes zu sehr vermehrt und entwickelt haben.

Die Vorteile, welche sich durch das Hinzufügen von reingezüchteter Weinhefe zum frisch abgepreßten, noch nicht in Gärung gekommenen Most ergeben, lassen sich nach den in der Praxis gemachten Erfahrungen kurz dahin zusammenfassen: Die Vergärung geht schneller vor sich und wird infolgedessen auch früher beendet, d. h. die Weine sind eher fertig als die selbst vergorenen. Die reinvergorenen Weine klären sich besser und schneller; es sind dadurch viele Unannehmlichkeiten vermieden, welche sich bei den oft lange trübbleibenden Obstweinen einstellen. Die mit Reinhefe vergorenen Obstweine sind haltbarer, d. h. sie sind Krankheiten, wie dem Kahmigwerden, Essigstich rc. nicht so leicht ausgesetzt. Sie sind nicht nur reiner, sondern auch besser im Geschmack, da eben die reinen Weinhefen bei ihrer Thätigkeit in den Obstsäften angenehme, direkt an Traubenwein erinnernde Geruch- und Geschmackstoffe erzeugen und den betreffenden Weinen mitteilen, weshalb sie auch von der Praxis ganz allgemein als traubenweinähnlich im Geruch und Geschmack erkannt und bezeichnet werden. Die Anwendung der Reinhefe, die von der Hefe-Reinzucht-Station in Geisenheim zu 5 Mk. pro Fläschchen exkl. Porto und Verpackung bezogen werden kann, ist eine so einfache, daß Jeder in der Lage ist, sich die oben erwähnten großen Vorteile, welche die Reinhefen bieten, für seine Obstweine zu nutze zu machen. Es sind zur Vergärung der Obstmoste besonders die Rassen: „Zeltingen", „Schloß Vollrads", „Steinberg", „Winningen" und „Piesport" zu empfehlen.

Dr. R. M.

## Antwort auf die Mitteilungen des Dr. Lossen über Kupfersodabrühe.

### Von Karl Mohr in Laubenheim.

In Nr. 6 XI. Jahrgang der „Mitteilungen über Weinbau und Kellerwirtschaft" kritisiert und bemängelte Dr. Lossen meine Veröffentlichungen über den Wert der Kupfersodabrühe. Zu meiner Rechtfertigung hebe ich hervor, daß die Kupfersodabrühe schon seit mehr als 20 Jahren in Burgund in Frankreich zu gleichen Zwecken wie in Bordeaux die Kupferkalkbrühe angewandt wird. Wie nun Dr. Lossen dazu kommt, die Wirksamkeit des kohlensauren Kupferoxydhydrates anzuzweifeln, ist mir vollständig unerklärlich. Im Falle des Zweifels hätte er sich doch leicht durch Versuche keimfähiger Pilzsporen von Peronospora mit kohlensaurem Kupfer überzeugen können. Die Wirksamkeit des Kupferniederschlages mit Soda steht außer Zweifel.

Was nun die Klebfähigkeit betrifft, so ist diese hinreichend groß genug. Dr. Lossen behauptet, ein Regen hätte alles abgewaschen. Der Versuchsansteller übersieht, daß die Blattepidermis eine große Aufnahmefähigkeit für Flüssigkeiten und auch für Niederschläge hat. Hätte Dr. Lossen das durch Regen abgespülte Rebenblatt geprüft, so hätte er gefunden, daß ungeachtet der Abwaschung die Epidermis doch noch so viel Kupferniederschlag enthalte, um die Auskeimung der Pilzsporen zu verhindern. In diesem Punkte irrt sich Dr. Lossen sichtlich.

Was nun das von mir angewandte geheimnisvolle Klebmittel angeht, so vermag jeder Chemiker durch eine qualitative Analyse herausfinden, worin das besteht.

Dr. Lossen hat den wichtigsten Punkt meiner Argumentation ganz übersehen, warum ich die Kupfersodabrühe mit meinem geheimnisvollen Klebstoff der Kupferkalkbrühe vorziehe. Beide Würzen sind, wenn sie frisch bereitet sind, in ihrer Wirkung auf die Pilzkrankheit absolut gleich. Nicht aber wenn die Kupferkalkbrühe steht und sich abgesetzt hat. Dr. Lossen giebt selbst zu, daß der mit Soda erzielte Niederschlag feiner ist, als der flockige Kalkniederschlag. Der Kupferkalkniederschlag verliert seine amorphe Eigenschaft und geht in die krystallinische über. Das erfolgt wohl nicht plötzlich, aber doch in auffälliger Weise. Alle Winzer, die die Kupferkalkbrühe anwenden, kennen die Erscheinung. Sobald der Niederschlag von Kupferhydroxyd krystallinisch wird, verliert er einen Teil seiner pilztötenden Eigenschaft. Ich habe mich nun bemüht, durch Beimengung kleiner Mengen eines Klebstoffes diese eigentümliche Aggregatverwandlung zu vermeiden. Dies ist mir nun gelungen, da meine Würze sich monatelang ohne die geringste Krystallisierung hält.

Als weiteres Argument für die Anwendung der Soda anstatt des Kalkes, betone ich, daß die Soda einen absolut chemischreinen Niederschlag giebt, während die Kupferkalkbrühe 50 und mehr Prozente Gyps, Kalk rc. enthält. Nun hat Dr. Droop nachgewiesen, je reiner der Niederschlag auf dem Blatte abgelagert ist, um so besser wirkt er. Diejenigen, welche also Kalk gebrauchen, müssen mehr Kupfer nehmen als bei Soda, um gleichen Effekt zu erzielen.

Dr. Lossen machte sich die Aufgabe leicht, die Ausführungen und Arbeiten Anderer zu bemängeln, ohne selbst wesentlich neue Thatsachen zur Stütze seiner Ansichten ins Feld zu führen.

## Stand und Bekämpfung der Reblauskrankheit im Jahre 1897 im deutschen Reiche nach der 29. Denkschrift.

Diese Denkschrift enthält folgende Angaben von allgemeinem Interesse.

Die von den Bundesregierungen in Reblausangelegenheiten bis zum Schlusse des Etatsjahres 1895/96 oder des Kalenderjahres 1896 aufgewendeten Kosten betrugen nach der letzten (19.) Denkschrift 6 124 555 Mk. Im Etatsjahre 1896/97 und im Kalenderjahre 1897 haben die Kosten 784 627 Mk. betragen. Es ergiebt dies eine Gesamtausgabe von 6 909 182 Mk. Außerdem sind vom Reiche seit dem Jahre 1879/80 bis zum Schlusse des Etatsjahres 1896/97 rund 58 100 Mk. aufgewendet worden.

Im Jahre 1897 sind vier zur Bestrafung gebrachte Fälle der Zuwiderhandlung gegen die auf den Verkehr mit Reben bezüglichen Vorschriften der Reichsgesetzgebung bekannt geworden.

Was den Stand der Reblauskrankheit im Reiche anbetrifft, so wiesen im Jahre 1897, was zunächst **Preußen** anbelangt, in der **Rheinprovinz** die Revisionen der in den Vorjahren zerstörten Herden das gewohnte günstige Ergebnis auf. Nur auf wenigen Herden, wo die Wirkung der Desinfektionsmittel durch steinigen oder besonders abschüssigen Boden beeinträchtigt wurde, zeigten sich in geringer Zahl und meist an den Herdgrenzen Stockausschläge. Lebende Rebläuse an noch im Boden befindlichen Rebteilen konnten diesesmal nirgends nachgewiesen werden. Die engeren Untersuchungen und Begehungen führten zur Auffindung von 54 Herden mit 5684 befallenen und 96 099 gesunden Stöcken auf Flächen von insgesamt 1094 a 58 qm. Während die ganz überwiegende Mehrzahl dieser Herde in bereits verseuchten Gemarkungen oder doch in unmittelbarer Nähe solcher liegt, gehört der größte der aufgefundenen Herde mit 3268 kranken, 46 843 gesunden Stöcken auf einer Fläche von 442 a 49 qm dem bisher für reblausfrei gehaltenen Kreise Kreuznach an.

Auch in diesem Jahre wieder macht der Leiter der rechtsrheinischen Bekämpfungsarbeiten unter anderem die interessanten, auf mehrfache und genaue Beobachtungen sich stützenden Mitteilungen über die Gefährlichkeit des Dachses hinsichtlich der Verschleppung der Reblaus und rät, abgesehen von der Schädigung der Trauben, die das Tier verursacht, dessen schonungslose Vertilgung in allen Weingegenden an.

Die Herde der **Provinz Hessen-Nassau** aus den Jahren 1890 bis 1896 wurden im Juni und Oktober 1897 mit dem günstigsten Erfolge revidiert. Die Zahl der Stockausschläge war ganz gering, lebende Rebläuse wurden nirgends aufgefunden. Die Untersuchungen führten in den schon seit langer Zeit verseuchten Gemarkungen Nochern und St. Goarshausen zur Aufdeckung von drei unbedeutenden neuen Herden mit 48 kranken und 2940 gesunden Stöcken auf Flächen von zusammen 31 a, während in der 1897 als befallen aufgedeckten Gemarkung Lorch neue weit größere Herde in unmittelbarem Anschluß an die vorjährigen mit zusammen 469 kranken und 9165 gesunden Stöcken auf Flächen von 47 a 17 qm nachgewiesen wurden. Die übrigen Teile der über 200 ha Weinland umfassenden Gemarkung Lorch erwiesen sich als reblausfrei. In der Provinz Hessen-Nassau ist trotz der räumlichen Ausdehnung des Seuchengebietes die Größe der von der Reblaus befallenen Flächen fast ständig zurückgegangen — ein Beweis für die ausgezeichnete Wirkung des streng durchgeführten Vernichtungsverfahrens.

Auch in der **Provinz Sachsen** hatte die Revision der älteren Herde ein gutes Ergebnis. Im Kreise Querfurt wurden 13 neue Reblausherde mit 1015 kranken und 5874 gesunden Stöcken auf Flächen von zusammen 48 a 22 qm, im Kreise Naumburg 1 Herd mit 3 kranken und 70 gesunden Stöcken auf einer Fläche von 51 qm, aufgefunden. Außerdem wurden im Kreise Querfurt zwecks Beseitigung des hoffnungslos verseuchten Distriktes Schweigenberge 39 056 Stöcke auf einer Gesamtfläche von 2 ha 75 a 24 qm vernichtet.

Im Königreich Bayern ist die Infektion in der Rheinpfalz auf die Gemarkung Sausenheim beschränkt geblieben, wo 5 neue Herde mit zusammen 22 kranken und 7949 gesunden Rebstöcken auf einer Gesamtfläche von 81 a 4 qm aufgefunden worden sind.

Im Königreich Sachsen hatte die Revision der vernichteten Reblausherde ein durchaus befriedigendes Ergebnis. Neue Reblausherde wurden in den Gemarkungen Wahnsdorf, Nieder- und Oberlößnitz, sowie Oberau (Amtshauptmannschaft Meißen) aufgefunden.

Im Königreich Württemberg wurde die vollständige Desinfektion der Herde aus dem Jahre 1896 nachgeholt, da sich dieselben bei der Revision noch stark mit Reblausen besetzt zeigten. Die Untersuchungsarbeiten führten zur Auffindung von 32 neuen Reblausherden, wobei der voraussichtliche Ursprung der Verseuchung in dem Oberamtsbezirke Nekarsulm in Herden der Gemarkung Kochendorf entdeckt wurde.

Auch in Sachsen-Weimar wurde am 1. September 1897 in einem Weinberge bei Jena die Reblaus entdeckt. Die erforderlichen Sicherheitsmaßregeln gegen eine Verbreitung des Insektes wurden getroffen.

Elsaß-Lothringen. Bei den Untersuchungsarbeiten im Elsaß zeigten sich die früher befallenen Gemarkungen Lütterbach, Pfastatt und Hegenheim reblausfrei, während in Rufach, Thann, Alt-Thann und Steinbach neue Herde entdeckt wurden. Das Gleiche gilt in Lothringen von den Gemarkungen Vallieres, St. Julien, Vantoux, Ancy a. d. Mosel, Scy-Chapelles, Longeville, Châtel-St. Germain, Lessy.

Ueber die Beobachtungen und Versuche betreffs der biologischen Verhältnisse der Reblaus wird folgendes mitgeteilt. Die ungewöhnlich nasse und kühle Witterung im August und September 1896 beeinträchtigte die Fortsetzung der in den Vorjahren begonnenen Beobachtungen über die Lebensweise der Reblaus erheblich. Von den geflügelten Reblausen konnte nicht ein einziges Exemplar im Freien gefunden werden. Ebensowenig gelang es, die Nachkommen der geflügelten Tiere durch Züchtungen in Gläsern zu erhalten. Dagegen wurden am 21., 28. und 31. August, sowie am 2. September 1896 in den Spinngeweben des Versuchsweinberges je eine geflügelte Phylloxera coccinea gefangen, welche unzweifelhaft von oberhalb der Weinberge befindlichen Eichen herstammten. August und September 1897 lieferten bessere Ergebnisse. Zwar trat auch in dieser Zeit vielfach ungünstiges, regnerisches Wetter ein, dasselbe hinderte aber infolge des günstigen Bodens und Größenverhältnisse des Versuchsfeldes die Beobachtungen nicht in dem Maße, wie im Jahre zuvor. Es hat sich indessen der hemmende Einfluß regnerischer und kühler Witterung auf das Auftreten und insbesondere auf das Fliegen der geflügelten Reblause auch 1897 deutlich erkennen lassen. Weiter hat sich gezeigt, daß solches Wetter das Erscheinen der geflügelten Reblause an der Erdoberfläche nicht in ebenso hohem Maße, wie das Fliegen hindert. Beobachtungen, welche über das Herauskommen der geflügelten Reblause aus dem Boden angestellt wurden, ergaben, daß diese Insekten nicht nur die Wurzeln und den Stamm der Reben als Wege zur Auswanderung aus dem Boden benutzen, sondern daß sie an den verschiedensten Punkten der Oberfläche eines Reblausherdes an das Tageslicht gelangen. Es hat sich ferner die Uebereinstimmung mit früheren Beobachtungen gezeigt, daß die Umwandlung der Nymphe in das geflügelte Insekt zum Teil über, vielfach aber auch unter der Erdoberfläche vor sich geht. Die Untersuchung der oberirdischen Rebenteile, insbesondere zahlreiche Blätter, nach geflügelten Rebläusen führten in keinem einzigen Falle zur Auffindung eines solchen Insektes. Im ganzen wurden vom 23. August bis zum 29. September 1897 im Freien 103 geflügelte Rebläuse gefunden. Von diesen zeigten sich 58 unmittelbar an der Erdoberfläche, während 45 in mehr oder weniger großer Höhe über dem Erdboden gefangen wurden. Die Zeit ihres Auftretens fiel hauptsächlich in die Stunden von 2—6 Uhr nachmittags. Die Versuche des Jahres 1897 zur Anzucht der Geschlechtstiere sind in einigen Fällen erfolgreich gewesen. Sie haben indessen, wie im Jahre 1895, nur Weibchen geliefert. Als besonders bemerkenswert ist hervorzuheben, daß die Entwicklung der Geschlechtstiere im Jahre 1897 am Rhein eine außerordentliche Verzögerung erfahren hat. Die Zeit von der Ablage des Eies durch das geflügelte Insekt bis zum Verlassen des Platzes durch das entwickelte Geschlechtstier betrug in den beobachteten Fällen fast volle vier Wochen.

Endlich sei noch zweier Versuche gedacht, welche die Prüfung von zur Vertilgung der Reblaus empfohlenen Mitteln zum Zwecke hatten. Das eine dieser Mittel, als „Ampeloigea Adveani" bezeichnet, war eine Flüssigkeit, welche als hauptsächlich wirksamen Bestandteil Schwefelkohlenstoff enthielt. Mehrere in geschlossenen Gläsern ausgeführte Versuche bestätigten die insektentötende Wirkung des Mittels, wenn es in verhältnismäßig großen Mengen angewendet wurde. Ein Versuch im verseuchten Weinberg mißlang dagegen vollständig, obgleich auf den Quadratmeter Bodenfläche im ganzen 400 ccm des Mittels verwendet worden waren. Eine ebenfalls als Mittel gegen die Reblaus empfohlene Abkochung von Preßrückständen der Samen von Camellia oleifera erwies sich als unwirksam. Die Anwendungen elektrischer Ströme und eines von Dr. Ochsenius in Marburg a. L. in Vorschlag gebrachten Mittels blieben ebenfalls erfolglos.

Versuche über Anpflanzung und Veredelung amerikanischer Reben wurden seitens Preußen in folgenden unter Staatsaufsicht stehenden Stationen und Pflanzung ausgeführt: Cues, Bacharach, Bretzenheim, Zscheiplitz, Trier, Temmels, Engers, Vendorf, Linzhausen, Ahrweiler, Dernau, Eibingen, Geisenheim, Branbach, Hochheim.

Im Königreich Sachsen sind Versuche angestellt worden in den fiskalischen Weinbergen im 3. Reblausbezirke im landwirtschaftlichen Schulweinberge bei Meißen, im 4. Aufsichtsbezirke von den Herren Richter sen., Gärtner in Coswig und Frauenberger, Besitzer einer Gärtneranlage in Kötitz.

In Württemberg sind schon 1882 Versuche mit der Anzucht amerikanischer Reben aus Samen zu Veredelungszwecken an mehreren

Orten gemacht worden, welche indessen zu Mißerfolgen führten. In neuerer Zeit ist die Errichtung einer Veredelungsstation auf der Gemarkung Weinsberg eingeleitet. Zu diesem Zwecke sind daselbst zwei Weinberge von zusammen 62 a 35 qm Größe vom Staate angekauft und mit den erforderlichen amerikanischen Blindreben angelegt worden. In Elsaß-Lothringen hat besonders der Aufsichtskommissar, Oekonomierat Oberlin in Beblenheim der Anzucht amerikanischer Reben Beachtung geschenkt und umfassende Versuche ausgeführt. Mit der Anlage von amerikanischen Reben in Beblenheim ist vor etwa 15 Jahren begonnen worden und da das zu diesem Zwecke erforderliche Material nicht eingeführt werden konnte, mußten alle Mutterstöcke aus Samen gezogen werden.

C. Sftd.

## Zur Stallmistdüngung im Sommer.

Es ist schon zum öfteren die Frage aufgeworfen worden, ob man unbeschadet auf die Wirkung des Dunges und unbeschadet der noch hängenden Ernte den Stalldünger im Monat August in die Weinberge unterbringen könnte. Dieser Umstand dies zu thun, kann oft im Betriebe des kleinen Winzers vorkommen. Er produziert den Mist selbst, hat aber keine so große Dungstätte, um den Vorrat von einem halben Jahre unterzubringen, was übrigens auch nicht vorteilhaft, da bei zu langem Lagern der Mist viel an Güte verliert. Dann hat der Winzer gerade Zeit, den Dung einzutragen. Der Fuhrlohn gestaltet sich um diese Zeit billiger als im Spätherbst, weil die Wege meist trocken und besser fahrbar sind und schließlich weit eher Hilfskräfte zu haben sind, als nach der Lese, wo alles mit dem Winterbau beschäftigt ist.

Es wurden Bedenken laut, daß das Einbringen des Stallmistes um diese Zeit schädlich sei. Diese Bedenken sind aber durch langjährige Praxis im Rheingau widerlegt. Da werden im August, kurz vor Schluß der Gemarkung viele Weinberge gedüngt, ohne daß sich etwaiger Schaden bemerkbar gemacht hätte. Nur darf der Mist bei hoher Wärme, überhaupt niemals längere Zeit ausgebreitet oder auf kleinen Häufchen liegen bleiben, sondern muß möglichst am selbigen Tage, wo er eingetragen wird, noch untergemacht werden. Daß der Most oder Wein nach der Düngung schmecken soll, dürfte wohl kein so großer Fehler sein, der wird meistens von den Kennern zu Gunsten des Weines ausgelegt. Schlegel.

## Rundschau.

Der diesjährige **Weinbaukongreß** findet vom 17. bis 19. September in Würzburg statt. Er ist der 18. in deren Reihenfolge, der 2. derjenigen, welche in dieser gastlichen, rasch aufstrebenden Stadt des schönen Frankenlandes tagen und wird viel des Lehrreichen und Interessanten bieten.

Die Kongreßsitzungen wurden für die Vormittage des 17., 18. und 19. September anberaumt. Als Beratungsgegenstände sind bis jetzt

die Verhandlungen folgender Fragen in Aussicht genommen, hinsichtlich
deren Verteilung auf die einzelnen Sitzungen näheres vorbehalten bleibt:

1. **Aus der Geschichte des Weinbaues und Weinhandels
in Franken.** Referent: S. Göbl, Königl. Kreisarchivar in Würzburg.

2. **Welche Gesichtspunkte kommen bei der Neuanlage von
Weinbergen in Betracht und welche Verfahren zur Anzucht von Wurzelreben sind besonders zu empfehlen?** Referent H. Schulz, Hauptlehrer
an der Wein- und Obstbauschule in Neustadt a. Haardt.

3. **Beobachtungen über den Schwefelsäuregehalt
der Weine und dessen Einfluß auf den Geschmack.** Referent: Prof.
Dr. P. Kulisch, Dirigent der önochemischen Versuchsstation der Königl.
Lehranstalt für Obst- Wein- und Gartenbau in Geisenheim am Rhein.

4. **Die amerikanischen Reben und der dermalige
Stand der Rebenveredlung in Deutschland.** Referent: Landes-Oekonomierat R. Goethe, Direktor der Königl. Lehranstalt für Obst-, Wein-
und Gartenbau in Geisenheim am Rhein.

5. **Der Stand des Weinbaues in Franken und
welche Rebsorten sind für die fränkischen Verhältnisse
besonders zu empfehlen?** Referent: Albert, Landwirtschaftslehrer in Würzburg.

6. **Neuere Erfahrungen bei Bekämpfung des Heu-
und Sauerwurms.** Referent: Dr. G. Lüstner, Assistent an der
Kgl. Lehranstalt für Obst-, Wein- und Gartenbau in Geisenheim a. Rh.,
Korreferent: Dr. A. Zschokke, Direktor der Wein- und Obstbauschule
in Neustadt a. d. Haardt.

7. **Die jüngsten Erfahrungen bei Bekämpfung
wichtiger Rebkrankheiten; insbesondere Oidium und Peronospora.**
Referent: Prof. Dr. W. Barth, Direktor der Kaiserlichen landw.
Versuchsstation für Elsaß-Lothringen in Colmar i. E.

8. **Ueber Erfolge und Beobachtungen bei der Weinbergsdüngung.** Referent: Dr. Schlamp vom Hofe, Weingutsbesitzer in Nierstein a. Rh.

9. **Ueber einige Ursachen des Trübwerdens der
Weine.** Referent: Dr. R. Meißner, Assistent an der Hefe-Reinzuchtstation in Geisenheim a. Rh.

Mit dem Kongresse ist eine Probe von fränkischen Weinen und
deutschen Schaumweinen verbunden, welche nach der in Trier sich so vorzüglich bewährt habenden Art stattfinden soll. Sie wird um so lehr-
reicher werden, als die Jahre 1893 und 95 sehr gute Gewächse erzielen
ließen und eine besonders gute Vertretung derselben in Aussicht steht.
Weiterhin ist wie bei den früheren Weinbaukongressen eine allgemeine
Ausstellung von Geräten und Bedarfsgegenständen für Weinbau, Weinbehandlung und Kellerwirtschaft beabsichtigt und werden die Interessenten
gebeten, Anmeldungen zu derselben baldigst an das Komitee für den
18. deutschen Weinbaukongreß in Würzburg einsenden zu wollen. Der
Kongreß findet seinen Abschluß in einem am 20. September nach Rothen-
burg a. d. Tauber erfolgenden Ausflug, in welchem herrlichen Städtchen

das wie wenig andere den mittelalterlich reichsstädtischen Charakter bewahrt hat, den Teilnehmern das historische Festspiel mit dem Meistertrunk vorgeführt wird.

Die **Einführung ungarischen Rinderdüngers** betreffend erläßt die Großherzogliche obere landwirtschaftliche Behörde, in der „Zeitschrift für die landwirtschaftlichen Vereine des Großherzogtums Hessen" folgende Bekanntmachung: Seit einigen Jahren wird aus Oesterreich-Ungarn unter dem Namen konzentrierter ungarischer Rinderdünger ein Düngemittel nach Deutschland eingeführt, welches vorzugsweise aus den großen Rindermast-Anstalten in Avad und Temesvar stammt. Das pulverförmige Erzeugnis wird in der Weise hergestellt, daß stark verrotteter, von den in den Mastanstalten verwendeten Streumaterialien nur oberflächlich befreiter Rinderbung unter Zusatz von Jauche durchknetet und in ziegelähnliche Stücke geformt wird, welche an der Luft und Sonne getrocknet und sodann in einer Dreschtrommel zerkleinert werden. Bei dieser Art der Herstellung ist nicht ausgeschlossen, daß der konzentrierte Rinderdünger virulente Seuchenerreger, insbesondere Milzbrandkeime in sich birgt; auch ist bei der starken Verbreitung der Reblaus in den Komitaten Avad und Temesvar immerhin mit der Möglichkeit zu rechnen, daß Rebläuse in dem Dünger enthalten sind. Zugleich wird auch darauf hingewiesen, daß das Präparat als Dungstoff nur einen geringen Wert hat.

Da auch hier, besonders in letzter Zeit, schon öfters wegen des mit so großer Reklame angebotenen ungarischen Rinderdüngers angefragt wurde, so soll auch an dieser Stelle davor gewarnt werden.

In der Zeit vom 14.—19. Oktober findet die **Jubiläumsausstellung** des Landesobstbauvereines für das Königreich Sachsen in Verbindung mit der allgemeinen deutschen Obstausstellung bei Gelegenheit der XV. Versammlung deutscher Pomologen und Obstzüchter in Dresden statt. Gelegentlich dieser Ausstellung findet auch eine Prämiierung von Trauben statt. Als Preisrichter für die Weintrauben sind die Herren Dahlen, Wiesbaden, Direktor Endler, Meißen, E. Mayer, Direktor der Weinbauschule Oppenheim a. Rh., erwählt. C. Sffd.

---

## Kleinere Mitteilungen.

**Rheinhessens Weinbau im Jahre 1898.** Aus dem Rechenschaftsbericht über die Thätigkeit des landw. Vereins für die Provinz Rheinhessen im Jahre 1898/99 sei folgendes entnommen:

Das letzte Weinjahr schloß für Rheinhessen mit einem ungünstigen Ergebnis ab. Waren doch für ein rechtes Gedeihen des Weinstocks im vergangenen Jahre die Witterungsverhältnisse so ungünstig, daß schon während der Blüte der Reben die Aussichten auf einen guten Herbst vernichtet wurden. Die feuchte Witterung des Vorsommers begünstigte die Entwicklung von Krankheiten der Rebe. Frühzeitig machten sich Peronospora und Oidium bemerkbar und verursachten bedeutenden Schaden; erstere Krankheit befiel sogar die Gescheine. Nur die Weinstöcke, welche frühzeitig mit Kupferkalkbrühe bespritzt wurden, blieben von der Peronospora verschont. Schwieriger und nicht immer von dem erwarteten Erfolg begleitet, zeigte sich die Bekämpfung des Oidiums. Auch der Heu- und Sauerwurm trat in diesem Jahre massenhaft auf und richtete besonders in den Gemarkungen der Rheinorte erheblichen Schaden an. Das Auftreten der Schädlinge ist eine dringende Mahnung, in deren Bekämpfung gemeinschaftlich vorzugehen. Zur Aufklärung über eine Bekämpfung der Rebschädlinge wurden in sämtlichen Vereinsbezirken Vorträge gehalten. Die vorgenommenen Versuche zur Bekämpfung der Peronospora ergaben, daß die 2%ige Kupferkalkbrühe nicht nur das wirksamste, sondern auch das billigste Mittel ist, während die übrigen empfohlenen Bekämpfungsmittel die Wirksamkeit der Kupferkalkbrühe nicht erreichen. Vorsicht ist hier mehr denn je am Platze. Bei dem Schwefeln wurden insofern Fehler begangen, daß billiger aber geringwertiger Schwefel verwendet wurde, der ungenügend wirkte. In Bingen wurde ein Versuch mit der Dufour'schen Flüssigkeit mit Pyrethrumpulver zur Bekämpfung des Heu= und Sauerwurms mit bestem Erfolge ausgeführt. Die von anderer Seite durch die Presse mitgeteilten ungünstigen Resultate über dieses Mittel lassen die Versuche noch nicht abgeschlossen erscheinen und bedürfen daher der Wiederholung. Des weiteren wurden die Versuche mit Reinhefe fortgesetzt und konnte am 15. März d. J. eine Probe dieser Weine abgehalten werden, die mit 35 Weinsorten beschickt war. Die Versuche standen unter der Kontrolle der Geschäftsstelle des landw. Vereins. Die Bezugskosten wurden vom landw. Verein getragen. Ueber den Ausfall der Versuche und Proben erfolgte ausführlicher Bericht.

Die Ausstellung der Deutschen Landwirtschafts=Gesellschaft in Dresden wurde vom landw. Verein mit 15 verschiedenen Weinen beschickt. Auch bei der Kostprobe von Reinhefeweinen und Kontrollproben gelegentlich des deutschen Weinbaukongresses in Trier war unsere Provinz mit 12 Proben versehen.

**Provinzielle Ausstellung Gent (Belgien).** Zur Gelegenheit dieser Ausstellung, welche unter dem hohen Schutze des Prinzen Albert von Belgien steht und unter den Auspizien der Regierung, der Provinz und der Stadt eingerichtet ist, wird im September ein Kongreß für Nahrungsmittel mit einer internationalen Ausstellung der Nahrungsprodukte stattfinden. — Man kann alle Auskünfte bekommen bei den belgischen Konsuln und konsularischen Agenten, wie auch bei der Verwaltung der Provinziellen Ausstellung Boulevard Leopold 47, Gent (Belgien).

## Fragekasten.

**Frage.** Ich erlaube mir ergebenst anzufragen, ob der unter Separatadresse an Sie abgegangene Schwefelspan sich zum Einbrennen von Fässern, die für Rotweinlagerung bestimmt sind, eignet?

**Antwort.** Der eingesandte Schwefel ist ein sogenannter „Gewürzbrand", d. h. ein Schwefel, welcher auf der Oberfläche der Schnitte mit verschiedenen Gewürzkörnern (im vorliegenden Falle hauptsächlich Anis) bedeckt ist. Ich widerrate Ihnen dringend die Verwendung desselben. Die Wirkung der durch „das Einbrennen" erzeugten schwefligen Säure wird durch diese Gewürze weder erhöht noch — was beim Rotwein vielleicht in Betracht käme — irgendwie gemildert. Daß es fehlerhaft wäre, wenn der Wein den Geruch der benutzten Gewürze annähme, ist ja selbstverständlich. Die Gewürze verbrennen aber überdies mit dem Schwefel und können also höchstens einen brenzlichen Geruch in den Wein bringen. Man nehme auch bei Rotwein gute, nicht abtropfende Schwefelschnitte und sei nur etwas sparsamer damit als bei Weißwein. Die Gewürzbrände gehören zu den Geheim= und Spezialmitteln mancher Geschäfte, die daran zum Nachteil der gutgläubigen Abnehmer in der Regel erheblich mehr verdienen, als an den bewährten, überall käuflichen Artikeln.  Prof. Dr. Kulisch.

**Frage.** Anbei übersende ich Ihnen eine Probe Johannisbeerwein, der trotz aller Mühe, die ich nach Ihrem Rate anwandte, nicht vollständig durchgegoren ist. Ist es zweckmäßig, diesen Wein (6 Ohm) mit meinem neuen Wein (12 Ohm) noch einmal gären zu lassen? Ferner bitte ich um Angabe der Zusätze bei Johannisbeerwein, um einen kräftigen Wein zu erhalten. Ferner teilen Sie mir noch mit, wieviel Reinhefe ich zu der angegebenen Menge Wein haben muß.

Soll man das Zuckerwasser warm oder kalt zusetzen und welches ist die geeignete Gärtemperatur? H. in B. (Hessen).

**Antwort.** Die eingesandte Probe Johannisbeerwein ist vollkommen stichig und mäuselt außerdem sehr stark. Der Essigsäuregehalt beträgt im Liter fast 3½ g, so daß der Verkauf dieses Weines, weil er im Sinne des Nahrungsmittelgesetzes verdorben ist, als unzulässig bezeichnet werden muß. Die Vermischung dieses Weines mit frischem Most in den oben angegebenen Verhältnissen ist unbedingt zu widerraten, da auch der neue Wein durch die Essigsäure fehlerhaft werden würde. Der Wein kann nur als Haustrunk noch Verwendung finden. Bei längerem Lagern dürfte der Fehler sich etwas vermindern. Die scharfe Säure kann durch Zusatz von 5 kg Zucker auf 100 Lit. geschmacklich etwas verdeckt werden. Von einer Umgärung des Weines ist bei dem Essigsäuregehalt desselben kein nennenswerter Erfolg zu erhoffen.

Offenbar ist bei der Darstellung Ihres Weines zu viel Wasser verwendet und damit das Verderben desselben herbeigeführt worden. Ich empfehle Ihnen folgendes Mischungsverhältnis: Auf je 1 Lit. Saft setzt man 1¼ Lit. Wasser zu. Auf 100 Liter dieser Mischung werden 30 kg Zucker gelöst. Wegen der erforderlichen Menge Reinhefe und deren Anwendung wollen Sie sich an die Hefe-Reinzuchtstation in Geisenheim wenden und zwar mindestens 8 Tage vor der Kelterung unter annähernder Bestimmung der zu kelternden Weinmenge. Nach obigem Rezept geben 100 kg Beeren rund 250 Liter gärfertigen Mostes. Als Gärtemperatur empfehle ich 15—17° C. Die Zuckerlösung muß vor der Beimischung zum Most abgekühlt werden. Prof. Dr. Kulisch.

---

## Vom Büchertisch.

**Die Schädlinge des Obst- und Weinbaues.** Ein Volksbuch für Jung und Alt zur Kenntnis und erfolgreichen Abwehr des verbreitetsten Ungeziefers. Von Heinrich Freiherr von Schilling. Mit 13 Holzschnitten und 2 großen Farbentafeln nach Aquarellen des Verfassers. Zweite erweiterte u: b vervollständigte Auflage. Geb. M. 1,50 (10—29 Exempl. à M. 1,25, 30 und mehr Exempl. à M. 1).

**Allerlei nützliche Garteninsekten.** Neu durchgesehener und vermehrter Sonderabdruck aus dem „Prakt. Ratgeber im Obst- und Gartenbau". Von Heinrich Freiherr von Schilling. Mit 1 Farbentafel und 30 Holzschnitten nach Zeichnungen des Verfassers. Zweite Auflage. Geb. 80 Pf. (10—29 Expl. à 75 Pf., 30 und mehr Expl. à 60 Pf.).

Jeder Obst- und Gartenfreund sowie jeder praktische Gärtner und Obstzüchter findet in beiden Fällen vieles, was für ihn von Nutzen ist. Während in dem einen Buche die wichtigsten Schädlinge des Obst- und Weinbaues, ihre Entwicklung, Lebensweise und Bekämpfung beschrieben werden, macht uns der bekannte Verfasser in dem anderen mit einer Anzahl nützlicher Insekten bekannt und giebt an, wie dieselben zu erhalten und zu vermehren sind. Die Darstellung ist kurz und leicht verständlich. Die beigegebenen bunten Tafeln sowie die in den Text gedruckten Holzschnitte ganz vorzüglich. Mit Hilfe derselben wird jeder einen ihm unbekannten Schädling oder Nützling leicht selbst bestimmen können. Wir empfehlen die Bücher aufs beste. Dr. Lüstner.

---

# Mitteilungen über Obst- und Gartenbau.

Herausgegeben von Herrn Landes-Oekonomierat Goethe.
Redigiert von Herrn Obergärtner E. Junge.
Diese illustrierte Zeitschrift erscheint zwanglos in jährl. 12 Nummern.
Abonnementspreis durch die Post jährlich 1 M. 50 Pf. (Ausland 2 M.)
Man abonniert bei Landes-Obstbaulehrer E. Junge in Geisenheim.

Druck von Rud. Bechtold & Comp., Wiesbaden.

# Mitteilungen
über
## Weinbau und Kellerwirtschaft.
### XI. Jahrgang.

Herausgeber: | Schriftleitung:
Landes-Oekonomierat R. Goethe. | Weinbaulehrer C. Seufferheld.

**Nr. 9.** Geisenheim, im September **1899.**

## Ueber das Entstehen von Rostflecken auf Traubenbeeren.
### Von Julius Wortmann.

Alljährlich, wenn im Hochsommer die Sonne ihre sengenden Strahlen hernieder sendet, empfindet nicht nur der Mensch die „drückende Hitze", sondern vielfach in noch viel höherem Grade sind auch die auf freiem Lande stehenden Pflanzen den starken Einwirkungen des intensiven Lichtes und zumal der intensiven Wärme der Sonnenstrahlen ausgesetzt. Wie der Mensch, so gerät auch die Pflanze hierdurch u. a. in erhöhte Transpiration. Es macht sich damit auch ein größeres Wasserbedürfnis geltend, und an die Wurzeln, die ja das Wasser aus dem Boden herausschaffen müssen, werden demzufolge in solchen Zeiten auch erhöhte und zum Teil ganz außerordentliche Anforderungen gestellt.

Nun weiß man zwar, und es ist dies ja auch nicht weiter verwunderlich, daß die Pflanzen, und zumal an ihren zarteren oder im Wachstum befindlichen Organen, wie Blüten, Blättern und jungen Früchten verschiedene und besondere Schutzeinrichtungen, zum Teil auch Regulierungsvorrichtungen besitzen, welche die Transpiration, d. h. die Abgabe von Wasserdampf an die atmosphärische Luft, regeln und im allgemeinen auf ein erträgliches und für das Gedeihen der Pflanze günstiges Maß herabsetzen. Solche Schutzeinrichtungen, wie z. B. die äußere Haut (Epidermis), welche alle zarteren Pflanzenorgane umzieht, ferner die mannigfachen Haarbildungen, die Wachsüberzüge u. s. w. aber sind allmählich ausgebildet und sind im allgemeinen den mittleren, d. h. den normalen Verhältnissen angepaßt.

Treten aber plötzlich abnorme Witterungsverhältnisse, tritt zumal plötzlich und vielleicht für Tage und Wochen andauernde sengende Hitze ein, dann genügen jene erwähnten Schutzvorrichtungen vielfach nicht mehr, und die von den Wärmestrahlen direkt getroffenen Pflanzenteile sind dann oft einer übermäßigen Erwärmung ausgesetzt.

Die Folgen einer solchen übermäßigen Erwärmung machen sich nun auch an den Traubenbeeren, die ja gerade während der heißen Witterungs=

periode gewöhnlich in lebhafter Entwickelung begriffen sind, des öfteren geltend. Es entstehen verschiedene mehr oder weniger abnorme oder krankhafte Veränderungen, die unter Umständen selbst so stark sein können, daß direktes Absterben der zu stark erwärmten Beeren erfolgt. Treten indessen solche Erscheinungen an den Beeren ganz vereinzelt auf, d. h. wird hie und da einmal eine Beere durch zu starke Erwärmung krankhaft verändert, so pflegen sie, obwohl man sie in jedem Sommer beobachten kann, für gewöhnlich gar nicht beachtet zu werden. Und zwar deshalb, weil der Schaden, der dadurch hervorgerufen wird, immerhin ein minimaler ist. Anders jedoch, wenn mehr oder weniger zahlreiche Beeren einer Traube an einem Stocke solche abnormen Veränderungen zeigen. Dann wird der Praktiker aufmerksam und ist nun, da er ohnedies durch die Furcht vor Oidium und Peronospora den ganzen Sommer hindurch in ständiger Sorge gehalten wird, nur zu leicht geneigt, gleich das Schlimmste zu befürchten.

Die häufigste hierher gehörige Erscheinung, der „Sonnenbrand" oder auch der sogen. „Hitztod", wie ich sie genannt habe, tritt fast in jedem Sommer an einzelnen Beeren in geringerem oder stärkerem Maße auf. In heißen Sommern dagegen in einer Weise, daß dadurch unter Umständen die Ernte merklich reduziert werden kann. Ich habe diese Krankheit schon im vorigen Jahre in der Zeitschrift „Weinbau und Weinhandel", dem Organe des deutschen Weinbauvereins, ausführlich beschrieben, und will im Gegensatz resp. zum Vergleiche mit der nachher zu beschreibenden Erscheinung die wesentlichsten Merkmale dieser Krankheit hier noch einmal kurz angeben: die unmittelbare Wirkung einer andauernden, zu starken Besonnung auf nicht genügend geschützte Trauben besteht in einer heftigen Erkrankung einzelner, bald weniger bald zahlreicher Beeren, welche immer mit dem Tode und dem Vertrocknen derselben verbunden ist, wobei die Beeren oft noch ehe sie abgestorben sind, abgeworfen werden resp. abfallen. Diese Beerenerkrankung giebt sich zunächst dadurch zu erkennen, daß die Beerenhaut meist in der Nähe des Stieles, oft aber auch nur an den unmittelbar von den Sonnenstrahlen getroffenen Stellen leicht gebräunt wird und dabei zugleich etwas einschrumpft resp. einfällt. Die eintretende Bräunung zeigt dann immer den Tod der betreffenden und nun schlaff werdenden Partieen an. Solche vom Stiel aus eingeschrumpfte Beeren sehen den von der Peronospora befallenen sogen. „Lederbeeren" etwas ähnlich. Das weitere Fortschreiten der Erkrankung besteht darin, daß allmählich größere Stellen der Beeren unter entsprechendem Zusammenschrumpfen und Faltigwerden der Haut braun werden und absterben, bis schließlich die Beere in ihrem ganzen Umfange von diesem Geschicke ereilt ist. Fällt sie während dieser Zeit nicht schon vom Stocke ab, so verschrumpft und vertrocknet sie nun allmählich vollständig. Beim Durchmustern solcher vom Stiele aus krank gewordener und im Absterben begriffener Beeren kann man gleichzeitig aber bemerken, wie auch der Beerenstiel mitvertrocknet und einschrumpft, und wie schon bald nach Eintritt des Krankseins die Verbindung zwischen Stiel und Beere dermaßen gelockert wird, daß nur noch

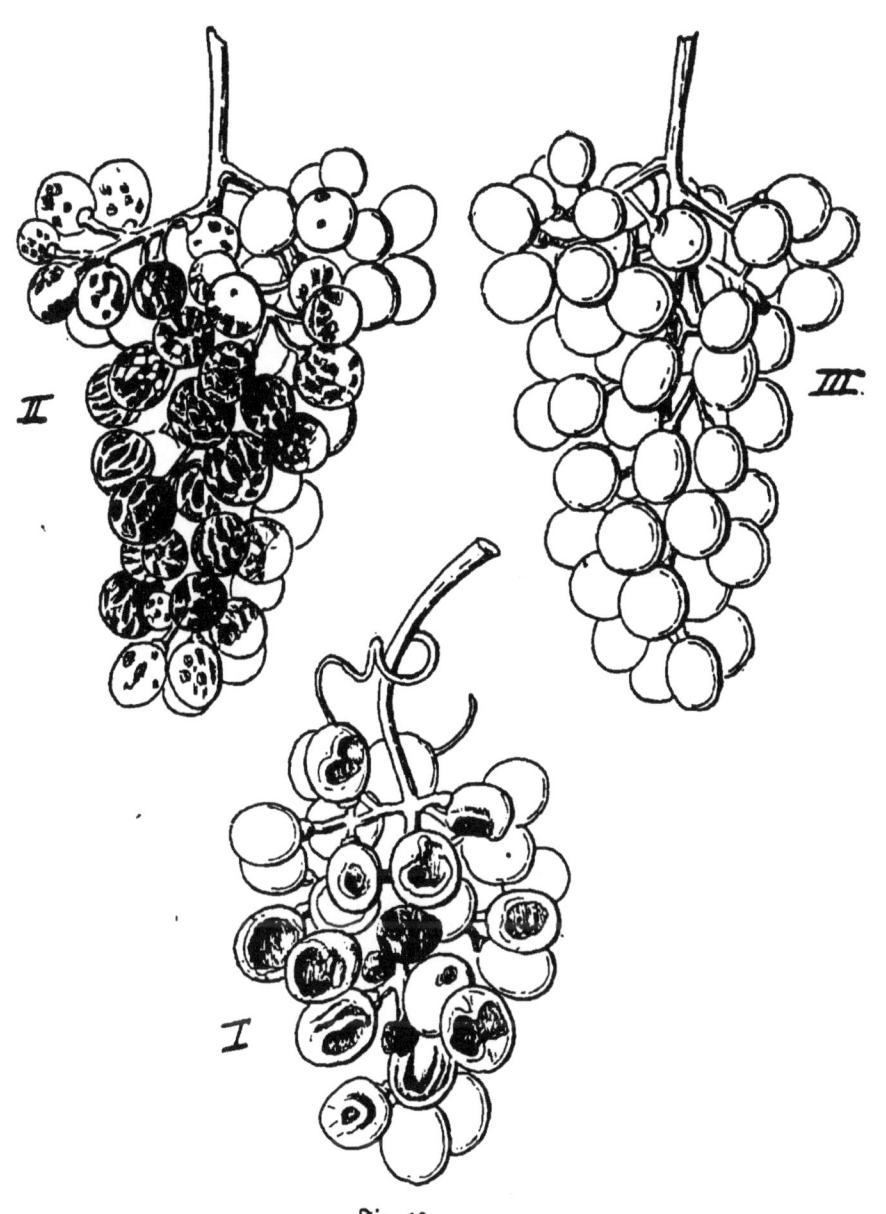

Fig. 18.

ein loser Verband bleibt, so daß schon bei kleiner Erschütterung die erkrankte Beere abfällt. In der Zeichnung I ist eine Traube mit verschiedenen derartigen Beeren, welche durch Hitze abgetötete und eingefallene, braun gewordene Stellen auf der Oberfläche besitzen, nach der Natur wiedergegeben. Dieses starke Einschrumpfen und mit entsprechendem Absterben verbundene Braunwerden der Beere ist also nur die Folge einer andauernden intensiven Besonnung, durch welche den Beeren mehr Wasser entzogen wird als dieselben durch den Stiel aufzunehmen in der Lage sind, infolgedessen die von den direkten Sonnenstrahlen getroffenen Partien sich zu stark erwärmen und unter Bräunungs=Erscheinungen absterben. Eine genaue Erklärung dieser ganzen Erscheinung und zumal der genauere Hinweis auf die hiermit im Zusammenhang stehende Thätigkeit der Wurzeln der Rebe ist in dem genannten Aufsatze im „Weinbau und Weinhandel" von mir gegeben worden.

Nicht immer indessen tritt durch eine andauernde Besonnung ein derartiges unter Bräunung vor sich gehendes direktes Absterben einzelner mehr oder weniger größerer Stellen der Beeren ein, sondern es zeigt sich häufig eine andere Erscheinung, bei welcher zwar ebenfalls die Beeren infolge einer längere Zeit anhaltenden direkten Besonnung auf einem größeren oder geringeren Teil ihrer Oberfläche braun werden, ohne jedoch an diesen Stellen einzuschrumpfen und abzusterben. Durch dieses übereinstimmende Braunwerden ist der Unkundige leicht geneigt, diese zweite Erscheinung mit der ersteren zu verwechseln. Ja es wird in manchen Fällen sogar eine Infektionskrankheit, d. h. eine durch einen Pilz hervorgerufene und damit ansteckende Krankheit vermutet. Bei dieser zweiten Erscheinung des Braunwerdens, welche ich im Auge habe, sind jedoch die braunen Flecken an den Beeren wesentlich anders gestaltet als in der oben beschriebenen, und infolgedessen ist diese zweite Erscheinung leicht von der ersten zu unterscheiden. Wie bei der ersten ist es allerdings auch hier die Beerenhaut, an welcher die Bräunung auftritt, und zwar ebenso bald in kleineren bald in größeren Partien, die stellenweise auch so ausgedehnt sein können, daß die Beerenhaut in ihrer ganzen Oberfläche gebräunt erscheint. Während aber bei den infolge von „Hitztod" gebräunten Beeren die braunen Stellen abgestorben und eingesunken sind, ist das bei der zweiten Erscheinung nicht der Fall, sondern die Beeren zeigen auch an den braunen Stellen ihre volle Rundung. Als ganz charakteristisch für diesen zweiten Fall ist weiter anzuführen, daß die braunen Stellen, besonders wenn sie in großer Ausdehnung vorhanden sind, eigentümlich geädert, d. h. von hellen Streifen durchzogen, resp. mit ihnen durchsetzt sind, so wie dies in der Abbildung II direkt ersichtlich ist. An diesem Geäder, welches die braunen Flecken regelmäßig zeigen, läßt sich diese zweite Erscheinung unschwer von der ersten unterscheiden. Daß auch in diesem Falle die braunen Flecken, oder besser gesagt, Ueberzüge, eine Folge der direkten Besonnung sind, läßt sich ohne weiteres schon daraus erkennen, daß diese Bräunung nur an denjenigen Stellen der Beeren auftritt, welche von den Sonnenstrahlen unmittelbar getroffen werden können. Dort, wo zwei Beeren aneinander stoßen, und wo infolgedessen die eine

Beere die andere beschattet, findet man keine Bräunung, sondern hier tritt die normale Farbe der jungen Beerenhaut wieder zu Tage, und ebenso ist es der Fall auf der dem Lichte abgewendeten Seite der Traube. Denn wenn man eine derartige mit vielen braunen Beeren behaftete Traube umkehrt, so sieht man die Beeren auf der Schattenseite in ihrer normalen grünen Färbung ohne Bräunung. Abbildung III zeigt die in Abbildung II dargestellte Traube von der Rücken- oder Schattenseite wiedergegeben, und man sieht hier an den auf der Vorderseite so sehr stark gebräunten Beeren auch nicht eine einzige gebräunte Stelle. Die Unterschiede zwischen dieser zweiten Wirkung intensiver Besonnung und der oben beschriebenen Erscheinung der durch „Hitztod" hervorgerufenen braunen Flecken werden durch eine vergleichende Betrachtung der Abbildungen I und II sofort ersichtlich. (Fortsetzung folgt.)

## Beobachtungen über Blitzschaden in Weinbergen.
### Von Weinbaulehrer C. Seufferheld.

Anläßlich eines meiner Gänge nach den Anstaltsweinbergen der Gemarkung Eibingen fiel mir in einem Weinberge ziemlich weit abseits des Weges eine Stelle mit dürren Stöcken von außergewöhnlich großem Umfange auf. Bei näherer Besichtigung fand ich, daß der weitaus größere Teil der Stöcke von den Spitzen herab bis auf $1/4$ der Stockhöhe dürr war. In der Mitte der Stelle fanden sich einige gänzlich abgestorbene Stöcke und um diese herum war, einige auch unregelmäßig auf der Fläche verteilt, eine große Anzahl von Stöcken, welche nur zur Hälfte zerstört waren. Da mir nun eine Beschädigung von Weinbergen durch Blitzschlag noch nie vorgekommen, suchte ich zuerst nach einer anderen Ursache des Absterbens. Bei genauer Untersuchung fand ich jedoch, daß tierische oder pflanzliche Feinde hier nicht im Spiel sein konnten, denn die ganzen Stöcke waren wie verbrüht; man hätte glauben können, sie seien mit irgend einer Säure begossen worden.

Ich hatte mir schon einige Blätter abgenommen, um dieselben zur näheren Untersuchung mitzunehmen, als ich beim Herausgehen aus dem Weinberge, ungefähr 15—20 Stöcke entfernt von dem Mittelpunkte der Stelle, wo die gänzlich zerstörten Stöcke standen, einen Stock auffand, welcher ebenfalls ganz abgestorben war. Während bei sämtlichen übrigen Stöcken weder an den Reben noch an den Pfählen eine Verletzung zu bemerken war; fiel mir hier sofort auf, daß der Pfahl in lauter feine Späne zerrissen war. Ein Teil der Späne lag weitab von dem Platze. Die Reben dieses Stockes waren total schwarz gebrannt und zum Teil aufgerissen. Nun war mir sofort klar, daß hier nichts anderes als Blitzschlag die Ursache war, obgleich ein Eindringen des Blitzes in den Boden nicht konstatiert werden konnte.

In nachstehender Zeichnung soll eine ungefähre Darstellung der Stelle gegeben werden. Das ganze Bild ist für Blitzschlag typisch, indem der Blitz launenhaft bald dahin bald dorthin (Fig. 19) abspringt.

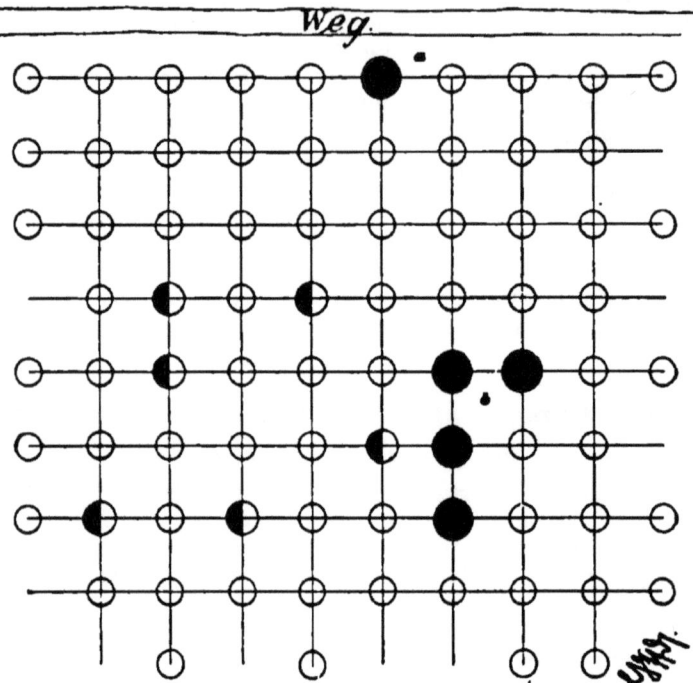

● total abgetötet, ◐ halb zerstört, ○ nur ¹/₄ des Stockes beschädigt.

Fig. 19.

Zuerst schlug der Blitz bei a ein, ohne weiter als einen Stock ganz zu zerstören, die a umgebenden Stöcke waren ebenfalls nur in dem oberen Viertel beschädigt. Von a scheint ein Strahl nach b übergesprungen zu sein und ebenso einige nach den andern halberkrankten Stöcken.

Die ganze beschädigte Fläche beträgt ungefähr 20 qm, ein nicht unbedeutender Schaden, da jedenfalls auch die weniger beschädigten Stöcke zu Grunde gehen werden; wenigstens waren, als ich einige Tage später die Stelle wieder aufsuchte, sämtliche Trauben und Blätter schon welk. Als ich nach dieser Beobachtung in die Anstaltsweinberge kam, gab mir einer unserer Arbeiter mehrere Blätter, mit dem Bemerken, es sei ihm von einem boshaften Menschen Säure über eine große Anzahl von Stöcken in seinem Weinberge gegossen worden, dieselben seien zum Teil gänzlich, zum Teil halb abgetötet, viele seien auch nur oben an den Gipfeln beschädigt. Da der Weinberg ganz in der Nähe lag, ließ ich denselben mir zeigen, und man sah auch hier schon von weitem die beschädigte Stelle. Es zeigten sich ganz genau dieselben Vorgänge wie bei den kurz vorher von mir gemachten Beobachtungen, nur daß die zerstörte Fläche sich mehr in die Länge zog. Einen zersplitterten Pfahl konnte ich zwar nicht vorfinden, da der Blitz, den Pfahl nur streifend, direkt in den Boden gefahren, dagegen war der Boden an dem Stock sehr stark aufgewühlt. Hier betrug die Fläche ungefähr 14 qm. Ebenfalls ein nicht zu unterschätzender Schaden.

Einige Tage später wurde mir durch einen Winzer aus Eibingen, welcher von den Beobachtungen gehört hatte, eine dritte Stelle gezeigt, welche sich genau wie die beiden ersten verhielt. An zerstörten und beschädigten Stöcken zählte ich ungefähr 30.

Alle 3 Stellen liegen in Weinbergen der Gemarkung Eibingen und ziemlich weit voneinander getrennt, ungefähr 2—3 km.

Sonntag, den 6. August zog über Eibingen und Geisenheim ein äußerst heftiges Gewitter und wird wohl dieses die Blitzschläge verursacht haben, da im Verlaufe derselben häufig jene Detonationen gehört wurden, welche das Einschlagen eines Blitzes zu begleiten pflegen.

## Die Wiederherstellung der durch die Reblaus zerstörten Weingärten in Oesterreich-Ungarn.

### Von Josef Maber, Oenologe.

Der Weinbau Oesterreich-Ungarns hatte nach dem Frankreichs wohl am meisten durch die Schäden der Reblaus zu leiden gehabt. Dieses Insekt hat nicht nur viele Existenzen zu Grunde gerichtet, viele Gegenden, speziell Ungarns, an den Bettelstab gebracht, tausende Gulden Schaden angerichtet, sondern auch eine förmliche Umwälzung im Weinbau hervorgerufen. Die vielen Vorsichtsmaßregeln und Mittel, die man beim Beginne des Auftretens dieses Insektes in Anwendung brachte, waren jedoch nicht ausreichend, um dem weiteren Vordringen des Schädlings Einhalt zu gebieten; die Folge davon war eine stete Zunahme der Verseuchung. Die verschiedensten Mittel, die zur Bekämpfung dieses Schädlings herangezogen wurden, waren teilweise zu teuer, zu umständlich in der Anwendung, oder aber erwiesen sich dieselben, in den verschiedenen Bodenarten zur Anwendung gebracht, als unwirksam, was ganz besonders von dem in allen Weinbaukreisen bekannten Schwefelkohlenstoff gesagt werden muß.

Was blieb daher in einem solchen Falle übrig, als sein Glück und seine Rettung in der amerikanischen Rebe zu suchen und erfreulicherweise regte es sich auch in allen weinbautreibenden Gauen Oesterreichs. Die Bevölkerung, die trotz des harten Schlages, der sie getroffen hat, mit bewundernswerter Energie an die Arbeit ging, kann auch heute mit einer gewissen freudigen Zuversicht in die Zukunft blicken. Die Hauptsache ist erreicht, der richtige Weg zur Bekämpfung der Reblaus nach vielen Mühen und großen Opfern gefunden.

Die Wiederherstellung der durch die Reblaus zerstörten Weingärten Oesterreich-Ungarns geschah auf folgende 3 Arten:

1. durch Rekonstruktion der Weingärten auf amerikanischer Basis;
2. mittels des Schwefelkohlenstoffverfahrens (Kulturalverfahrens);
3. durch Anlage von immunen Sandweingärten.

Um die Wiederherstellungsarbeiten auf amerikanischer Basis auch mit Erfolg durchführen zu können, war es in erster Reihe Pflicht des Staates, nicht nur für brauchbares, sortenreines Material zu sorgen, sondern auch durch Gründung von Versuchsstationen, Versuche mit den verschiedensten amerikanischen Unterlagssorten anzustellen, um fertige Resultate in punkto Neukultur der weinbautreibenden Bevölkerung an die Hand zu geben. Es wurde demzufolge nicht nur von Jahr zu Jahr die Anzahl der staatlichen amerikanischen Pflanzstätten und Rebschulen vermehrt, sondern mit der Zeit auch Organe berufen, welche, durch Abhaltung von Vorträgen und Rebveredlungskursen der weinbautreibenden Bevölkerung belehrend unter die Arme greifen sollte. Es ist daher eine erfreuliche Thatsache bei Berücksichtigung des heutigen Standes der veredelten Weingärten, ich erinnere hier z. B. an die Gegend von Gumpoldskirchen, Pfaffstäten, an viele berühmte Gegenden Ungarns (Tokajergegend), daß diese vor Jahren noch durch die Schäden dieses Insektes total darniedergelegenen Weinbaugebiete heute dank der amerikanischen Rebe wieder in jene Bahn gelenkt wurden, mittels welcher sie befähigt sind, ihre alten, bestbewährten Produkte wieder auf den Markt zu bringen.

Die Leitung und Ueberwachung der ganzen Rekonstruktionsarbeiten obliegt je nach Größe des weinbautreibenden Kronlandes einem oder auch zwei technischen Leitern für staatliche Weinbauarbeiten, die nun alle einem Inspektor mit dem Sitze in Klosterneuburg unterstehen. Da es aber nun der weinbautreibenden Bevölkerung unmöglich gewesen wäre, das anfänglich nötige brauchbare Material zu beschaffen, so wurde auf Anordnung des Ackerbau-Ministeriums dasselbe alljährlich aus den staatlichen Anlagen oder auch aus Landesanlagen, unbemittelten Bewerbern unentgeltlich, bemittelten Bewerbern entgeltlich (d. h. zu einem bedeutend reduzierten Preis) verabfolgt. Jedes Kronland nun erhält je nach Maßgabe der zur Rekonstruktion gelangenden Fläche eine gewisse Anzahl Schnitt- und Wurzelreben zugesprochen. Im Herbste eines jeden Jahres wird seitens des betreffenden technischen Leiters den Gemeindevorstehungen kundgemacht, Reflektanten auf amerikanisches Material je nach Vermögensverhältnissen als „entgeltlich oder unentgeltlich" in Vermerk zu nehmen. Die betreffende Gemeindevorstehung hat nun die von ihr verfertigte Liste über die Bewerber auf amerikanischem Material bis zu einem gewissen von dem betreffenden technischen Leiter fixierten Zeitpunkt zur Einsicht und Begutachtung einzusenden. Der technische Leiter eines Kronlandes verteilt nun je nach Maßgabe des Bedarfes das vom Ministerium ihm zugesprochene Material auf die verschiedenen ihm unterstellten Bezirke. Dieses Material dient jedem der Beteiligten zur Anlage eines Mutter- oder Schneideweingartens und ist es auch fernerhin seine Aufgabe und Pflicht, seinem Besitze entsprechend den Schneideweingarten in der Größe anzulegen, um daraus seinen alljährlichen Bedarf an Unterlagsmaterial decken zu können.

Zur Förderung der Sache wurden überdies noch seitens des Ackerbau-Ministeriums auch subventionierte Gemeinde-Schneideweingärten errichtet, die den Zweck verfolgen, möglichst sortenreines und gutes Material den einzelnen Gemeindemitgliedern abgeben zu können.

Da nun allgemein bekannt ist, daß nicht alle amerikanischen Reben in ein und demselben Boden gleich freudig gedeihen und besonders bei Vorhandensein von Kalk sehr empfindlich sind, werden seitens dieser Organe auch „Erduntersuchungen" unentgeltlich ausgeführt. Zu diesem Zwecke sind diese Organe, sowie die verschiedenen Winzerschulen und auch der Verein zum Schutze des österreichischen Weinbaues im Besitze von sogen. Kalkbestimmungsapparaten nach Bernard.

Die Wiederherstellung der durch die Reblaus zerstörten Weingärten Oesterreich-Ungarns auf amerikanischer Basis erfolgte nach 2 Methoden:

a) mittels der Veredlung am Platze (Standortsveredlung),
b) mittels der Zimmerveredlung von Schnitt- und Wurzelreben.

Die Wiederbestockung der Weingärten mittels der Veredlung am Platze kann als Holz- oder als Grünveredlung ausgeführt werden. Die Holz- (oder Bogen)-Veredlung, wobei man eine ca. 1—1¹/₂ m hohe Rebe im Frühjahre nach dem stärksten Safttriebe veredelt, ist ein System, von dem man in Oesterreich immer mehr und mehr Abstand nimmt und dient dasselbe nur mehr um die in den Weingärten entstandenen Lücken auszubessern.

Diese Veredlungsart erzeugt wohl einen kräftigen schönen Trieb, ist jedoch infolge des Vergrubens zu kostspielig und auch zu zeitraubend, so daß sie für Anlage von Weingärten im Großen nicht in Betracht kommen konnte. Ueberdies zeigten sich nach einigen Jahren Wachstumsstörungen und will man diese auf das Vergruben zurückführen.

Anders verhält es sich mit der Grünveredlung am Platze. Dieses System der Veredlung erfreut sich ganz besonders in Südungarn der größeren Verbreitung, in den nördlichen Kronländern der Monarchie dagegen erwiesen sich die auf diese Art und Weise erzeugten Veredlungen infolge der ungünstigen Witterungsverhältnisse und der teilweise nicht eintretenden vollständigen Holzreife als unbrauchbar. Ich habe derartig rekonstruierte Weingärten in Neusatz a. d. Donau, Villany und Fünfkirchen gesehen und ließen diese grünveredelten Weingärten inbezug auf Wachstum, Fruchtbarkeit und Ueppigkeit nichts zu wünschen übrig. Die Verwachsung der Unterlage und des Edelreises bei der Grünveredlung erfolgt in Anbetracht dessen, als noch junge, weiche, saftige Gebilde zusammengefügt werden, in sehr kurzer Zeit und meist tadellos, sodaß sich mitunter die Edelstelle fast kaum noch erkennen läßt. Diesem Vorteil steht jedoch gegenüber, daß das Gelingen wesentlich vom Gange der Witterung abhängig ist, und daß die Veredlungen unter ungünstigen Verhältnissen nicht immer die entprechende Holzreife erlangen. Unter günstigen Verhältnissen, wie im Süden, ist der Anwuchs ein sehr befriedigender und nicht selten 90—95% betragend, während die Grünveredlung in den nördlichen unbeständigen Klimaten unbedingt der Holzveredlung den Platz räumen muß. Dazu kommt auch noch meist das kostspielige und umständliche Vergruben. Uebrigens selbst in südlichen Gegenden, wo die Grünveredlung sich großer Verbreitung erfreut, hört man gar oft, daß die Lebensdauer der Grünveredlung eine kürzere sei wie die der Holzveredlung und wird sogar schon an manchen Orten die Holzveredlung der Grünveredlung vorgezogen. In Niederösterreich wird von der Grünveredlung, die sehr stark in Schwung war, immer mehr und mehr Abstand genommen, da sich meist im Verlaufe des 3. und 4. Jahres Wachstumsstörungen ergeben, die nur einen kümmerlichen Wuchs und mit der Zeit ein Absterben der Veredlung zur Folge haben.

(Fortsetzung folgt.)

## Einige neue Geräte für Weinbau und Kellerwirtschaft.
### Fortsetzung des Artikels in Heft Nr. 7.

In diesem Artikel wurde der auf der deutsch-landwirtschaftlichen Ausstellung zu Frankfurt a. M. aufgestellten verschiedenartigsten hydraulischen Keltern Erwähnung gethan und diejenigen des Eisenwerkes Söllingen beschrieben. In den folgenden Zeilen sollen nun die hydraulischen Keltern der Firma Kraus & Debo, Ingenieure, Köln, einer Beschreibung unterzogen werden. (Fig. 20.)

Die Pressen dieser Firma sind ebenfalls nach dem System der Unterdruckpressen hergestellt, d. h. der Preßkolben wirkt auch hier von unten nach oben. Auf demselben ist eine Druckplatte, welche in den Preßkorb eindringt. Der Preßkorb ist hier fahrbar auf Schienen angeordnet, ebenso der Preßdeckel und wird der letztere, soll die Maische aufgeschüttet werden, auf diesen zur Seite geschoben. Das Einschütten der Maische kann also auch bei dieser Kelter ungehindert geschehen. Ist die Maische aufgeschüttet, so wird der Preßdeckel auf den Schienen wieder beigeschoben und kann dann die Abpressung vor sich gehen.

Das Abwerfen der ausgepreßten Trester kann hier dadurch außerordentlich schnell geschehen, daß nach Oeffnung des Pumpenventils der Kolben mit der Druckplatte durch sein Gewicht nach unten sinkt und nunmehr der Preßkorb, in welchem die Trester in Form eines festen Kuchens haften bleiben, auf Schienen ausgefahren wird. Der Preßkuchen wird durch einen Stoß aus dem Korbe entfernt und in einem Karren aufgefangen. Es kann dann sofort der Korb wieder über die Druckplatte zurückgerollt werden und die Füllung von neuem beginnen.

Der Korb ist rund und einteilig ohne jede Klammern und Scharnieren und ermöglicht dadurch eine sehr bequeme Reinigung, da er in ausgefahrenem Zustande von außen und innen leicht zugänglich ist.

Da die Leistungsfähigkeit einer Kelter nicht mit der Größe und dem Inhalte des Korbes gleichen Schritt hält, weil sehr große Körbe eine sehr lange Preßdauer erfordern und dem ungeachtet keine gleichmäßige und vollkommen trockene Auspressung gewährleisten, so giebt die Firma bei ihren Pressen dem Korbe eine größere Höhe, aber einen verhältnismäßig kleinen Durchmesser und will dadurch erreichen, daß die Trockenheit der Trester eine gleichmäßige und hohe und die Preßdauer eine derart geringe ist, daß die Pressen in der gleichen Zeit ein größeres Traubenquantum bewältigen können, als die größten Oberdruckkeltern. Auch eine Ersparnis an Platz ist mit diesen hohen Körben verbunden.

Fig. 20.

Für größere Betriebe hat die Firma in ihren Doppelkorbpre[ssen] und Zwillingskeltern eine Maschine geschaffen, welche auf einem nur w[enig] größeren Raum eine doppelte Leistung ausüben können. Bei der so[lchen] Doppelkorbpresse kann auch die Zeit ausgenützt werden, während wel[cher] der Korb mit Maische gefüllt wird. Die Presse hat 2 Körbe, auf jeder Seite einen, von denen der eine unter Druck steht, während der zweite gefüllt wird. Der beim Füllen abfließende Most läuft in einer darunter gehängten Ablaufschale in eine gesonderte Bütte ab. Ist die Pressung des ersten Korbes beendet, so wird dieser ausgefahren und der nun gefüllte zweite Korb rollt an dessen Stelle, um sofort unter Druck gesetzt zu werden. Eine besondere sehr einfache Vorrichtung bewirkt, daß der Boden des Korbes, auf welchem die Maische ruht, mit dem Korbe über die Druckplatte sich bewegt und der letzteren ohne jeden Handgriff ein Eindringen in den Korb gestattet, sobald der Preßkolben durch die Pumpe zum Steigen gebracht wird. Steht der neue Korb unter Druck, so wird der erste Korb entleert, die betreffende bewegliche Ablaufschale aufgerichtet und der Korb nach Einlegen des Bodens von neuem gefüllt. Durch gewisse Vorrichtungen kann der Most eines jeden Korbes in getrennte Bütten geleitet werden, um so die Presse zum schnellen Abkeltern verschiedener Qualitäten verwenden zu können.

Die Zwillingskelter hat 2 Preßvorrichtungen, welche durch die Schienen, auf welchen die beiden Körbe laufen, miteinander verbunden sind. Für beide Preßvorrichtungen ist nur eine Pumpe nötig.

Bei den Pressen der Firma Kraus & Debo ruht die Maische unten auf einem hölzernen Boden, während der Korb mit einem hölzernen Deckel abgedeckt ist. Der Most fließt in eine stark emaillierte Ablaufrinne, deren Ueberzug in keiner Weise der Abnutzung ausgesetzt ist. Es soll auf diese Weise beim Keltern der Most vor der Berührung mit Metallen geschützt werden.

Durch die Preßpumpe kann der Preßdruck in beliebige Höhe mit größter Schnelligkeit gesteigert werden. Ein Druckzeiger und ein Sicherheitsventil ermöglichen es, den jeweiligen Druck zu kontrollieren, es soll sowohl die höchste Auspressung als auch eine Sicherheit dagegen erreicht werden, daß bei den verschiedenen Jahrgängen und Traubensorten der jeweils zulässige Druck nicht überschritten wird.

Einer weiteren Neuerung dieser Firma will ich noch Erwähnung thun, weil durch sie die gesamte Preßarbeit an der Handpumpe erspart werden soll. Es ist dies ein selbstthätiger Druckapparat zum Betriebe hydraulischer Pressen vermittels einer gewöhnlichen Wasserleitung. Die Anwendung dieses Apparates ist überall da ermöglicht, wo der vorhandene Wasserleitungsdruck etwa 3 Atmosphären beträgt, und soll der Apparat dann ohne jede Aufsicht den Wasserleitungsdruck in den benötigten hohen Preßdruck verwandeln. Ist dieser erreicht, so bleibt der Apparat von selbst stehen, nimmt der Druck in der Presse durch Ablaufen des Mostes allmählich ab, so tritt er wieder in Thätigkeit, bis der zulässige Hochdruck wieder erreicht ist; eine Ueberschreitung dieses Druckes ist ausgeschlossen. Man ist somit in der Lage, die Auspressung jeglicher Maische ohne jede Bedienung zu vollziehen. Ist die Presse mit Maische angefüllt, so soll die Oeffnung der Wasserleitung genügen, um die Pressung zu vollenden. Es wäre somit eine große Ersparnis an Arbeitskräften und Zeit erreicht, da auch auf diese Weise die Nachtstunden ohne jegliche Störung zur Kelterarbeit verwendet werden könnten.

Die hydraulischen Keltern der Firma Kraus & Debo sind schon in sehr vielen Betrieben eingeführt und haben sich bis jetzt überall sehr gut bewährt.

(Fortsetzung folgt.) C. Sffd.

## Rundschau.

**Zur Abänderung des Weingesetzes.** Die mannigfachen Klagen, welche namentlich aus den Kreisen der Weinproduzenten über die Wirkungen des Reichsweingesetzes vom Jahre 1892 laut geworden sind, haben dazu geführt, daß in den maßgebenden Kreisen eine Abänderung des genannten Gesetzes in Erwägung gezogen wurde. Durch die Tageszeitungen wird der Entwurf eines neuen Gesetzes veröffentlicht, welches, wie verlautet, augenblicklich den Bundesregierungen zur Begutachtung vorliegt. Wiewohl nach einer Mitteilung des Kaiserlichen Gesundheitsamtes an den Generalsekretär des Deutschen Weinbauvereins dieser Entwurf nicht als genügend beglaubigt anzusehen ist, dürfte er doch als ein Beitrag zur Lösung der schwierigen Weinfrage für die Leser der „Mitteilungen" von Interesse sein. Wir teilen daher nachstehend die wichtigsten Bestimmungen des neuen Entwurfes mit.

Als wesentlichste Aenderung enthält der Entwurf ein Verbot der gewerbsmäßigen Herstellung von Trester-, Hefe-, Rosinen- und sonstigen Kunstweinen, womit einem von den verschiedensten Seiten geäußerten Wunsche Rechnung getragen wird. Während nach dem bisherigen Gesetz solche Halbweine zwar hergestellt werden durften, wofern sie nur unter einem richtigen Namen verkauft wurden, soll jetzt die gewerbsmäßige Darstellung dieser Getränke überhaupt untersagt sein. Die Darstellung derselben zum Hausgebrauch würde nach wie vor gestattet bleiben; ebenso sieht der Entwurf eine Ausnahme für solche Tresterweine vor, welche unter entsprechenden Kontrollmaßregeln für die Zwecke der Branntweinbrennerei dargestellt werden.

Von einschneidender Bedeutung sind ferner diejenigen Bestimmungen, welche hinsichtlich der verbesserten Weine in dem Entwurf vorgesehen sind. Während das bisherige Gesetz den Zusatz von reinem Zucker, auch in wässeriger Lösung, nicht als Fälschung ansah, wofern nur das erhaltene Produkt den bezüglich des Extrakt- und Aschengehaltes vom Bundesrat festgesetzten Minimalgehalten, den sogen. Grenzzahlen, noch entsprach, soll nach dem neuen Entwurf der Zusatz nur gestattet sein, um den Wein zu verbessern, ohne seine Menge erheblich zu vermehren. Auch darf der verbesserte Wein in seiner Beschaffenheit und seinen Bestandteilen nach nicht hinter ungezuckerten Weinen mittlerer Güte aus der Gegend, der Lage und dem Jahrgang zurückbleiben, welchen der verbesserte Wein seiner Benennung nach entsprechen soll. Dem Bundesrat wird in einem weiteren Paragraph die Befugnis erteilt, die Grundsätze aufzustellen, welche für die Beurteilung der gezuckerten Weine auf Grund dieser Bestimmungen maßgebend sein sollen. Man geht wohl nicht fehl, wenn man in dieser Bestimmung im wesentlichen eine Aufrechterhaltung der Grenzzahlen sieht.

Manchen Widerspruch werden jedenfalls diejenigen Bestimmungen finden, welche den von der Polizei beauftragten Sachverständigen die Befugnis erteilen, in die Räume, in welchen Wein, weinhaltige oder weinähnliche Getränke gewerbsmäßig hergestellt, aufbewahrt, feil gehalten oder verpackt werden, jederzeit einzutreten und daselbst Besichtigungen vorzunehmen, auch nach ihrer Auswahl Proben zum Zwecke der Untersuchung gegen Empfangsbescheinigungen zu entnehmen. Damit würde unzweifelhaft eine Art Kellerkontrolle eingeführt werden, wie sie nach den bisher giltigen Gesetzen nicht möglich war.

Wesentlich verschärft sind ferner die Strafen. Zunächst sind erheblich höhere Geldstrafen für jeden Einzelfall vorgesehen, als in den bisherigen Gesetzen. Ferner muß in denjenigen Fällen, wo **vorsätzlich** gegen das Kunstweinverbot gefehlt, oder Wein über die gesetzliche Grenze hinaus gestreckt oder innerhalb der gesetzlichen Grenzen mit Zuckerwasser verbesserter Wein als Naturwein verkauft wurde, stets **neben der Geldstrafe auf Gefängnisstrafe bis zu 6 Monaten** erkannt werden.

Es ist selbstverständlich, daß ein Entwurf, der einen so schwierigen und viel umstrittenen Gegenstand zu regeln versucht, nicht mit wenigen Worten zu besprechen ist. Ein endgültiges Urteil ist im vorliegenden Falle um so weniger möglich, als die Wirkung wichtiger Bestimmung, wie z. B. die Beschränkung des Wasserzusatzes und das Kunstweinverbot, je nach dem Ausfall der vorgesehenen Ausführungsbestimmungen sehr verschieden wirken können; daher möchte ich mich begnügen, einige wenige Bemerkungen hier anzufügen. Einer allgemeinen Zustimmung darf wohl die Verschärfung der Strafen sicher sein. Denn in der That können Geldstrafen allein die Umgehung der gesetzlichen Bestimmungen bei einem so gewinnbringenden Gewerbe, wie es die Weinfälschung ist, wohl kaum wirksam verhindern, zumal dann, wenn die Höhe der Geldstrafen zum erzielten Gewinn in einem so lächerlichen Verhältnis steht, wie thatsächlich bei vielen rechtskräftig gewordenen Urteilen der jüngsten Vergangenheit.

Das Verbot der Kunstweinfabrikation und die zur Beschränkung der Weinvermehrung erlassenen Bestimmungen dürften ohne die vorgesehene Kellerkontrolle wirkungslos bleiben. Ohne diese wird bei der anerkannten Unzulänglichkeit der chemischen Analyse im Dienste der Bekämpfung von Weinverfälschungen ein wesentlich besserer Zustand, als wir ihn jetzt haben, kaum zu erreichen sein. Ein Verbot der Kunstweinfabrikation namentlich würde ohne entsprechende Kontrolle wohl immer eine halbe Maßregel bleiben.

Die meisten Bedenken sprechen meines Erachtens gegen diejenigen Bestimmungen, welche die Beschränkung der Weinvermehrung mit Zuckerwasser bezwecken. Die viel angefochtenen Grenzzahlen des alten Gesetzes kehren hier in wenig veränderter Form wieder. Ich würde der zahlenmäßigen Begrenzung der höchst zulässigen Wassermenge vor der jetzigen Fassung des betreffenden Paragraphen unbedingt den Vorzug geben. Inwieweit dieser Paragraph den Wasserzusatz beschränkt, hängt freilich ganz von den zu erlassenden Ausführungsbestimmungen ab. Bevor diese nicht vorliegen, ist ein Urteil darüber nicht möglich, ob die neue Fassung den reellen Weinen wenigstens etwas mehr Schutz gewähren wird, als die bisherigen Grenzzahlen.

Ein Wunsch scheint jedenfalls berechtigt und er darf wohl an dieser Stelle ausgesprochen werden. Möchten alle Kreise, welchen der bisherige gesetzliche Schutz des Weines nicht genügt, nicht müde werden, auch in der Oeffentlichkeit ihre Bestrebungen zur Geltung zu bringen. Von der Gegenseite wird eine außerordentlich rührige Agitation entfaltet. Es ist dringend notwendig, daß auch die puristisch gesinnten Kreise die Hände nicht in den Schoß legen; denn die Entscheidung der Weinfrage rückt offenbar mit jedem Tage näher. Prof. Dr. Kulisch.

## Kleinere Mitteilungen.

**Ergebnisse der diesjährigen Frühjahrsversteigerungen der Vereinigung Rheingauer Weingutsbesitzer.** Da uns zur Zeit eine genauere Zusammenstellung der Ergebnisse obiger Versteigerungen vorliegt, so sind wir hierdurch in die Lage gesetzt, zu den früheren Ausführungen nachfolgende genaue Zahlen hinzuzufügen.

Den höchsten Preis für 1893r hat in diesem Jahre wiederum die Königl. Domäne für ein Halbstück Steinberger mit 15200 M. erzielt. Wenn man das Stück als Rheingauer Einheitsmaß zu Grunde legt, so ergiebt das einen Preis von 30400 M.

Die 1897r kosteten bei den einzelnen Gütern im Durchschnitte für das Stück 1080 M. (eine Ausnahme) bis 5208 M., wobei Durchschnittserlöse von 3000 bis 4000 M. mehrfach vorkamen. Die höchsten Preise für 1897r stiegen bis zu 15080 M. und haben damit den höchsten Preis der Mosel um 2500 M. überstiegen.

Die 1896r erzielten im Durchschnitte 531—1814 M. als höchsten Preis 2720 M. für das Stück. Höchstpreise von 1300—1600 1960 M. waren zahlreich.

Die 1895r kosteten durchschnittlich 1644—6114 M. Der Preis von 1644 und ein solcher von 2904 M. bildeten Ausnahmen. Die andern Durchschnittspreise betrugen 3136, 3572, 4135, 4172, 4696, 4798 und wie erwähnt 6114 M. für das Stück.

Es sind das die Durchschnittspreise der einzelnen Weingüter für 1895r. Die höchsten Einzelpreise bewegten sich bis zu 8100 M., in der Regel nicht unter 4500 M., dagegen verschiedentlich über 5000 bis zu 7300 M.

Die Aßmannshäuser Rotweine kosteten durchschnittlich 4798 M., im einzelnen 4000—4920 M.

Der jüngste 1898r Jahrgang ergab durchschnittlich 990—1813 M., bei den Aßmannshäuser Rotweinen 3384 M. Die Höchstpreise stiegen bis zu 2440 M. und betrugen bei den meisten Gütern nicht unter 1900 M. C. Sffd.

**Die Weinernte der Welt im Jahre 1898.** An der Spitze der „Weinländer" steht Frankreich mit etwa 32½ Mill. Hektoliter, wurde aber im vorigen Jahre beinahe von Italien mit 31½ Millionen eingeholt. Das erstere Land hatte gegen die Ernte von 1897 eine geringe Abnahme, das letztere eine Zunahme von über 5½ Mill. zu verzeichnen. Das dritte unter den Weinländern war und blieb Spanien, das eine Zunahme von annähernd 19 auf 24¾ Mill. aufwies. Nicht allgemein bekannt dürfte es sein, daß das viertreichste Weinland Algier ist, allerdings mit 5¼ Mill. Hektoliter gegen die erstgenannten Länder weit zurücktretend An fünfter Stelle stand sowohl 1897 wie 1898 Rumänien, das eine Steigerung der Ernte von 3 200 000 auf 3 900 000 hl erreichte. Die sechste Stelle nahm im vorigen Jahre Rußland ein mit 3 120 000 hl, während es 1897 noch hinter Chile und Portugal zurückstand. Einen außerordentlichen Aufschwung nahm die Weinernte in Bulgarien, das von der siebzehnten Stelle an die siebte rückte und eine Zunahme von 1 090 000 auf 2 600 000 hl erzielte. Dann folgte Chile, dann Portugal. Deutschland blieb im vorigen Jahre wegen der bekanntlich recht mangelhaften Ernte noch hinter Oesterreich (1 900 000) zurück und trat mit 1 800 000 hl von der neunten an die elfte Stelle. Ueber eine Million Hektoliter erzeugten ferner noch Türkei mit Cypern, Argentinien, Peru, die vereinigten Staaten von Amerika. Ungarn hatte nur 900 000 hl zu ernten, demnächst folgen mit noch kleineren Mengen: Serbien, Brasilien, Azoren und Canaren mit Madeira, Kapland, Uruguay, Tunis, Australien, Mexiko, Persien und Bolivia.

## Fragekasten.

**Frage.** Hier ist vielfach die Frage aufgeworfen worden, ob durch die Kupfervitriol-Kalkbespritzung das Laub der Reben für Futterzwecke unbrauchbar bezw. gesundheitsgefährlich für das Vieh wird. Wie verwenden, nachdem das Spritzen am Rhein fast allgemein eingeführt, die Rheingauer das getrocknete Laub? Da auch wir hier in diesem Jahre das Spritzen in größerem Umfange vorgenommen haben, wäre es für mich wichtig zu wissen, ob das Laub ohne Nachteil (wenn mit Kupferkalk bespritzt) verfüttert, oder ob durch den Genuß solchen Laubes bei den Tieren Krankheitserscheinungen sich einstellen können?

**Antwort.** Die Ansichten über die Schädlichkeit der mit Kupferkalk bespritzten Rebtriebe sind geteilt. Ich neige mich der Ansicht zu, daß unter n o r m a l e n Verhältnissen, d. h. wenn die Bespritzung nicht zwecklos stark vorgenommen wurde und das Vieh auf einmal nur kleinere Mengen Gipfel erhält, der Verfütterung keine Bedenken entgegenstehen. Thatsächlich wird in denjenigen Gegenden — auch im Rheingau —, welche seit Jahren regelmäßig spritzen, das Laub im allgemeinen nach wie vor verfüttert. Exakte Fütterungsversuche, welche in San Michele mit kupferhaltigem Laub durchgeführt wurden, haben ergeben, daß das Vieh sich trotz der verabreichten Kupfermenge sehr wohl befand, auch war in der Milch Kupfer nicht vorhanden. Damit soll natürlich nicht bestritten werden, daß unter Umständen, namentlich wenn man zu viel Gipfel auf einmal verabreicht, gewisse Störungen des Gesundheitszustandes, zumal bei schwachen Tieren, möglich sind. Prof. Dr. Kulisch.

## Vom Büchertisch.

**Weinbau und Kellerwirtschaft in Frankreich**, von Dr. J. Zawodny, österr. Fach- und Wanderlehrer. Zweite Auflage, 1898, Verlag von Moritz Perles in Wien, Seilergasse 4. Ist auch beim Verfasser selbst zu beziehen, Wien XVIII. Cottageg 11 e, 26.

Der Verfasser, welcher längere Zeit sich in Frankreich aufgehalten hat, entwirft hier in klarer übersichtlicher Weise ein Bild von dem Weinbau und der Kellerwirtschaft in Frankreich. Jedes einzelne Departement wird beschrieben und die charakteristischen Merkmale derselben in Beziehung auf Weinbau und Kellerwirtschaft an der Hand zahlreicher, ganz vorzüglicher Abbildungen erläutert. Dem Werke ist eine Weinbaukarte Frankreichs angehängt. Jedem, der sich über den Stand des Weinbaues und der Kellerwirtschaft Frankreichs orientieren oder selbst von den verschiedensten dort gebräuchlichen Einrichtungen Gebrauch machen will, wird dieses Buch zahlreiche wertvolle Fingerzeige darbieten. Der Verfasser hat seine Schrift dem Erzherzog Franz Ferdinand gewidmet, welcher diese Widmung angenommen hat. C. Sfd.

## Persönliches.

An der pflanzenphysiologischen Versuchsstation der Königl. Lehranstalt ist Herr Dr. **von Wahl**, bisher an der Königl. Lehranstalt in Proskau, als Assistent eingetreten. Der frühere Assistent Herr Dr. **Laubert** ist in gleicher Eigenschaft in das pflanzenphysiologische Institut der Königl. Landwirtschaftl. Akademie in Poppelsdorf eingetreten.

# Mitteilungen
über
## Weinbau und Kellerwirtschaft.
### XI. Jahrgang.

Herausgeber: Landes-Oekonomierat **R. Goethe.** Schriftleitung: Weinbaulehrer **C. Senfferheld.**

**Nr. 10.** Geisenheim, im November **1899.**

## Ueber die Düngung der Sandweinberge des ostdeutschen Weinbaugebietes.

Auf Grund eines im Gewerbe- und Gartenbau-Verein zu Grünberg i. Schl. gehaltenen Vortrages.

Von Prof. Dr. P. Kulisch.

Vorbemerkung: Es ist eine dem Fachmanne schon bei oberflächlicher Besichtigung sofort in die Augen springende Thatsache, daß die Weinberge des ostdeutschen Weinbaugebietes sich zum großen Teil in einem sehr wenig befriedigenden Zustande befinden, und daß die meisten derselben, wenn nicht bald eine Wandlung zum Bessern eintritt, sicher dem Untergange geweiht sind. Von verschiedenen Seiten — ich nenne in erster Linie die Landwirtschaftskammer für die Provinz Brandenburg durch ihre Weinbauschule in Crossen a. O. und den Gewerbe- und Gartenbauverein in Grünberg (Schl.) — wird neuerdings der Versuch gemacht, die in allmählichem Rückgange befindliche Rebkultur in Ostdeutschland wieder zu heben und rentabler zu machen, als dieselbe offenbar jetzt ist. Auf Veranlassung der Genannten habe ich in den letzten beiden Jahren zweimal das deutsche Weinbaugebiet bereist, um Anregungen zur Hebung des Weinbaues und der Weinbereitung zu geben. Von den Ergebnissen dieser Studien hoffe ich demnächst den Lesern dieser Zeitschrift in einem ausführlichen Aufsatze berichten zu können. Ich möchte meinen, daß die Geschichte einer derartigen, im Rückgang befindlichen Kultur und eine Erörterung der Ursache dieses Rückganges auch für Angehörige anderer, von der Natur mehr begünstigter Weinbaugebiete von einem gewissen Interesse sein könnte. — Den Eindruck habe ich in allen Teilen des ostdeutschen Weinbaugebietes gewonnen, daß in der Hauptsache nur Vernachlässigung und vor allen Dingen die infolge der Unkenntnis der Winzer immer allgemeiner gewordene falsche Behandlung des Stockes die geringen Erträge und damit den Rückgang des Weinbaues in diesen Gegenden bedingt. Der Stand einzelner gut gepflegter und behandelter Weinberge, die Erträge derselben und — trotz des Spottes, der so reichlich über den Grünberger und Bomster ausgeschüttet wird — auch die Qualität der Weine und die für dieselben am Erzeugungsort erzielten Preise geben meines Erachtens der Hoffnung Raum, daß es doch möglich und im wirtschaftlichen Interesse jener Gegenden auch wünschenswert sei, den Weinbau im Flußgebiet der Oder zu erhalten. Ich behalte mir vor, diese Anschauung an anderer Stelle ausführlicher zu begründen; hier möchte ich nur das betonen: Es ist leicht, eine solche Kultur aufzugeben. Aber die jetzt noch dem Weinbau dienende Fläche wird dann sicher Oedland oder höchstens Fichtenschonung werden. Es handelt sich hier immer noch um eine nicht unbedeutende Fläche, rund 4000 Morgen. Auch der ausgedehnte Weinhandel z. B. in Grünberg ist direkt und indirekt an der Erhaltung des dortigen Weinbaus interessiert.

Nachstehend erörtere ich die Frage der Düngung der dortigen Weinberge. Die Behandlung dieses Gegenstandes vor allen anderen rechtfertigt sich dadurch, daß gerade in dieser Hinsicht die schlimmsten Mißstände bestehen. Die meisten Weinberge bieten das Bild hungernder Reben infolge ganz unzureichender Düngung. Und wo man düngt, düngt man vielfach noch oben, was für jene leichten Böden unzweckmäßig. Eine bessere Ernährung der ostdeutschen Reben ist meines Erachtens die erste Voraussetzung jeder Besserung.

---

Meine Herren! Im vorigen Sommer habe ich Gelegenheit gehabt, vor Ihnen über die Lage des ostdeutschen Weinbaues, seine Aussichten und seine Wiederbelebung zu sprechen. Ich habe damals die Gründe erläutert, welche den offenbaren Rückgang dieser Kultur erklären, und habe Vorschläge gemacht, wie demselben zu steuern sei. Heute will ich im Anschluß an das damals Gesagte speziell die Düngung behandeln. Es ist früher schon betont worden, daß verschiedene Maßnahmen ineinander greifen müssen, wenn die zurückgegangenen Weinberge auf einen besseren Stand gebracht werden sollen. Dahin gehört unzweifelhaft in erster Linie eine Verjüngung der Reben, die hier durch Senken, anderorts Vergruben genannt, noch allgemein vorgenommen wird, einem Verfahren, welches man in den meisten anderen Weinbau-Gebieten dem Drange der Verhältnisse folgend allmählich hat verlassen müssen und welches man nach meiner Ansicht auch hier nicht wird auf die Dauer aufrecht erhalten können. Die Verjüngung der Weinberge durch Uebergang zu einem neuen Verfahren würde indessen eine große Umwälzung bedeuten, und es ist die Frage, ob die ohnedies mutlosen Winzer nicht vor der Schwierigkeit dieser Aufgabe zurückschrecken würden, zumal damit vorübergehend auch große Geldopfer verbunden wären. Daher gilt es zunächst durch genaue Versuche zu prüfen, inwieweit es empfehlenswert sei, in dieser Richtung Neuerungen herbeizuführen und welche andere Methode der Verjüngung sich für Ihre Verhältnisse am Besten eignen dürfte. Der Gewerbe- und Gartenbau-Verein hat sich in dankenswerter Weise bereit erklärt, einige Versuche hierüber einzuleiten. Aber erst nach Jahren kann man auf die durch die Versuche zu lösenden Fragen Antwort erhalten und daher sind alle diese Pläne sehr weitsichtiger Natur. Ganz anders aber liegt es mit der Düngung der Reben.

Hier kann jeder einzelne schon jetzt helfend eingreifen und nach einiger Zeit eine Besserung erreichen, wenn er nur den guten Willen hat und die erforderlichen Mittel aufzubringen in der Lage ist. Ich bin fest überzeugt, daß die aufgewendeten Opfer an Mühen und Geld sich im Laufe der Jahre reichlich bezahlt machen werden. Der Gewerbe- und Gartenbau-Verein hat die Absicht, mit Unterstützung der Rebendüngungs-Kommission planmäßige Düngungsversuche in den hiesigen Weinbergen einzuleiten. Ich hoffe, daß dieselben nicht nur die Frage nach der für Ihre Sandböden geeignetsten Düngung fördern werden, sondern Ihnen auch die Ueberzeugung verschaffen, daß Sie bisher nicht genügend und vielleicht auch nicht ganz richtig gedüngt haben; vor allen Dingen aber Ihnen zeigen werden, daß Ihre Reben Hunger leiden und daß eine bessere Ernährung derselben auch einen besseren Stand derselben und höhere Erträge herbeiführen kann und wird.

Zunächst müssen wir die Frage beantworten: Woraus können wir schließen, daß die Weinberge hierorts schlecht gedüngt sind? Ich will ganz davon absehen, daß die hier thatsächlich gegebene Düngermenge im Vergleich zum Nährstoffbedarf der Rebe und nach den sonst gemachten Erfahrungen viel zu gering ist: Die Thatsache, daß die Reben Hunger leiden, drängt sich jedem auf, der durch Ihre Weinberge wandert. Es gibt Weinberge, die trotz des leichten Bodens einen kräftigen Wuchs, ein üppiges Blattwerk entwickeln, aber sehr viele Gärten — die weitaus überwiegende Zahl — zeigen einen recht dürftigen Stand. Das Holzwachstum ist sehr schwach und wirklich kräftige Triebe findet man selten. Viele Stöcke haben nicht eine Rebe die über 60 cm lang ist und diejenigen Reben, welche nur Triebe unter 30—40 cm lange Triebe aufweisen, sind keine Seltenheit. Das Blattwerk ist dürftig entwickelt und vielfach gelblich-grün. Dementsprechend ist auch die Zahl der Gescheine und Trauben gering und die vorhandenen sind unvollkommen entwickelt. Die geringen Erträge sind bei diesem Stande der Reben nur gar zu begreiflich. Selbst wenn man berücksichtigt, daß die Mehrzahl Ihrer Weinberge in leichten Sand- und Kiesböden stockt und daß manche der mit Vorliebe angebauten Traubensorten, wie Traminer, Burgunder und Sylvaner auch anderorts nicht besonders hohe Erträge geben, so muß man doch die hier erzielten Durchschnittserträge als ganz außerordentlich gering bezeichnen, so gering, daß die Kosten des Baues kaum gedeckt werden; oft genug wird sich sogar eine Zubuße als Endergebnis herausstellen. Und das gilt nicht etwa nur von ausnahmsweise geringen Jahren, sondern leider auch von dem Durchschnittsergebnis eines längeren Zeitraumes.

Nach mir gewordenen Mitteilungen erzielt man im Durchschnitt auf einen Morgen vielfach nur 1—2 Viertel Trauben zu je 5 Ztr. Man wird der Wirklichkeit ziemlich nahe kommen, wenn man den Durchschnittspreis für 1 Viertel auf 50—70 Mk. annimmt. Auf der anderen

Seite kostet hier der vollständige Bau eines Morgens Weinberg für 1 Jahr auf dem Lande 70—90 Mk., in der Nähe der Stadt 90—120 Mk. Daraus ergibt sich, daß der Weinbau in den weitaus meisten Fällen durchaus unrentabel ist, und es ist nur zu begreiflich, warum das Interesse an demselben mehr und mehr erlischt. **Die Hebung der Erträge ist daher eine unerläßliche Vorbedingung, wenn der Weinbau wieder rentabel und lebensfähig werden soll.** —

Daß eine Steigerung der Erträge bei reichlicher und zwecksprechender Düngung zu erwarten ist, glaube ich ohne jede Einschränkung behaupten zu können. Dafür spricht schon die eine Thatsache sehr deutlich, daß inmitten verwahrloster und schlecht stehender Weinberge, solche sich finden, die bei sonst gleicher Behandlung nur durch reichlichere Ernährung einen vorzüglichen Stand aufweisen und — das ist besonders bemerkenswert — auch in diesem Jahre, wo man sonst so über die geringe Zahl der Gescheine klagt, einen durchaus normalen Behang zeigen. Diese Besitzer sind auch heute noch mit den Erträgen im ganzen zufrieden, eine Beobachtung, die man übrigens auch in anderen Weinbaugebieten machen kann. Ich habe neulich in Sabor einige Weinberge eines kleineren Besitzers gesehen, die in jeder Hinsicht einen vorzüglichen Stand hatten: Bei starkem Holzwuchs und üppigem Blattwerk zahlreiche und kräftige Gescheine, so daß vielfach sogar Bögen angeschnitten waren, was um so bemerkenswerter ist, als es sich um Weinberge in ganz leichten Sandböden handelt. Man sagte mir, daß dieser Besitzer auf die nichtgesenkten Reben mit Stallmist und hin und wieder mit Jauche dünge. Oder ein anderes Beispiel: Hier in Grünberg fiel mir ein Weinberg auf, der in ähnlicher Weise sich auszeichnete. In diesem war Latrine aus einer Fabrik untergebracht worden. Ich möchte diesen Dünger keineswegs zu allgemeiner Anwendung empfohlen haben, aber auch dieser Fall zeigt doch, daß eine reichlichere Ernährung, namentlich mit Stickstoff, das Holzwachstum und auch die Erträge steigert. Freilich, und das möchte ich hier schon betonen, wenn bei stärkerem Trieb der Ertrag nicht ausbleiben soll, muß der Schnitt dem Wachstum des Stockes angepaßt werden.

Auch folgende Beobachtungen scheinen mir dafür zu sprechen, daß Nährstoffmangel die Hauptursache der kümmerlichen Entwickelung der Reben ist. Wiederholt konnten wir bei der heutigen Begehung der hiesigen Gemarkung feststellen, daß in der Nähe der Wohnhäuser, z. B. angrenzend an Gärten, die Reben recht gut standen, offenbar weil an diese Stellen häufiger und reichlicher Dünger kommt. Auch in der Gemeinde Sabor konnte ich mehrfach die Beobachtung machen: je weiter vom Ort entfernt, um so schlechter der Stand der Rebe.

Zu denselben Schlüssen kommt man übrigens, wenn man die hier angewendete Düngungsmethode mit den Gepflogenheiten anderer Weinbaugebiete vergleicht. Eine Düngung der Weinberge in dem Sinne, wie man dieses Wort sonst gebraucht, kennt man hier eigentlich überhaupt nicht. Hier kommt der Dünger nur in die Senkgruben, d. h. in die bei der Verjüngung der Reben gemachten Gruben und zwar auch da keineswegs immer in reichlichen Mengen. Nun werden auf den Morgen jährlich etwa 100 Gruben für je 4 Stöcke gemacht, also nur etwa der sechste bis zehnte Teil der Stöcke wird gesenkt. Die bei der Verjüngung gegebene Düngermenge soll also 6—10 Jahre, bisweilen auch wohl noch länger ausreichen. Wenn Sie einen vor 2 Jahren verjüngten und gedüngten Stock betrachten, so wird Ihnen auffallen, daß dessen Blätter im Juli und August eine satte, tiefgrüne Färbung zeigen, während die vor längerer Zeit gesenkten Stöcke gelbgrüne, durchschimmernde Blätter tragen. Das ist in der Regel ein Merkmal des Hungers, insbesondere des Stickstoffhungers der Reben. Die Düngung der gesteckten Rebe hält etwa 2—3 Jahre an; dann tritt eine Stockung, später ein Rückgang ein. Von da an hungert die Rebe, bis sie zuletzt nicht mehr trägt. Dann erst in vielen Fällen, aber auch dann noch nicht einmal, wie die Weinberge leider vielfach zeigen, wird er von neuem gesenkt. Diese Art der Düngung ist ganz offenbar unzweckmäßig: Sie bedeutet thatsächlich ein Hungernlassen der Reben während eines Zeitraumes von 4—6 und unter Umständen noch mehr Jahren. Man braucht nicht gleich soweit zu gehen, daß man sagt: „Laßt das Senken und geht zu einer andern Methode über!" Ich möchte Ihnen aber raten: „Schwächen Sie die Fehler dieses Verfahrens ab, indem Sie neben der Senkung eine Düngung auch derjenigen Reben einführen, die nicht gesenkt werden."

Ein weiterer Fehler Ihrer Düngung liegt darin, daß Sie den Bodenverhältnissen in der Düngung nicht genügend Rechnung tragen. Ich habe eine große Zahl hiesiger Weinbergsböden auf Kalk untersucht, aber in fast allen Fällen ein fast vollständiges Fehlen dieses Nährstoffes festgestellt. Ich brauche hier nicht näher darauf einzugehen, wie wichtig dieser Nährstoff auch für die Rebe ist und wie sehr auch die Ausnutzung der übrigen Düngerbestandteile von der Anwesenheit einer genügenden Kalkmenge abhängt. Die Notwendigkeit einer Kalkzufuhr in so kalkarmen Böden, wie es die Grünberger Weinbergsböden nach meiner Beobachtung sind, ist so allgemein anerkannt, daß man es unbedingt als einen großen Fehler bezeichnen muß, wenn bisher auf dieses Kalkbedürfnis Ihrer Böden nicht die geringste Rücksicht genommen wurde.

Ferner sind die hiesigen Böden wie alle Sandböden auch ganz allgemein sehr arm an Kali und Phosphorsäure, so daß eine Beigabe mineralischer Dünger zum Stalldünger durch die Verhältnisse sehr nahe gelegt wird. Und doch sind dieselben bisher nur ganz ausnahmsweise zur Anwendung gelangt; daß diese Nährstoffe in den hiesigen Böden fehlen und daher gewisse Gaben derselben sich wirksam erweisen würden, war von vornherein kaum zu bezweifeln. Es liegen aber auch bereits ganz bestimmte Beobachtungen in dieser Richtung vor: Einige Weinberge eines hiesigen Besitzers, welche seit Jahren eine mineralische Beidüngung zum Stalldünger erhalten haben, zeigen unzweifelhaft ein viel kräftigeres Holz und stärkere Belaubung als alle Nachbarweinberge. Einen v o l l e n Ersatz von diesen Düngungen konnte man aber bisher schon deshalb nicht erwarten, weil nicht gleichzeitig das Bedürfnis nach Kalk und Stickstoff befriedigt wurde. — An einer anderen Stelle wurde mir, als ich den

Winzer nach dem Erfolg der in jedem zweiten Jahre gegebenen Düngung von Kainit und Thomasmehl fragte, die sehr unzufriedene Antwort, daß nur das Unkraut darauf gewachsen sei. Auch diese Thatsache spricht sehr deutlich für einen Mangel an den genannten beiden Nährstoffen und wenn dieselben das Wachstum des Unkrauts befördern, wird vermutlich auch die Rebe nur besser wachsen. Jeder stark gedüngte Weinberg verunkrautet ja leichter als ein mager gehaltener.

Im nachstehenden möchte ich nun unter Berücksichtigung der hiesigen Boden= und Wirtschaftsverhältnisse erörtern, in welcher Richtung wohl die Düngung der Weinberge abzuändern und zu verbessern wäre. Dabei ist freilich immer im Auge zu behalten, daß die Kosten der Düngung nicht allzuhohe werden, da hiervon die Rentabilität der Düngung entscheidend beeinflußt wird. Es wird daher auch in jedem Falle zu erwägen sein, in welcher Form unter den hiesigen Verhältnissen die einzelnen Nährstoffe am billigsten zu beschaffen sind.

Die Grundlage der Weinbergsdüngung ist überall der Stalldünger, insbesondere guter Rinderdünger. Gerade für die humusarmen, leicht austrocknenden Sandböden dürfte er niemals ganz zu entbehren sein. Man rechnet sonst zu einer vollen Stallmistdüngung etwa 100 Ztr. jährlich auf den Morgen. Hier in Grünberg giebt man nach den mir gewordenen Mitteilungen ganz allgemein erheblich weniger. Selbst einige sonst gut bauende Besitzer rechnen auf den Morgen im Jahr nur etwa 2 Fuhren von 20—25 Ztr. Ausnahmsweise mag ja mehr gegeben werden, oft aber auch sehr viel weniger. Die Angaben der einzelnen Besitzer schwanken in dieser Richtung außerordentlich (von 50—80 Ztr.) und die meisten derselben befolgen dabei offenbar überhaupt keine bestimmte Regel. Wenn man aber das Gesamtergebnis zusammenfaßt, so ergiebt sich das eine mit voller Sicherheit: Die gegebene Stalldüngermenge bleibt erheblich hinter denjenigen zurück, welche man sonst für die Weinbergsdüngung für erforderlich hält. Dieselbe dürfte günstigsten Falls etwa $^2/_3$, oft auch nur die Hälfte der sonst üblichen Gabe betragen.

Da sonstige Dünger nicht in erheblichem Maße verwendet werden, so muß sich in den Weinbergen allmählich ein Nährstoffmangel einstellen, der von Jahr zu Jahr natürlich schlimmer wird, und den schlechten Stand der Weinberge wohl zur Genüge erklärt, zumal in den leichten Sandböden, in welchen der Dünger sich rasch zersetzt und die Nährstoffe leicht versinken. Die veränderten wirtschaftlichen Verhältnisse Grünbergs machen es wohl verständlich, daß es früher in dieser Hinsicht besser bestellt war und daß ein allmählicher Rückgang eingetreten ist. Aus der Ackerbau treibenden Landstadt mit Viehhaltung ist mehr und mehr eine Industriestadt geworden. Der von den Weinbergsbesitzern in eigner Wirtschaft erzeugte Stalldünger tritt immer mehr zurück gegenüber dem Kaufdünger, der dadurch einen recht hohen Preis erreicht hat (etwa 9 Mk. für eine Fuhre zu 20 Ztr.). Auf dem Lande, wo der Dünger in weiterer Entfernung von der Stadt fast nur ein Drittel des obigen Preises kostet, dürfte man Stalldünger reichlicher und wohl auch in besserer Qualität verwenden. Den durchschnittlich viel besseren Stand der dortigen

Weinberge, namentlich bei den kleineren Besitzern, möchte ich hierauf in erster Linie zurückführen.

In den ländlichen Distrikten des hiesigen Weinbaugebietes stellen sich die Nährstoffe im Stallmist so billig, daß man unbedingt dessen Menge erhöhen sollte, wofern man eine reichlichere Ernährung der Reben beabsichtigt. Aber auch für die städtischen Weingärten möchte ich die Verwendung größerer Stalldüngergaben wegen der günstigen Nebenwirkungen des Stalldüngers noch für rentabel halten, wenn nur für den angegebenen Preis guter Stalldünger, d. h. speckiger Rinderdünger mit Stroheinstreu geliefert wird. In sehr zurückgegangenen Weinbergen empfiehlt es sich mit der stärkeren Düngergabe eine raschere Verjüngung zu verbinden, indem man jedes Jahr entsprechend mehr Reben „senkt". Weinberge, die im ganzen noch einen leidlichen Stand haben, würden dagegen in der bisherigen Art weiter zu senken sein. Das Mehr an Dünger, welches in solchen Weinbergen zum Senken nicht verbraucht wird, empfehle ich in etwa 30 cm tiefen Löchern neben den schwachen Stöcken unterzubringen. Ueberhaupt sollte man allen Reben, die 3—4 Jahre nicht gesenkt wurden, in dieser Weise eine kräftige Düngung geben.

Daß auch die Qualität des verwendeten Düngers vielfach sehr zu wünschen übrig läßt, davon habe ich mich mehrfach überzeugen können. Der Strohdünger ist von dem Dünger, welcher mit Kiefernadelstreu gewonnen ist, selbstverständlich vorzuziehen, der Pferdedünger ist für die leichten Sandböden viel zu hitzig; er sollte zuvor eine Zeit lang mit Erde und anderen Materialien kompostiert werden. An einer Stelle sah ich, daß man ganz strohigen Pferdemist in die Senkgruben brachte und das noch ziemlich spät im Frühjahr. Ist es schon im allgemeinen zweckmäßig, die Senkgruben thunlichst früh im Herbst zu düngen, so wird dies um so notwendiger, wenn man so hitzigen, wenig verrotteten Dünger verwendet, da dieser ein gutes Anwurzeln der gesenkten Reben verhindert.

Ein Stalldüngerpreis von 9 Mk. für eine Fuhre zu 20—25 Ztr. ist ein so hoher, daß man die Nebenwirkungen des Stalldüngers, insbesondere die durch diesen bedingte physikalische Verbesserung des Bodens, schon sehr hoch einschätzen muß, wenn selbst guter Stalldünger noch rentabel erscheinen soll. Darüber aber möchte ich keinen Zweifel lassen, daß schlechter Stalldünger zu diesem Preise schon viel zu teuer bezahlt ist. Damit gewinnt die Zufuhr der Nährstoffe in Form von künstlichen Düngern unter den hiesigen Verhältnissen eine ganz besondere Bedeutung.

(Schluß folgt.)

## Die Wiederherstellung der durch die Reblaus zerstörten Weingärten in Oesterreich-Ungarn.

Von Josef Mader, Oenologe.

(Schluß statt Fortsetzung.)

Da es sich in den letzten Jahren in Oesterreich, ganz besonders in Niederösterreich, erwies, daß die eben beschriebenen Unterlagen nicht ausreichen, um alle Böden und Lagen zu rekonstruieren, so ist man dort zur

Ueberzeugung gelangt, daß es notwendig ist, auch noch andere Unterlagen zur Rekonstruktion heranzuziehen und mit Zuhilfenahme der verschiedenen Hybriden jene der Neukultur bisher unzugänglichen Böden zugänglich zu machen. So berichtet der techn. Leiter für staatl. Weinbauarbeiten H. Rober in der „Weinlaube" No. 9 vom 26. Februar 1899, daß er Anpflanzungen von Aramoux Rupestris No. 1 und Gamay-Comderc-Colombeau Rupestris an vielen Orten mit Boden und klimatischen Verhältnissen, die den niederösterreichischen ähnlich, mit gutem Erfolge angepflanzt gesehen habe, so daß die Annahme, daß diese Sorte auch für niederösterr. Verhältnisse mit Vorteil verwendet werden könne, nicht mehr vollständig unberechtigt sei.

2. Die Erhaltung der durch die Reblaus verseuchten Weinberge mittels Schwefelkohlenstoff erwies sich allerorts als zu teuer und zu umständlich, so daß dieses System der Reblausbekämpfung nur mehr den Uebergang von der alten Kultur zur neuen bewerkstelligen soll. Die Neuanlage von einheimischen Weingärten mit gleichzeitiger Behandlung von Schwefelkohlenstoff, wie es teilweise noch vor mehreren Jahren an vielen Orten durchgeführt wurde, wird größtenteils wieder aufgegeben und nur in solchen Bodenarten noch zur Anwendung gebracht, die einen hohen Gehalt an kohlensaurem Kalk aufweisen, in welchen die amerik. Rebe nach den bisher gemachten Erfahrungen chlorosiert und eingeht. Wie schon am Anfange erwähnt, läßt sich die Schwefelkohlenstoffbehandlung oder das sogen. Kulturalverfahren auch nicht in allen Böden zur Durchführung bringen. In allen leichten, sandigen, steinigen und heißen Böden verflüchtet der Schwefelkohlenstoff ohne zur Wirkung zu gelangen, es können daher für dieses Verfahren nur die schweren, bündigeren und etwas feuchteren Böden Anwendung finden und wird auch nur in solchen Böden ein wirklicher Erfolg zu Tage treten. Eine derartig durchgeführte systematische Bespritzung hat sich in Oesterreich-Ungarn überall als sehr gut erwiesen.

Nach dem Gesetze vom 3. April 1875 konnte die Behörde den Weingartenbesitzer zwingen, in dessen Weingarten die Reblaus aufgetreten war, die Bekämpfung dieses Insektes mit Schwefelkohlenstoff durchzuführen. Nach den bisher gemachten Erfahrungen, sowie der verhältnismäßigen Kostspieligkeit dieses Verfahrens trat mit der Zeit eine Aenderung des Erlasses ein. Eine Behandlung des Weingartens mit Schwefelkohlenstoff steht daher nach dem Gesetze vom 27. Juni 1885 jedermann frei.

Die bei der Behandlung mit Schwefelkohlenstoff entstehenden Kosten werden nicht entschädigt, doch hat sich das Ackerbau-Ministerium bereit erklärt, in gewissen Fällen denselben zu ermäßigtem Preise (7 fl. pro qm) aus den ärarischen Niederlagen zu verabfolgen. Der Fabrikspreis des Schwefelkohlenstoffes beträgt 27 Gulden pro qm, rechnet man nun bei einmaliger Behandlung im Jahre pro m$^2$ 24 g Schwefelkohlenstoff, d. i. pro ha 240—250 kg, nebst Anschaffung des Spritzpfahles und verschiedener kleinerer Utensilien, Arbeitslohn für die Bespritzung u. dergl., so stellt sich die alljährliche Behandlung eines ha auf 110—120 fl.

3. Die tausende Joch Sandböden, die bisher in Ungarn brach lagen oder Schafherden als spärliche Weide dienten, weisen heute herrliche

Weingelände auf, die an Ueppigkeit im Wachstume, sowie auch an Fruchtbarkeit vielen Weinbaugebieten nicht viel nachstehen. Ein Beweis, welchen Aufschwung die Sandweingartenanlagen in den letzten paar Jahren aufzuweisen haben, geht daraus hervor, daß das früher beinahe wertlose Sandgebiet von Jahr zu Jahr im Preise steigt. Sandweingärten in Kis=Körös z. B., die vor 2 bis 3 Jahren mit 50—60 fl. pro Joch (1600 ☐ Klft.) bezahlt wurden, stehen heute bereits auf 2—500 fl. je nach Güte und Lage des Bodens. Eine größere Ausdehnung der Sand=weingärten konnte aber auch nur in Ungarn vor sich gehen, da Ungarn nicht nur über den reinen immunen Sand, sondern auch über genügende und billige Arbeitskraft verfügt.

Ich habe vergangenes Jahr die der Firma Oppenheim in Kis=Körös gehörige 300 Joch große Sandweingartenanlage gesehen. Dieselbe ist ganz in der Ebene gelegen, aus reinem Flugsand bestehend, das über 80⁰/₀ Quarz enthält. 100 Joch dieses Komplexes dienen allein der Tafeltraubenerzeugung und waren in demselben hauptsächlich die Sorten weißer und roter Gutedel, sowie die verschiedensten Muskatsorten vertreten. Die übrigen 200 Joch dienten ausschließlich nur der Wein-Erzeugung und waren daselbst hauptsächlich folgende nennenswerte Sorten vertreten: Welschriesling, Honigler, Carjo, Steinschiller, blaue Kadarka und noch verschiedene. Das Erträgnis eines guten Jahres beträgt pro Joch 60 hl, als Durchschnittserträgnis kann jedoch nur 25–30 hl angenommen werden.

Zufolge der dort billigen Arbeitslöhne wurde die ganze Anlage mit der Hand rigolt und stellte sich das ☐ Klft. auf 3 Kreuzer, so daß sich die Kosten des Rigolens eines Joches (1 Joch = $^1/_2$ ha) auf 48 Gulden belaufen; die jährlichen Bearbeitungskosten eines Joches betragen nach den dortigen Angaben 40 Gulden. Man kann sich daher bei Berücksichtigung all dieser Faktoren leicht einen Begriff machen von der Rentabilität solcher Sandanlagen, vorausgesetzt, daß Pilzkrankheiten oder Schädlinge, von denen diese Anlagen leider oft viel zu leiden haben, die Ernte nicht in hohem Maße beeinträchtigen. Anschließend will ich einige von den vielen beim Auftreten der Reblaus in Oesterreich erlassenen Gesetze und Verordnungen, die Dr. G. Marchet, Professor an der k. k. Hochschule für Bodenkultur in Wien in einem Büchlein „die Reblausgesetzgebung Oesterreichs, 2. ergänzte Auflage" zusammengefaßt hat, erwähnen: Es wurde vor allem von einem phylloxerierten Weingarten die Grundsteuer in dem Maße abgeschrieben, als der Naturalertrag des Weingartens abnahm. Wenn der Weingartenertrag infolge Auftretens der Reblaus um mehr als ein Viertel bis zur Hälfte des Naturalertrages zurückgeht, so wird eine Abschreibung von 25% der Jahressteuer bewilligt; bei Zerstörung der Hälfte des Naturalertrages bis zu drei Viertel derselben 50%, bei Zerstörung des Naturalertrages über drei Viertel werden 75% und bei dem Aufhören des Naturalertrages eines phylloxerierten Weingartens wird die ganze Grundsteuer der verseuchten Parzelle abgeschrieben.

Wenn ein Weingarten ausgehauen worden ist und der Besitzer bepflanzt die Parzelle wieder mit veredelten Reben, so braucht er für diese

Parzelle zehn Jahre hindurch keine Grundsteuer zu bezahlen. Wenn auf
Sandgebieten Weingärten angelegt werden, so kann für diese eine sechs=
jährige Grundsteuerfreiheit in Anspruch genommen werden. Das Gesetz
vom 28. März 1892 Reichs=Gesetzbl. No. 61 gibt dem Ackerbauminister
die Ermächtigung „für den Fall, als in einer Gemeinde die Reblaus in
verheerender Weise aufgetreten ist und die betroffenen Grundbesitzer in
eine zeitweilige Notlage geraten sind, zum Zwecke der Wiederherstellung
der zerstörten Weingärten unverzinsliche Vorschüsse zu erteilen". Die
Voraussetzungen sind also die, daß in einer Gemeinde die Reblaus stark
aufgetreten ist und daß die Weingärtner die Kosten der Wiederanpflanzung
ihrer Weingärten aus eigenen Mitteln nicht leicht aufbringen können.
Wenn ein einzelner Weingartenbesitzer um einen Vorschuß ansucht, so wird
der Vorschuß in der Regel auf seinem Grundbesitze intabuliert; wenn
hingegen eine ganze Gemeinde, eine Genossenschaft oder ein landwirt=
schaftlicher oder Weinbauverein um ein solches Darlehen einkommt, so wird
in der Regel eine solche Sicherstellung nicht verlangt.

Bezüglich der Sicherstellung verweist aber die Ministerialverordnung
mit Recht darauf, daß die Sicherstellung nicht in jener Weise verlangt
werden darf, wie sie ein Privatgläubiger verlangen würde. Es handelt
sich hier eben um ein Notstandsdarlehen, so daß der Darlehensnehmer
häufig eine momentan ausreichende Sicherstellung gar nicht leisten könnte;
der Staat sieht eine Sicherheit darin, ob der Weingartenbesitzer das
Darlehen richtig anwenden wird oder nicht, sowie darin, daß der Wein=
garten, der heute wenig oder gar nichts mehr trägt, wenn er mit amerik.
Reben aufgepflanzt wird, mehr wert geworden ist, als er früher war.

---

## Der Weinbau an der Lahn.
### Von H. Frederichs in Geisenheim.

Schon früher wurde in dieser Zeitschrift des Weinbaues an der
Lahn Erwähnung gethan. Konnte damals nur über den steten Rückgang
desselben Klage geführt werden, so läßt sich doch heute erfreulicher Weise
ein Umschwung zum Bessern erkennen. Insbesondere gilt dies von
einigen Ortschaften z. B. von Obernhof, Weinähr, Nassau, Ems, Fach=
bach, woselbst man jetzt einzelne neu angelegte Weinberge sogar in vor=
züglichem Zustande erblicken kann. Auch die von früher her noch erhaltenen
aber sehr verwahrlosten Weinberge (Ueberbleibsel einstiger Herrlichkeit)
werden jetzt wieder in bessere Pflege genommen oder, wo dieses bei dem
Alter derselben nicht mehr lohnend erscheint, ebenfalls neu angepflanzt.

Dieser Umschwung ist wesentlich dem Fleiße eingewanderter Mosel=
winzer zuzuschreiben, nicht minder jedoch trugen aber auch die in den
letzten Jahren dortselbst erzielten schönen Weinernten dazu bei, den
Weinbau wieder in die Höhe zu bringen.

Während in andern Weingegenden die Ernten fast vollständig durch
Feinde und Krankheiten vernichtet wurden, blieb diese Gegend vor Schaden
bewahrt. In neuerer Zeit beginnen deshalb auch wieder Bewohner der

Lahngegend, welche bis dahin ihren Unterhalt vielfach in ungesunden Bergwerken verdienen mußten, sich dem Weinbau als Erwerbszweig zuzuwenden. Die vorher sehr gedrückten Landpreise sind infolgedessen bedeutend gestiegen. Für Trieschländereien, bis dahin meist mit verkrüppelten Zwetschenwildlingen bestanden, werden jetzt schon ganz ansehnliche Preise bezahlt, sofern sie sich in Lage und Boden zur Anlage von Weinbergen eignen.

In der Gemarkung des Ortes Langenscheid hatte man sogar ein abgetriebenes Waldstück mit Reben bepflanzt; jedoch wollen die von noch unkundiger Hand gepflanzten Reben dortselbst die verursachten Mühen und Unkosten nicht so recht lohnen. Von den Neuwinzern, bisher Ackerer oder Bergmann, werden zur Zeit, noch sehr viele Fehler begangen; es kämen ihnen deshalb etwa zu Teil werdende Belehrungen über Anlage und Pflege von Weinbergen sehr zu statten. In Langenscheid zum Beispiel erhielten die Reben durchweg einen zu dichten Stand, die nachteiligen Folgen davon waren um so größer, als die Reben in dem Humusboden einen überaus üppigen Wuchs zeigten — die Triebe konnten deshalb nicht genügend ausreifen und erfroren meistens schon bei ganz geringer Kälte im Spätherbst. Auch die angesetzte Frucht blieb klein und unedel. Weit bessere, ja zum Teil vorzügliche Erfolge hatte man in den Orten Obernhof und Weinähr erzielt. Von ersterem Orte berichtet uns die Chronik, daß der dortselbst erzeugte Rotwein früher sehr geschätzt war und wie es wörtlich heißt, „dem Aßmannshäuser an Güte gleichgestellt wurde". Auch der jetzt angebaute Rieslingwein findet zu ganz annehmbaren Preisen willige Abnehmer. Mehrere Fuder 97er gingen an die Mosel zum Preise von 850 Mk. Die schönen gesunden Trauben des letzten Jahrgangs wurden meistens von auswärtigen Händlern aufgekauft und bewegten sich die Preise zwischen 21—24 Mk. pro Ztr. Von andern Rebsorten werden noch angebaut der Sylvaner und der Portugieser, deren Erträge ebenfalls sehr befriedigen. Burgunder, der frühere Bestand der Lahnweinberge wird jetzt nicht mehr angebaut, weil dessen Ertrag gegenüber der genannten Sorten sehr zurücksteht, zumal bei dem früher üblichen Schnitt 2 Bogreben und 1 Zapfen.

Der Riesling liefert bei Quantitätsbau hier ganz erstaunliche Erträge. Eine Parzelle von etwa 1000 qm lieferte z. B. in den Jahren 1895, 96, 97, 98 — 23, 27, 26 und 16 Ztr. Trauben (trotz der im letzten Jahre so schlechten Blüte).

Die Erziehungsart ist hier ziemlich der von der Mosel ähnlich, doch sucht man durch etwas schärferen Schnitt den Stock näher am Boden zu halten, was durchaus gutgeheißen werden muß.

Wenn man jetzt durchweg so günstige Erfolge mit dem Weinbau an der Lahn erzielt, so drängt sich unwillkürlich die Frage auf, wie es überhaupt möglich sein konnte, daß derselbe bis dahin so sehr dem Verfalle anheim gegeben wurde. Ich will versuchen, auch hierüber Aufklärung zu verschaffen.

In früheren Jahren, als sich der Winzerstand allenthalben infolge schlechter Weinpreise in sehr gedrückter Lage befand, stand in der Lahngegend sowohl der Bergbau als die Eiseninduſtrie in voller Blüte. Die jüngeren Kräfte hingen den Winzerſtand an den Nagel, wurden Fabrikarbeiter oder Bergmann wobei ſie tagtäglich ihre baren Groſchen verdienten, die ihnen willkommene Lockſpeiſe zur Durchführung ihrer noblen Paſſionen waren. Mit dem Ausſterben der älteren Leute ging auch der Winzerſtand zu Grunde. Beibehalten wurde er höchſtens noch von ſolchen Leuten, deren Geſundheit es verbot, den Genuß der friſchen Luft mit der dumpfigen des Bergwerks zu vertauſchen. (Fortſetzung folgt.)

---

## Rebenkrankheit?
### Von H. Schlegel.

Im Juni d. Js. wurde ich in einen Weinberg gerufen, welcher ganz abnorme Wachstumsverhältniſſe zeigte. Das Laub ging ſehr zurück und fiel ab, die jungen Triebe verkümmerten. Der Weinberg war in ſonſtigen Jahren ſehr üppig und von jeher gut im Bau gehalten. Man hätte daher, wenn es ſpäter geweſen wäre, dieſe Erſcheinung für eine äußerſt heftige Peronoſporainfektion halten können. Viel Aehnlichkeiten hatte die Erſcheinung mit der Reblauskrankheit, jedoch konnte es dieſe nicht ſein, da die Zahl der kranken Stöcke hierzu mit einemmale zu groß war.

Als die Wurzeln nachgeſehen wurden, zeigte ſich, daß ſämtliche kleinen Saugwurzeln wie zerſetzt waren, daß aber die ſtärkeren Wurzeln das Beſtreben zeigten, neue Wurzelſpitzen zu bilden.

Nach dem eingetretenen Regen erholten ſich die Weinſtöcke erſichtlich wieder, ſie trieben von neuem und jetzt, Ende Juli, iſt der Stand der Stöcke den anderen beinahe gleich. Es können dieſer Erſcheinung zwei Urſachen zu Grunde liegen. Einmal war der Boden, welcher aus ſchwerem Letten beſteht, im feſtgetretenen und dann abgetrockneten Zuſtande gegraben worden, ſo daß bei dem Graben große Schollen ausgehoben und mit dieſen wohl viele kleine Würzelchen abgeriſſen wurden. Als ſich nach dem Regen der Boden wieder ſchloß, konnten die Wurzeln erſt wieder weiter gedeihen und neue Faſerwurzeln bilden. Eine zweite Urſache kann daran liegen, daß der Weinberg im Frühjahr friſch mit fremdem Stallmiſt gedüngt wurde und der Miſt vielleicht infolge einer Desinfektion der Stallungen reichliche Mengen Chlor enthielt, welches zerſtörend auf die Wurzeln einwirkte und erſt durch den vielen Regen in die Tiefe geſpült wurde. Vielleicht wirkten auch beide Umſtände zuſammen. Immerhin ſollte man Miſt aus Ställen, welche mit Chlor oder Karbol desinfiziert wurden, nicht in die Weinberge bringen. Derſelbe muß, wie die Polizeivorſchrift es verlangt, verbrannt werden. Woher der Miſt war, konnte nicht feſtgeſtellt werden, er wurde durch Händler bezogen; andere Weinberge, welche um dieſe Zeit gedüngt waren, zeigten dieſe Erſcheinung nicht, da ſie von einer anderen Quelle ſtammten. Man vermeide es, im Frühjahr, wenn der Boden noch vom Winter her feſtgetreten iſt, die Weinberge zu graben und fußdicke Schollen auszubrechen; dies hat oft schwachen Wuchs und ein Zurückgehen der Stöcke zur Folge, was in der Praxis hinreichend bekannt ist.

---

## Rundschau.

**Ausstellung deutscher Weine auf der Weltausstellung in Paris 1900.** Die Ausstellung der deutschen Weine im Erdgeschosse des am linken Seineufer besonders günstig gelegenen Repräsentationsgebäudes wird in einem Saale erfolgen, der sich neben dem zum Ausschanke bestimmten Raume befindet, mit diesem in Verbindung steht, jedoch auch einen eigenen Eingang erhält. Ein günstigerer Platz für dieselbe dürfte sich wohl kaum finden lassen, weil das betreffende Gebäude eine vorzügliche Lage innerhalb des Ausstellungsterrains besitzt und die Vorführung der Weine an dieser Stelle insofern eine hervorragende Auszeichnung für die Produkte des deutschen Weinbaues ist, als Weine sonst an der Halle für Landwirtschaft und Maschinen ausgestellt werden sollen, woselbst sie weit weniger zur Geltung kommen.

Die Weinausstellung wird mit einem feinen Restaurant in Verbindung gebracht, in dem nur deutsche Weine verabreicht werden. Der hierfür zur Verfügung stehende Raum würde eine Fläche von ca. 400 qm umfassen. Das Reich stellt die erforderlichen Räume unentgeltlich zur Verfügung. Die Kosten für deren Einrichtung und Ausschmückung, welche sich auf etwa 70 000 Mk. belaufen, sollen auf die Weinaussteller und den Unternehmer des Restaurants verteilt werden. Bis jetzt sind ungefähr 44 Firmen zur Beschickung der Ausstellung deutscher Weine angemeldet. Dieselben verteilen sich in folgender Weise. Rheinpreußen: 13 Firmen, Hessen-Nassau 12, Rheinhessen und hessische Bergstraße 10, Rheinpfalz 4, Franken 2, Baden 2, Württemberg 1.

An dem mit der Ausstellung verbundenen Weinausschank, in einem Restaurant erster Klasse, sind bis jetzt 12 Firmen zur Beteiligung geneigt. Es betrifft dieses eine Firma mit Stillweinen und Schaumweinen, 9 Stillwein- und 2 Schaumweinfirmen. Hiervon entfallen auf Rheinpreußen 5, Regierungsbezirk Wiesbaden 2, Rheinhessen 4, Rheinpfalz 2.

Eine weitere Steigerung der Anzahl der Ausstellungsteilnehmer beider Kategorien steht in Aussicht. Mit der Weiterführung der vorbereitenden Verhandlungen wurde der Generalsekretär des deutschen Weinbau-Vereines, Herr H. Dahlen, Wiesbaden, der auch die Chicagoer Wein-Ausstellung leitete, betraut.

**Schutz des deutschen Rotweins.** Der landwirtschaftliche Verein für Rheinpreußen hat in seiner am 17. Juni d. Js. zu Coblenz stattgehabten Zentralvorstandssitzung den Beschluß gefaßt, bei dem Herrn Reichskanzler die Einführung einer Deklarationspflicht für den mit Weißwein verschnittenen Rotwein zu erbitten. Der darauf bezügliche Antrag an den Herrn Reichskanzler, der gleichzeitig auch dem königl. preußischen Minister für Landwirtschaft, Domänen und Forsten und dem Herrn Oberpräsidenten der Rheinprovinz mit der Bitte um Unterstützung eingereicht worden ist, lautet: Eurer Durchlaucht beehren wir uns im Auftrage des Zentralvorstandes des landwirtschaftlichen Vereins für Rheinpreußen nachstehenden Beschluß, den dieser in seiner am 17. Juni d. Js. zu Coblenz stattgehabten Sitzung gefaßt hat, mit der Bitte gehorsamst zu unterbreiten, dem darin ausgesprochenen Wunsch eine hochgeneigte Berücksichtigung nicht versagen zu wollen. Der Beschluß lautet:

„Der Zentralvorstand des landwirtschaftlichen Vereins für Rheinpreußen beschließt, bei dem Herrn Reichskanzler dahin vorstellig zu werden, daß in Anbetracht der großen Notlage der Winzer in den Rheinischen Rotweingebieten der Absatz der unverschnittenen deutschen Rotweine durch Einführung eines Deklarationszwanges für den mit Weißwein verschnittenen Rotwein geschützt werde."

Zur Begründung folgen die verschiedenen Punkte, die hier nur in kurzen Zügen wiedergegeben werden können.

Eine gewaltige Zunahme des Verschnittes von Weißwein mit Rotwein sei bewirkt worden durch die Bestimmung des Reichsgesetzes vom 20. April 1892 betr. den Verkehr mit Wein und weinähnlichen Getränken, welche die Vermischung, das ist den Verschnitt von Wein mit Wein gestattet, sowie durch die Zollvergünstigungen für die Einfuhr von Wein und Weinbeeren zum Zwecke des Verschnittes gegenüber südlichen Ländern, besonders gegenüber Italien. Es folgt dann eine Tabelle mit Erläuterung, in welcher gezeigt wird, daß der Geschmack des konsumierenden Publikums sich an die Verschnittweine gewöhnt hat und daß eine bedeutende Steigerung der Einfuhr auch dadurch erfolgt sei, daß die Einfuhr selbst infolge der Herstellung und Benutzung für die Maische geeigneter Gefäße glatter vor sich geht. Weiter wird in der Eingabe erwähnt, daß diese Einfuhr von rotem Wein zum Verschneiden deutscher Weißweine dem Absatz der Ahr- und Rheinrotweine sehr verhängnisvoll geworden. Der Handel kann den unter dem Namen Rotwein in den Handel gelangenden Verschnittwein den deutschen Konsumenten zu geringerem Preise anbieten, als die Winzer der rheinischen Rotweingebiete im Stande sind Rotweine zu produzieren. Weiter wird ausgeführt, daß die scharfe Konkurrenz des Verschnittweines sich in dem rheinischen und Ahr-Rotweinbaugebiet empfindlich geltend gemacht hat. Sowohl der Einkauf deutscher Rotweine als auch die früher allgemein üblichen Traubeneinkäufe im Herbste seitens der Händler sind ins Stocken geraten. Zwar haben die in den letzten Jahren in fast sämtlichen Ortschaften der Ahr und des unteren Mittelrheins entstandenen Winzergenossenschaften die augenblickliche Notlage, wie sie sich jeden Herbst zeigte, beseitigt, indem sie die Trauben der Mitglieder zu normalen Preisen einkauften und zuvor kelterten, jedoch ist der Absatz dieser Weine in den letzten Jahren auf große Schwierigkeiten gestoßen, einesteils weil sie höher im Preise stehen, anderenteils aber auch, weil der Geschmack des konsumierenden Publikums schon an die Verschnittweine gewöhnt ist. Die Weinbestände der Winzervereine mehren sich von Jahr zu Jahr und in den letzten Jahren waren die meisten dieser Genossenschaften genötigt, ihre Keller zu vergrößern. Zum Schlusse wird dann noch ausgeführt, daß der mit Rotwein verschnittene Weißwein nicht annähernd dieselbe sanitäre Wirkung habe, wie ein Naturrotwein und daß in der Thatsache, daß der Verschnittwein, der an sich kein Rotwein ist, doch unter der Bezeichnung „Rotwein" in den Handel komme, zweifellos eine Täuschung liege, deren Beseitigung durch Einführung eines Deklarationszwanges für den Verschnittwein gleichzeitig den Schutz gewähren würde, dessen der Absatz der deutschen Rotweine bedarf. C. Sffd.

## Kleinere Mitteilungen.

**Vorsicht beim Betreten von Gärkellern.** In Gaisburg bei Stuttgart wollte neulich eine Wirtin aus dem Keller neuen Wein, sogen. Federweißen, holen. Beim Betreten des Kellers ging das Licht aus und nachdem die Frau noch einen Hülferuf ausgestoßen, sank sie, von Gärungsgasen betäubt, zu Boden. Ein Schutzmann, der den Hülferuf hörte, stieg in den Keller hinab, kam aber ebenfalls nicht mehr zum Vorschein. Aehnlich ging es vier weiteren Männern, welche zu Hülfe eilen wollten. Erst nachdem die Luft des Kellers gereinigt, konnten die Verunglückten heraufbefördert werden. Den Aerzten gelang es nur, die Frau und die vier zuletzt hinabgestiegenen Männer ins Leben zurückzurufen, während bei dem Schutzmann alle Wiederbelebungsversuche erfolglos blieben.

Dieser Vorfall, der ein Menschenleben gefordert, zeigt, wie vorsichtig man beim Betreten von Kellern, in denen größere Mostmengen gären, sein muß.

Das einfachste Mittel, um sich zu überzeugen, daß ein Gärlokal ohne Gefahr betreten werden kann, besteht in einer an einem längeren Stabe befestigten brennenden Kerze, die in halber Höhe des Körpers gehalten wird.

Ebenso wie das Atmen des Menschen wird auch das Brennen des Lichtes durch die Kohlensäure verhindert. Ist nun diese in größerer, für den Menschen gefährlicher Menge vorhanden, so fängt das Licht sofort an unruhig zu brennen oder es erlischt ganz. Die betreffende Person hat dann noch Zeit, ehe sie von den Gasen betäubt, sich zurückzuziehen.

Da die Kohlensäure schwerer als die Luft, sinkt sie zu Boden und ist daher die Kohlensäureschicht höher oder niedriger, je nach der Menge der vorhandenen Kohlensäure. Auf diese Weise erklärt es sich, daß man oft beim Betreten des Kellers die Gefahr nicht bemerkt und erst, wenn man in die Tiefe desselben kommt oder wenn man sich, um Wein auszulassen, bückt, betäubt wird.

Ist der Fall eingetreten, daß jemand von Gärungsgasen betäubt, so lasse man sich ja nicht dazu verführen, wie oben erwähnte Personen, herbeizueilen und die betreffenden retten zu wollen. Man fasse zuerst durch oftmaliges tiefes Einatmen frische Luft und dann erst versuche man, unter möglichster Vermeidung des Atmens und womöglich ohne sich zu beugen, den Körper aufzuheben.

Läßt sich ein Gärlokal schwer lüften, so daß die Gärungsgase nicht von selbst entweichen, so kann dies durch zwei einfache Mittel beseitigt werden. Man sucht einen Luftzug herzustellen durch zeitweises Entfachen von Stroh- oder Spanfeuer. Das Feuer wird am besten unter einem Luftschacht (Kellerloch) angemacht. Dasselbe bezweckt ein öfteres tägliches Schießen in dem Keller. C. Sffd.

**Welchen Einfluß ein schlechtes Weinjahr auf die Bankgeschäfte** in Weinbaugegenden hat, erhellt aus dem Berichte der Kreuznacher Volksbank für das Geschäftsjahr 1898. Wir lesen da: „Von Einfluß auf das hiesige Erwerbsleben ist der Verlauf der Kur in unserem Weltbade und der Ausfall des Weinherbstes. Lieferte erstere erfreuliche Zeichen eines Aufschwungs, so war dagegen das Ergebnis des Weinherbstes, der eine noch größere Rolle bei uns spielt als das Bad, ein nach jeder Richtung hin unbefriedigendes. Während in guten Weinjahren unsere Mittel vom Weingeschäft im Herbste stark in Anspruch genommen werden, die uns später in Form von Spareinlagen aus Winzerkreisen wieder zufließen, lag das Spekulationsgeschäft diesmal fast völlig darnieder und die Kundschaft aus ländlichen Kreisen stellte starke Ansprüche an unsere Kasse in Anleihen und Entziehung von Spargeldern." Daß die Kreuznacher Volksbank aber trotzdem auch für das Jahr 1898 gut abgeschnitten hat, erhellt daraus, daß auch diesmal wieder 6% Dividende gezahlt werden. H. Fuchs.

### Fragekasten.

**Frage.** Anbei sende ich Ihnen 2 Proben Wein. Dieselben sind beim Ablassen mit Widerstich in meinen Keller gebracht worden. Das zum Widerstich vom Küfer benutzte Faß ist offenbar nicht in gutem Zustande gewesen, denn beide Weine haben einen Beigeschmack. Wie ist derselbe wieder zu beseitigen?

**Antwort.** Beide Weine haben einen starken Schimmelgeschmack und zwar in dem Grade, daß es mir äußerst zweifelhaft ist, ob die Beseitigung desselben vollständig gelingen wird; jedenfalls werden die Weine von ihrer kräftigen Art sehr viel einbüßen, da nur durch gewaltsame Mittel ein so starker Geschmacksfehler beseitigt werden kann.

Den minder schimmeligen Wein, welcher offenbar als zweiter in das fehlerhafte Faß gebracht ist, würde ich zunächst ruhig liegen lassen, um das Ergebnis der mit dem schlechteren Wein vorgenommenen Behandlung abzuwarten. Vielleicht gelingt die Beseitigung des Schimmels ohne erhebliche Beeinträchtigung der Qualität, wenn Sie im Herbst (etwa Mitte Dezember) die von neuem Wein abgesetzte Hefe dem Wein beimischen und mehrfach aufschlagen (auf 1 Halbstück die Hefe von 3 Halbstück).

Bei dem Halbstück mit stärkerem Schimmelgeschmack rate ich zu einer Behandlung mit Holzkohle (auf 100 l 1 kg in kleine Stückchen zerschlagener Holzkohle). Die Kohle bleibt 6—10 Wochen im Wein und wird mehrfach in demselben aufgeschlagen.

Eine Beseitigung so starken Schimmelgeschmackes durch Umgärung ist nicht zu erhoffen. Prof. Dr. Kulisch.

**Frage.** Darf ich als Abonnent im Fragekasten um Empfehlung einer wirklich leistungsfähigen, haltbaren Flaschenspülmaschine bitten, mit der man schmutzige Flaschen leicht, sauber und schnell reinigen kann. Wasserleitung, mit allerdings kaum 1 Atmosphäre Druck, sowie Dampfkraft sind vorhanden. M. D., Kl. Zsch.

**Antwort.** Gute Flaschenspülmaschinen liefern unter anderen folgende Firmen: Karl Jakobs und Franz Frenay, beide in Mainz; Boldt & Vogel, Hamburg; F. C. Michel, Frankfurt (Main). Ganz besonders gelobt wird mir mehrfach die Flaschenspülmaschine „Kobold" von J. Ph. Grünig, Mainz. Ich habe Flaschenspülmaschinen im Betrieb gesehen, welche mit mäßigem Wasserdruck sehr gut arbeiteten, doch empfiehlt es sich, bei Beschaffung einer Maschine sich garantieren zu lassen, daß der vorhandene Druck genügt. C. Sftb.

### Persönliches.

An Stelle des aus der önochemischen Versuchsstation der Lehranstalt geschiedenen Assistenten Herrn **Dr. Höppner** trat in gleicher Funktion Herr Apotheker **Feldmann**.

---

Verlag von Rud. Bechtold & Komp. in Wiesbaden.

☞ Zu beziehen durch jede Buchhandlung. ☜

## Die Obstverwertung unserer Tage. Von Landes-Oek.-Rat R. Goethe.

Zweite Auflage. 131 Abbild. Preis M. 2.50, in Kaliko geb. M. 3.50.

# Mitteilungen
über
## Weinbau und Kellerwirtschaft.
### XI. Jahrgang.

Herausgeber: **K. Goethe,** Landes-Oekonomierat | Schriftleitung: **C. Seufferheld,** Weinbaulehrer

**Nr. 10.** Geisenheim, im Oktober **1899.**

## Ueber das Entstehen von Rostflecken auf Traubenbeeren.
### Von Julius Wortmann.
(Fortsetzung.)

Was nun die Entstehung dieser braunen Stellen anbelangt, so ist sie, wie ja schon hervorgehoben wurde, auch in diesem Falle auf eine unmittelbare Wirkung der starken Besonnung zurückzuführen. Und zwar sind es zweifellos vornehmlich die Wärmestrahlen, welche hier in Betracht kommen. Das Braunwerden aber ist in diesem Falle nichts anderes als eine Anpassungserscheinung, als ein Versuch oder ein Bemühen der Beeren, sich gegen die zu starke Erwärmung und zumal auch gegen die infolge der zu starken Erwärmung eintretende zu starke Wasserabgabe aus ihrem Innern, d. h. vor dem Vertrocknen zu schützen. Das Auftreten der braunen Flecken ist also ein kräftiges Schutzmittel, welches sich die Pflanze einrichtet. Diese mit feinen Aederchen durchzogenen braunen Flecken kommen nämlich dadurch zu Stande, daß die an sich nicht gefärbte und grün durchscheinende Oberhaut der Beeren an den betreffenden, von den Wärmestrahlen direkt getroffenen Stellen sich in eine Korkhaut verwandelt. Man kann sich, ohne daß man besondere mikroskopische Untersuchungen vornimmt, auf sehr einfache Weise davon überzeugen, daß es sich bei dieser Bräunung um eine Hautbildung handelt. Wenn man nämlich diese braunen Stellen mit dem Fingernagel etwas abschabt, so ist man leicht im Stande, die feine braune Haut in Fetzen abzuziehen, und man findet unter ihr die grüne Beerenhaut vollständig gut und gesund erhalten. Die Beere verkorkt sich also auf der den direkten Sonnenstrahlen ausgesetzten und damit gefährdeten Stellen ihrer Oberfläche. Und durch einen solchen, wenn auch sehr feinen Korkhautüberzug ist ein sehr wirksamer Schutz gegen das Vertrocknen hergestellt; denn ein solches feines Korkhäutchen ist für Wasserdampf sehr schwer durchlässig. Es hat für die Beere dieselbe Wirkung wie etwa der Flaschenkork, der ja auch aus demselben Material besteht wie das Korkhäutchen der Beere, im menschlichen

Haushalt. Die erwähnten, eigentümlichen, hellen aderförmigen Streifen, welche diese braunen Korkflecken durchziehen, sind nichts anderes als geplatzte Stellen in der Korkhaut. Das Korkhäutchen nämlich ist an sich ein totes Gebilde. Die unter ihm liegenden Partieen der Beere aber sind, wovon man sich ja durch Abschaben des Häutchens überzeugen kann, durchaus gesund. Ist nun das Korkhäutchen gebildet und wächst die Beere weiter, d. h. nimmt sie nach und nach an Umfang zu, so drückt die gesunde Beere mehr und mehr auf das Häutchen, welches dadurch entsprechend gespannt wird. Und da es nicht mitwachsen kann, muß es schließlich zerrissen werden und platzen. Das feine Geäder in den braunen Flecken stellt also die infolge Weiterwachsens der Beeren geplatzten Stellen der Korkhaut vor. Es tritt übrigens diese Erscheinung der Korkhautbildung keineswegs nur an den Traubenbeeren auf, sondern sie zeigt sich unter Umständen als ganz regelmäßiger Vorgang auch an anderen wachsenden Früchten, z. B. an Aepfeln und Birnen, wo die braunen Flecken von der Praxis von jeher als sogen. „Rostflecken" bezeichnet wurden.

Diese Rostflecken (indem wir nun die Bezeichnung übertragen) an den Traubenbeeren sind also etwas wesentlich anderes als die oben erwähnten durch Hitztod eingetretenen gebräunten Stellen der Beeren. Bei den Hitztodflecken, so seien sie mal kurz genannt, hatte die Beere nicht mehr Zeit sich durch Bildung eines Korkhäutchens zu schützen und die zarten Stellen der Epidermis wurden infolgedessen getötet und nachher gebräunt. Anders bei den Rostflecken. Hier war es der Beere noch möglich, durch Bildung einer Korkhaut sich vor der zu starken Bestrahlung der Sonne zu schützen. Und daß dieser Schutz wirklich erreicht wurde, beweist die Thatsache, daß die unter diesen Rostflecken befindliche Beerenhaut in durchaus gesundem Zustande sich befindet. Das Auftreten von Rostflecken ist also nicht als eigentliche Krankheit zu bezeichnen, sondern wir haben darin nur ein wirksames Abwehrmittel der Beere zu erblicken. Sind diese Rostflecken nicht zu stark, so werden sie übrigens beim weiteren Wachstume der Beeren mehr und mehr zersprengt, zerrissen und es fällt schließlich das feine Korkhäutchen in zahlreichen feinen Fetzen von selber ab. Während daher die durch zu starke Erhitzung abgestorbenen Flecken, besonders wenn sie in großer Zahl auftreten, eine sehr unangenehme Erscheinung sind, ist die Bildung von Rostflecken ein Phänomen, welches der Praxis keine Befürchtungen zu verursachen braucht. Da diese Rostflecken erfahrungsgemäß gerne an den stets einseitig von der Sonne beschienenen Spalierreben auftreten, so dürfte es sich, um sie zu vermeiden und die Beeren von vornherein zu schützen, vielleicht empfehlen, bei Eintritt heißer sonniger Witterung besonders gepflegte Spalierreben während der heißen Stunden des Tages mit einer Schattendecke zu versehen.

Auf einen anderen hierher gehörenden Fall der Bildung von Schutzkork auf der Oberfläche von Traubenbeeren, welcher mit dem eben erwähnten leicht verwechselt werden kann, wurde ich durch den Anstaltsgärtner, Herrn Baumann, aufmerksam gemacht. Es betrifft dieser Fall folgende Erscheinung:

Trauben, welche zur Verhütung des Auftretens von Oïdium rechtzeitig geschwefelt worden waren und an denen die Beeren vom Oïdium ganz verschont geblieben und durchaus gesund und normal entwickelt waren zeigten fast ausnahmslos einige, bis unter Umständen zahlreiche Beeren, welche an einigen Stellen ihrer Oberfläche ebenfalls bald kleinere bald etwas ausgedehntere braune, zum Teil auch schon etwas rissige Korkflecken hatten. Eine genauere Betrachtung derartiger Trauben ließ nun ohne weiteres erkennen, daß in diesem Falle das Auftreten der Korkflecken von einer unmittelbaren Wirkung der Sonnenstrahlen durchaus unabhängig ist, dagegen der Einwirkung des auf den Beeren liegenden Schwefels zugeschrieben werden muß.

Die Unabhängigkeit des Auftretens dieser Korkflecken von der Besonnung giebt sich darin zu erkennen, daß die Flecken keineswegs, wie in dem oben erwähnten Falle, sämtlich auf der Sonnenseite liegen und die Schattenseite ganz frei davon ist, sondern hier bei den geschwefelten Beeren sind die Korkflecken in ihrer Lage ohne jede Beziehung zu den auffallenden Sonnenstrahlen. Sie liegen auch meistens gar nicht auf der nach außen gekehrten Seite, sondern im Gegenteil viel mehr an denjenigen Stellen der Beerenoberfläche, welche nach innen gekehrt sind, resp. dort, wo zwei Beeren einander ganz oder fast berühren. Eine genaue Durchmusterung solcher Beeren zeigt, daß die Korkflächen immer da vorhanden sind, wo nach dem Bestäuben mit Schwefel etwas von dem Schwefelpulver auf der Oberfläche der Beere längere Zeit haften geblieben ist. Denn wenn man das noch aufliegende Schwefelpulver mit dem Finger abwischt, so treten an der nun frei gelegten Beerenoberfläche die Korkfleckchen regelmäßig zu Tage, während dort, wo bei dem Bestäuben entweder kein Schwefel hingekommen, oder aber der auffallende Schwefel nicht haften geblieben war, die Beerenhaut durchaus normal ist. Daß nun, wie eben erwähnt, diese Korkfleckchen meistens gerade an den nach dem Innern hin gelegenen Stellen der Traube zu bemerken sind, erklärt sich daraus, daß hier der aufgestäubte Schwefel eben länger haften bleibt. Da diese Korkfleckchen unter dem aufliegenden Schwefel gebildet werden, so haben sie nicht nur eine andere Lage, sondern auch ein etwas anderes Aussehen als die oben beschriebenen. Sie sind zarter und bilden nicht kompakte, größere oder kleinere, zusammenhängende Hautstellen, sondern ein solcher Fleck besteht aus nebeneinander liegenden, aber unter sich getrennten, kleineren und größeren Inselchen, die dann bald durch das weitere Wachstum der Trauben noch mehr und mehr auseinander gerissen und isoliert werden. Ein solcher unter einer Schwefelschichte gebildeter Korkfleck sieht also im ganzen feiner, zarter und mehr gesprenkelt aus.

Es ist nach diesen Beobachtungen also gar kein Zweifel, daß das feine auf der Beerenoberfläche längere Zeit aufliegende Schwefelpulver schädigend auf die Beere einwirkt, und daß diese nun versucht, durch Verkorkung (und damit auch erfolgendes Abtöten) ihrer mit dem Schwefel in unmittelbarer Berührung stehenden Zellschichten sich gegen weitere Schädigung zu schützen. In welcher Weise man sich nun eine solche Schädigung des Schwefelpulvers vorzustellen hätte, müßte jedenfalls noch durch eingehende Untersuchungen klargestellt werden. Vorläufig kann man nur Vermutungen darüber hegen. Und da wird man zunächst vielleicht an einen chemischen Einfluß des Schwefels, etwa durch Einwirkung der gebildeten schwefeligen Säure oder dergleichen denken können. Möglich aber auch, daß eine solche angenommene und keinesfalls bereits bewiesene chemische Wirkung überhaupt gar nicht existiert, sondern daß eine rein mechanische Wirkung des Schwefels, die etwa in einer starken Beeinflussung der Transpiration zu suchen wäre, die Ursache der Erscheinung ist. Das Eine aber wie das Andere sind, wie gesagt, zunächst bloße Vermutungen und können nur eingehende Untersuchungen über diese merkwürdigen Erscheinungen Aufschluß geben.

Jedenfalls zeigen diese Beobachtungen bis jetzt, daß das Schwefeln der Trauben auch eine unangenehme Nebenwirkung im Gefolge hat, indem die Beeren gezwungen werden, sich gegen den zu lange aufliegenden Schwefel durch Bildung einer Korkschichte zu schützen und dadurch immerhin in ihrem Wachstume etwas zurückbleiben.

Ich muß auch bemerken, daß diese beschriebenen durch Schwefelwirkung entstandenen braunen Korkflecken auf den Beeren nichts zu thun haben mit den hin und wieder zu beobachtenden, verbrannten und dadurch auch gebräunten aber abgetöteten Stellen der Beeren, welche ebenfalls infolge des Schwefelns auftreten können.

## Die Rebenmüdigkeit des Bodens.
### Von Oekonomierat Oberlin in Beblenheim.

Die in Nr. 8 dieser Zeitschrift enthaltenen interessanten Angaben des Herrn Landes-Oekonomierat Goethe über die Wirkung des Schwefelkohlenstoffs in der Kultur, veranlassen mich über diese wichtige Frage weitere Mitteilungen zu machen.

Meine ersten Beobachtungen in dieser Beziehung sind auf das Jahr 1887 zurückzuführen. In den im Elsaß sowie auch in Lothringen, infolge des Auftretens der Reblaus, mit Schwefelkohlenstoff zu 300 bis 400 g per qm desinfizierten und nachher ausgestockten Weinbergen, wurden andere Kulturpflanzen angebaut. Alle zeichneten sich durch ein so außerordentlich üppiges und kräftiges Wachstum aus, daß jedermann darüber erstaunt war. Mehrere direkte Versuche, die ich auf verschiedenen Kulturen, sowie ganz besonders auf Neuanlagen von Weinbergen ausführte, veranlaßten mich im Jahre 1894 meine Flugschrift „Bodenmüdigkeit und Schwefelkohlenstoff"* herauszugeben. In derselben stellte ich auf Seite 9 die Frage:

„Auf welche Weise wirkt der Schwefelkohlenstoff im Boden" und beantwortete dieselbe wörtlich wie folgt:

„Die obigen Versuche liefern wohl ganz unstreitig den Beweis, daß der Schwefelkohlenstoff einen besonderen ganz merkwürdigen Einfluß

---

\* Verlag von Philipp von Zabern, Mainz 1894.

auf die Vegetation der Pflanzen auszuüben im Stande ist. Die Natur aber der vielleicht verschiedenartigen Vorgänge im Boden ist größtenteils unbekannt; wir wissen nur aus dem Ergebnis der Bodendesinfektion gegen Reblaus, daß das tierische und das pflanzliche Leben zerstört wird; ob aber die Wirkung auf die Vegetation der nachfolgenden Pflanzen einzig und allein der Vernichtung der Parasiten zuzuschreiben ist, ob chemische Zersetzungen statt haben, ob neue Nährstoffe löslich und der Pflanze zugänglich gemacht werden, oder noch, ob die Reaktion sich namentlich auf die Funktion des Humus bezieht, alle diese Fragen liegen noch im Dunkeln und kann eine besondere Studie derselben den Herren Pflanzenphysiologen und Chemikern nicht genug ans Herz gelegt werden.

Indessen ist es wünschenswert, daß auch seitens der Praktiker weitere Versuche zur Ausführung gelangen, damit neue Anhaltspunkte gewonnen werden. Eine äußerst wichtige Frage ist diejenige, festzustellen, ob die Wirkung des Schwefelkohlenstoffs nur von kurzer Dauer — oder eine nachhaltige ist, so daß sie sich auf eine längere Reihe von Jahren erstreckt. Im ersteren Falle wären die Verwendungskosten zu groß; es würde sich nicht lohnen, in gewöhnlichen Verhältnissen den desinfizierenden Stoff auf jährliche Kulturpflanzen anzuwenden. Nur in besonderen Fällen, wie z. B. im Jahr 1893, zur Zeit der großen Futternot könnte, wie aus dem Versuch mit Zottelwicke hervorgeht, mit Gewinn operiert werden. Im übrigen würde man die Verwendung des Schwefelkohlenstoffs in der Vorbereitung des Bodens nur auf kostbare Pflanzen oder auf sehr einträgliche Kulturen beschränken müssen.

Ist aber die Wirkung des Stoffes eine dauernde, was durch verschiedene in der Weinkultur, namentlich zur Beseitigung der Brache durch mich eingeleitete Versuche hervorzugehen scheint, so wäre die Anwendung dieses Desinfektions- und Bodenverbesserungsmittels für den Weinbau überhaupt von größter Tragweite, insbesondere aber für diejenigen Gegenden, wo die Dauer des Weinstocks eine verhältnismäßig kurze ist und wo, nach erfolgtem Herausreißen eines erschöpften Weinbergs, der Boden wieder während sechs bis acht Jahren brach liegen, resp. mit Zwischenpflanzen angesät werden muß, um das Gedeihen einer neuen Weinanlage zu sichern."

Demzufolge schien es geboten, die Schwefelkohlenstoff=Wirkung näher zu ergründen. Diese höchst schwierige Aufgabe wurde dem Herrn Prof. Dr. Alfred Koch zu Teil. Die vor kurzem veröffentlichten Ergebnisse seiner Untersuchungen enthalten interessante Angaben über die geheimnisvolle Wirkung des neuen Mittels, allein die Ursache dieser Wirkung bleibt immer im Dunkeln. Das Wort Reizmittel ist nur eine Vermutung.

Bis jetzt galt in der Kultur der Pflanzenwechsel als wichtigste Theorie. Warum? weiß niemand. Daß aber eine Pflanze, die auf sich selbst folgt, nicht gut gedeiht, ist jedem bekannt. Und so die Kulturpflanzen, so auch der Weinstock. Daß der Schwefelkohlenstoff die Bodenmüdigkeit beseitigt, kann nicht bestritten werden. Beweise liefern die verschiedenen Ergebnisse, die ich erzielt habe, ganz besonders aber der höchst interessante Versuch gegen Kleemüdigkeit. (Seite 6 meiner Broschüre.)

Daß der Schwefelkohlenstoff auch in der Weinkultur sehr merkwürdige Wirkungen mit sich bringt, habe ich schon längst hervorgehoben. Es ist für mich daher höchst erfreulich, durch die Angaben des Herrn Landesökonomierat Goethe zu erfahren, daß auch andererseits vielversprechende Resultate erzielt worden sind.

Indem ich den Herren Pflanzenphysiologen und Chemikern die weitere Lösung dieser Frage überlasse, glaube ich annehmen zu dürfen, daß der zweite Teil derselben, nämlich ob die Wirkung des Schwefelkohlenstoffs nur eine vorübergehende — oder eine andauernde ist, ganz besonders durch praktische längere Versuche gelöst werden muß.

In dieser Beziehung liegen schon langjährige Erfahrungen vor. Bereits vor zehn Jahren habe ich einen ersten Versuch mit Schwefelkohlenstoff zur Beseitigung der Rebenmüdigkeit ausgeführt. Im Spätjahr 1889 wurde in einer Hügellage eine Fläche von 5 a eines alten Weinberges ausgehauen, auf 70 cm Tiefe umgegraben, mit Schwefelkohlenstoff zu 400 g per qm behandelt und im folgenden Frühjahr sofort wieder neu angelegt. Die Reben wuchsen ausgezeichnet; im dritten Jahr erzielte man schon eine fast volle Ernte, und der Durchschnitt der bis Ende 1898 stattgehabten 7 Lesen betrug pro Hektar berechnet rund 74 Hektoliter, obschon der Weinberg in sehr geringem Boden sich befindet. Dieser Ertrag beläuft sich mithin auf mehr wie das Doppelte der Erträge der elsässischen Weinberge, die im Durchschnitt nur 35 Hektoliter pro Hektar erreichen.

Seit dieser Zeit wird jedes Jahr ein neuer Weinberg ohne Brache angelegt; ich besitze deren heute schon acht, die sich alle ohne Ausnahme durch eine sehr schöne Vegetationskraft und durch gute Erträge auszeichnen. Es handelt sich mithin nicht mehr um Versuche; die Proben, welche vorliegen, dürften ausreichend sein und können durch jeden Weinbergsbesitzer in Augenschein genommen werden.

Die höchst einfache Methode, die ich zur Erneuerung eines Weinbergs ohne Brache in Anwendung bringe, ist in der obenerwähnten Broschüre ausführlich beschrieben. Ich erwähne nur, als Zusatz, daß eine sichere Wirkung des Schwefelkohlenstoffs nur dann erwartet werden kann, wenn der Boden geschlossen ist. Um dies zu erreichen, muß gleich nach der Operation die ganze Fläche mit Wasser übergossen werden, auf daß sich eine Kruste bildet, die das Entweichen der Gase verhindert. Operiert man gleich nach Regenwetter, so kann die Arbeit des Uebergießens erspart werden.

## Werden die Spinnen von der Bordelaiser Brühe getötet?
### Von Dr. G. Lüstner in Geisenheim.

Unter den natürlichen Feinden, welche uns im Kampfe gegen den Traubenwickler unterstützen, nehmen die Spinnen mit die erste Stelle ein.

Vielfach wird dieser Nutzen den Webespinnen, d. h. denjenigen Spinnen, welche ihre Beute in einem von ihnen selbst verfertigten Netze fangen, zugeschrieben. Diese Tiere kommen jedoch hier nicht in Betracht, denn noch niemals haben wir in einem solchen Gewebe einen Traubenwickler vorgefunden. Die hier in Frage stehenden Spinnen legen überhaupt kein Fangnetz an. Sie lauern ihrer Beute auf, beschleichen sie oder erhaschen sie gar im Sprunge. Es sind äußerst blutgierige Tiere, welche sogar ihresgleichen anfallen und aussaugen. Ihr Nutzen besteht in dem Vertilgen der Raupen und Puppen des Traubenwicklers.

Diese Nützlinge sollen nun, wie man vielfach behaupten hört, durch das Bespritzen der Reben mit Bordelaiser Brühe getötet werden; hierdurch würde der Heu= und Sauerwurm von einem Hauptfeind befreit, weshalb er sich so massenhaft vermehren könne. Man will beobachtet haben, daß bespritzte Weinberge vielmehr vom „Wurm" befallen werden, als unbespritzte.

Um klar in dieser Sache zu sehen, haben wir die nachstehenden Versuche angestellt:

Versuch 1: Es wurden Spinnen, welche sich auf dem Weinstock befanden, mit Bordelaiser Brühe besprüht. — Sie ließen sich sofort zu Boden fallen und ergriffen die Flucht. Dieselben wurden alsdann, ebenso wie bei den folgenden Versuchen, eingefangen und im Laboratorium wieder beobachtet.

Versuch 2: Auf dem Boden (im Weinberg) umherlaufende Spinnen werden mit der Brühe bespritzt und zwar so stark, daß sie blau gefärbt waren. Der Boden saugte die Flüssigkeit schnell auf und die Tiere liefen davon.

Versuch 3: Derselbe Versuch wurde mit Spinnen ausgeführt, die sich auf festem Boden, einem Wege, befanden. Dieser nahm die Flüssigkeit viel langsamer auf, wodurch die Tiere längere Zeit mit derselben in Berührung blieben. Die Spinnen arbeiteten sich alsbald aus der Brühe und entflohen.

Versuch 4: Endlich wurden die Spinnen in die Brühe eingetaucht und eine Minute lang in derselben zurückgehalten.

Bei allen diesen Versuchen zeigte es sich, daß die Tiere von der Bordelaiser Brühe nicht getötet werden. Die Versuchstiere blieben genau so lange am Leben wie andere, nicht bespritzte, die zur Kontrolle eingefangen worden waren. Erwägt man nun, daß die Spinnen bei den Bespritzungen gegen die Peronospora bei weitem nicht so lange, wie bei diesen Versuchen mit der Brühe in Berührung bleiben, so kann mit Sicherheit angenommen werden, daß eine derartige Behandlung der Reben einen nachteiligen Einfluß auf das Leben der Spinnen nicht ausübt.

## Die Wiederherstellung der durch die Reblaus zerstörten Weingärten in Oesterreich-Ungarn.
### Von Josef Mader, Oenologe.
(Fortsetzung.)

Ein anderes System der Standortsveredlung, wie es heute noch in vielen Orten Ungarns üblich, ist die sogen. Nagy=Maroser Veredlung. Man pflanzt oft im Herbste schon Wurzelreben direkt in den zu rekonstruierenden Weingarten, um dieselben im darauffolgenden Frühjahre oder im Frühjahre des nächsten Jahres, d. i. also im zweiten Jahre nach dem Aussatze mittels des Spaltpfropfens zu veredeln. Die Resultate, die man auf diese Art und Weise erhielt, waren sehr gute, heute aber geht man infolge der immer mehr und mehr zu Tage tretenden Uebelstände infolge des schlechten Verwachsens des Keiles schon beinahe ganz davon ab. Schreiber dieser Zeilen kennt einen derartig veredelten Weingarten in Ruszt, der ein geradezu staunenswertes Wachstum aufwies, im 3. Jahre jedoch plötzlich im Wuchs nachließ und im 5. und 6. Jahre bereits ganz einging. Dasselbe Schicksal blieb Nagy=Maros, dem Ursprungsort dieser Veredlungsart auch nicht erspart, ich erinnere an dieser Stelle auf einen seinerzeit durch den königl. ungar. Oberinspektor C. Engelbrecht in der Zeitschrift „Weinlaube" veröffentlichten Artikel — „über das Zurückgehen der Weingärten in Nagy=Maros" — das er speziell nur dieser Veredlungsart zuschrieb. Eine zweite Art, die Wiederherstellung der durch die Reblaus zerstörten Weingärten zu bewerkstelligen, ist die Anzucht von Veredlungen in der Rebschule, sei es nun als Schnitt= oder als Wurzelreben. Dieses System der Wiederherstellung verseuchter resp. durch die Reblaus zerstörter Weingärten hat in Oesterreich=Ungarn wohl die größte Verbreitung gefunden.

Zur Anzucht von Veredlungen im kleinen, also für den Winzer, findet man in Oesterreich zumeist die Wurzelrebenveredlung vertreten, da nicht nur die Arbeit keine so heikle ist, sondern auch die Anwachsprozente (50—60) größer sind, wie bei der Schnittrebenveredlung. Die Schnittrebenveredlung hingegen erfordert nicht nur eine exaktere Arbeit, sondern setzt auch größere fachliche Kenntnisse voraus, die Anwachsungsprozente sind in den meisten Fällen geringer (30—40) wie bei der Wurzelrebenveredlung, doch stellt man sich im Großbetriebe mit diesem ganz zufrieden, zumal ja bei Nichtanwachsen der Veredlungen auch noch ein gewisser Prozentsatz an Wurzelreben resultiert. Diese Wurzelreben werden dann im folgenden Jahre zur Veredlung herangezogen.

Die schönsten Weingärten mit gleichmäßigem Stande bekam man durch Aussatz von bewurzelten tadellos verwachsenen Veredlungen, denn die dadurch überall erzielten Weingärten lieferten nicht nur gleichmäßige und schöne Erträge, sondern sind auch von Dauer. Die vom Veredlungstisch weg direkt in den Weingarten verpflanzten Veredlungen, ohne eine vorausgehende Schulung, eine Methode, die man mitunter noch in Anwendung findet, zieht in den meisten Fällen Mißerfolge nach sich. Der Stand solcher Weingärten wird ein ungleichmäßiger, man war ge=

zwungen, durch fortwährendes Nachflicken die Fehlstellen zu ersetzen, was selbstverständlich nicht nur mehr Zeit, sondern auch mehr Geldverlust zur Folge hatte. Was die Fruchtbarkeit der Veredlungen anbetrifft, so ist dieselbe unstreitig eine größere und auch die Reife der Trauben eine frühzeitigere, ein Umstand, der besonders für die nördlichen Weinbaugebiete nicht zu verachten ist. Ein der Firma Leop. Wolf's Söhne in Ruszt gehöriger ca. 1 ha großer, auf Riparia veredelter Rießlingweingarten trug im dritten Jahre 30 hl Maische, bei einem Mostgewichte von 17,9% Zucker nach Klosterneuburg und im vierten Jahre, d. i. 1898, nicht weniger als 45 hl Maische, bei einem Mostgewicht von 18,8% Zucker, ein Beweis, daß die veredelte Rebe bedeutend mehr trägt; da aber jede Veredlung auch eine Schwächung der Unterlage mit sich bringt, so sind veredelte Weingärten nicht von einer Dauer wie unveredelte. Früheres und reicheres Erträgnis gleichen diesen Uebelstand jedoch teilweise wieder aus. Ich will nun der Reihe nach die gegenwärtig hauptsächlich der Veredlung in Oesterreich-Ungarn dienenden brauchbaren amerikanischen Unterlagssorten aufzählen und kurz beschreiben:

1. Riparia portalis (d. h. überhaupt alle großblättrigen starkwüchsigen Formen);
2. Solonis;
3. Rupestris monticola;
4. Rupestris métallique und
5. die verschiedenen Hybriden.

Alle diese genannten Sorten unterscheiden sich hauptsächlich dadurch voneinander, daß sie je nach Bodenart, besonders aber je nach dem Kalkgehalte verschieden gedeihen, die Veredlung mehr oder weniger gut annehmen und sich auch mehr oder weniger leicht bewurzeln.

1. Riparia portalis, auch Gloire de Montpellier genannt, ist eine jener Unterlagssorten, die berufen ist, in allen guten, tiefgründigen, nicht zu trockenen, wenig kalkhaltigen Böden die größten Dienste zu leisten. Es ist jedoch von großer Wichtigkeit, daß man alle Ripariasorten einer strengen Selektionierung unterwirft, demzufolge wird man auch nur die großblättrigen, starkwüchsigen Formen zur Weitervermehrung verwenden, während man alle kleinblättrigen, schwachwüchsigen Formen (Riparia sauvage) ausmerzen muß. Die großblättrigen Formen erzeugen nicht nur schönes veredlungsfähiges Material, sondern nehmen auch die Veredlung leichter an, bewurzeln sich leichter und schöner und sind auch gegen Kalk bedeutend widerstandsfähiger wie die kleinblättrigen und schwachwüchsigen Formen. Riparia tomentoux die früher allgemein für die minderwertigen und feuchten Böden anempfohlen wurde, hat sich nicht bewährt, da sie nicht nur minderwertiges Material liefert, sondern auch die Veredlung, ganz besonders die Grünveredlung schwer annimmt.

Riparia portalis, sowie überhaupt alle großblättrigen und starkwüchsigen Formen nehmen die Veredlung leicht an, bewurzeln sich sehr leicht und und ist auch deren Verwandschaft (Affinität) zu unseren einheimischen Sorten eine sehr weitgehende. Riparia trägt sehr starkwüchsige, fruchtbare und frühreifende Veredlungen. Sie ist eine Sorte, die gegen

Kälte sehr widerstandsfähig ist und kann daher auch in allen Weinbauregionen Europas mit Erfolg angepflanzt werden. Infolge ihres kräftigen Wachstumes, Widerstandsfähigkeit und Fruchtbarkeit glaubte man am Anfange Riparia in allen Böden ohne Ausnahme anpflanzen zu können. Man pflanzte sie ohne Ausnahme sowohl in den guten wie auch in den minderwertigen und kalkhaltigen Böden, was selbstverständlich häufige Mißerfolge nach sich zog und die Brauchbarkeit der amerikanischen Rebe in Oesterreich=Ungarn überhaupt bezweifeln ließ. Die guten Eigenschaften dieser Sorte sind uns heute wohlbekannt und dokumentiert sich ihre Brauchbarkeit in der mit dieser Unterlagssorte auch in Frankreich bereits rekonstruierten Fläche, die nicht weniger als 500 000 ha beträgt; Riparia ist daher zufolge ihrer guten Eigenschaften die am meisten verbreitete Unterlagssorte Oesterreichs=Ungarns.

2. Solonis gedeiht dort noch gut, wo Riparia infolge Feuchtigkeit oder Kalk vergilbt und eingeht. Sie ist daher für solche Böden eine sehr wertvolle Unterlage. Solonis hat aber den Uebelstand, daß sie sich schwerer bewurzelt wie Riparia, die Veredlung auch nicht so leicht annimmt und ist auch deren Verwandtschaft zu den einheimischen Sorten keine so weitgehende.

Bezüglich der dritten Sorte Rup. monticola gehen die Ansichten noch auseinander. Rup. monticola ist nach den bisher gemachten Erfahrungen eine Unterlagssorte, die nur für die südlichen Klimaten taugt. Es zeigte sich, daß sie in den nördlichen Kronländern der Monarchie ihr Holz nicht zur Reife brachte und scheint deren Fruchtbarkeit in diesen nördlichen Klimaten auch nur eine geringe zu sein; Rup. monticola wird demzufolge auch keine Unterlage für unser deutsches Klima sein. Rup. monticola ist nach den bisher gemachten Erfahrungen keine Unterlagsrebe, welche zur Rekonstruktion der stark kalkhaltigen Böden dienen könnte, in den Kreide= sowie in allen jenen Böden, welche Kalk in leichtlöslicher Form enthalten, chlorosiert sie und geht auch bald ein. In den südlichen heißen, jedoch nicht stark kalkhaltigen Böden, in welchen sich der Kalk in fester und unlöslicher Form vorfindet, leistet sie gute Dienste. Bei einer im Herbste des vorigen Jahres nach Südungarn unternommenen Studienreise fand ich Rup. monticola=Veredlungen im kräftigsten Wachstum und im schönsten Erträgnis stehend. Auch bei Rup. monticola ist wie bei Riparia darauf zu sehen, daß nur die starkwüchsigen, großblättrigen Formen Verwendung finden, alle schwachwüchsigen und kleinblättrigen Formen müssen wie bei Riparia ausgemerzt werden.

4. Rup. métallique wird auch für unser deutsches Klima berufen sein, bessere Dienste zu leisten wie Rup. monticola, da sie in Bezug auf Boden und Klima nicht so empfindlich ist, wie Rup. monticola und auch ihr Holz leichter und besser zur Reife bringt. Mazade berichtet, daß Rup. métallique sich in der Umgebung von Montpellier in den heißen trockenen Hügeln bestens bewährt habe. Ich habe Rup. métallique in Oesterreich=Ungarn sowohl im veredelten wie auch unveredelten Zustande in heißen, trockenen Böden gesehen, die Reife des Holzes war durchschnittlich eine weit bessere wie bei Rup. monticola.

Die anderen Rupestrisarten: Rup. Martin, Rup. Ganzin, Rup. Mission, Rup. Fortworth sind infolge ihres teilweise schwächeren Wachstums als auch der mehr oder weniger großen Empfindlichkeit gegen Kalk meistens minderwertiger und dienen heute bei uns nur mehr zur versuchsweisen Anpflanzung. (Fortsetzung folgt.)

## Rundschau.

**18. Deutscher Weinbau-Kongreß in Würzburg** (16 bis 20. Septbr. 1899). Den ersten Vortrag auf dem diesjährigen Kongreß hielt Kreisarchivar S. Göbl-Würzburg über das Thema: **Aus der Geschichte des Weinbaues und Weinhandels in Franken** und führte kurz zusammengefaßt, etwa folgendes aus: Die Frage, wann und wo urkundlich in Franken Weinberge angeführt werden, läßt sich aus den Traditionsbüchern der Abtei Fulda beantworten. Im Jahre 700 erhält Fulda die Orte Mümerstadt und Halsheim mit Weingärten. Fünf Jahre später schenkt Karl der Große das Kloster Holzkirchen mit seinen Weinbergen an Fulda. Kraft der Urkunde Karls des Großen vom Jahre 777 ist das Schloß Hammelburg in den Besitz der Abtei Fulda gediehen. Fast gleichzeitig mit Hammelburg tritt die Bischofsstadt Würzburg auf den Plan. Das oberfränkische Gebiet eroberte sich der Weinstock in raschem Siegeslaufe nach Errichtung des Bistums Bamberg durch Heinrich II im Jahre 1007. Um das Jahr 1780 wird geklagt, daß im Fürstbistum Würzburg zu viele Weinberge vorhanden seien und allen Ernstes beschäftigte sich damals die Regierung mit der Frage, ob der Landesherr nicht berechtigt sei, die Unterthanen zum Aufgeben des Weinbaues und zur Ergreifung einer andern Kulturart gesetzlich zu zwingen. Ohne Zuthun der Regierung ist inzwischen der Weinbau in Franken wesentlich zurückgegangen. Nach der geschichtlichen Darlegung geht Redner auf Details über, so auf die „Leutenot" bereits im 16. Jahrhundert, auf die Arbeit und Herbstlöhne, die schon vom 14. Jahrhundert ab genau geregelt sind, auf Gebräuche nach beendigter Lese, auf die „gottvergessenen" Weinfälscher und Schmierer und ihren Lohn für ihre Thaten am Ende des 15. Jahrhunderts, auf den Verbrauch des Weines in Franken selbst ꝛc. Der Vortrag war mit vielen Citaten aus den Urkunden gewürzt und insofern äußerst interessant. Wir verweisen, was Einzelheiten dieses Vortrages betrifft, auf die „Festschrift zum 18. Deutschen Weinbau-Kongreß", in welchem die geschichtlichen Daten ꝛc. niedergelegt sind.

Gleichsam eine Ergänzung zu diesem Vortrag war der zweite, von Herrn Landwirtschaftslehrer Albert-Würzburg über das Thema: **Der Stand des Weinbaues in Franken und welche Rebsorten sind für die fränkischen Verhältnisse besonders zu empfehlen?** Der Weinbau ist in Franken in fortschreitendem Rückgange begriffen und hat seine tiefste Stufe noch nicht erreicht. Der Rückschritt macht sich namentlich an der Peripherie des fränkischen Weinbaues bemerkbar. Mit wenigen Ausnahmen ist dieser Rückgang insbesondere an der zurückgehenden Intensität des Betriebes erkennbar. Die Signatur der Häckerorte ist nicht freudiger Blick in die Zukunft, sondern Sorge, Armut, Mutlosigkeit. Woher kommt dieser Rückgang? Erstens liegt er außerhalb unserer Machtsphäre, teils in fränkischen Verhältnissen. Die strengen Winter von 1879/80 und 1890/91 haben unsagbaren Schaden angerichtet. Die darauf folgende Unfruchtbarkeit der Reben hat viele Winzer zum Aufgeben der Kultur überhaupt veranlaßt. 2. Die eminente Verkehrsentwickelung hat die billigen Façonweine Hessens und der Pfalz nach Franken gebracht, während die Frankenweine, die ihre höchste Güte nach mehrjähriger Lagerung und Kellerbehandlung erst erlangen, vielfach unverkäuflich im Keller lagern. 3. Ein weiterer Faktor, der mit dem Untergange des fränkischen Weinbaues zur Folge hat, ist die Weinfabrikation. Der fränkische Winzer kennt unreelle Manipulationen nicht, hier ist Wein noch purer Traubensaft. Aber die steilen Bergabhänge mit ihrer kostspieligen und schwierigen Erhaltung und Bebauung schließen Massenproduktion aus, die Mittelweine erreichen keine hohen Preise. 4. Auch die Industrie ist Schuld an dem Niedergang. Ein ganzer Strich blühenden Weinbaues, fast 20 km lang von Kreuzwertheim bis Bürgstadt ist der Steinhauerindustrie zum Opfer gefallen. Die Thätigkeit im Steinhauergewerbe bringt Genußsucht und Armut, verfallende Dörfer und kränkliche Bevölkerung anstelle eines ehemals gesunden, anspruchslosen, aber fröhlichen Häckerstandes.

Die inneren, an fränkischen Verhältnissen zu suchenden Ursachen des Rückganges lassen sich kurz dahin zusammenfassen:

1. Die Orte liegen in Franken weit auseinander, der Weinbau ist mit wenigen Ausnahmen fast zum Nebenbetrieb geworden. Wie die Erträge zurückgingen, wurde die Arbeitskraft und der Dünger auf den fränkischen Ackerbau konzentriert, die extensive Kultur mit all' ihren Folgen hat Platz geschaffen, statt intensiven Betriebes. 2. Der kleine Betrieb hat mangelhafte Keller, die Kellerbehandlung muß der kleine Winzer außer Acht lassen, muß seinen Most verkaufen und zieht so nicht den gewünschten Nutzen aus hervorragenden Jahrgängen. Hier könnte Organisation, Selbsthilfe, Genossenschaftsbildung, Aenderung zum Besten bringen. 3. Das hohe Alter der Weinberge bis 100 Jahre ist die wesentlichste Ursache der geringen Erträge, wie Verwendung der Blindreben an Bodenarten, die für eine Bewurzelung wenig geeignet sind, eine schlechte Entwickelung und spätere Tragbarkeit zur Folge haben. 4. Der Kampf gegen die Schädlinge dieses Weinbaues ist nicht mit Energie und der nötigen Akkuratesse betrieben worden. Es war deshalb notwendige die obligatorischen Bespritzungen gegen die Peronospora einzuführen. 5. Der konservative Sinn des fränkischen Winzers hat insofern seine Schattenseiten, als auf die Sortenwahl der Reben nicht genügend Rücksicht genommen worden ist. Es ist deshalb die Existenzfrage von Bedeutung: Welche Rebsorten sind für die fränkischen Verhältnisse zu empfehlen? Die Rebsorten sind den geologischen und klimatischen Verhältnissen möglichst anzupassen. Der Riesling reift nur in den allerbesten

Lagen Frankens. Unrichtig ist die Anpflanzung des Elblings, der nur saure, leere Weine giebt, die erst nach Jahren genießbar werden. In die Mittellagen gehört der Oesterreicher oder Sylvaner, der bei regelmäßiger Tragbarkeit Widerstandsfähigkeit der Blüte zeigt, nicht leicht rieselt (reißt) und milde nicht zu schwere Weine giebt. Bouquettrebe, Traminer, Muskateller und Gutedel kommen nur ab und zu als Zwischenpflanzung in Betracht, sonst empfiehlt sich reiner Satz. Im Gebiet des Rotweines, Gegend von Miltenberg, ist Anpflanzung von Frühburgunder zu empfehlen.

Als drittes Thema wurde am Sonntag, den 17. September vom Landes-Oekonomierat R. G o e t h e - Geisenheim behandelt: **Die amerikanischen Reben und der dermalige Stand der Rebenveredlung in Deutschland.** Redner schilderte in ganz objektiver Weise Vorzüge und Schattenseiten der amerikanischen Reben. Bei der überaus großen Wichtigkeit dieses Themas für unseren deutschen Weinbau werden wir diesen Vortrag in einer der nächsten Nummern zum Abdrucke bringen.

Am Montag, den 18. September referierte zuerst Herr Professor Dr. K u l i s c h - Geisenheim über: **Beobachtungen über den Schwefelsäuregehalt der Weine und dessen Einfluß auf den Geschmack.** Auch dieses so wichtige Thema wird in einer der nächsten Nummer noch näher erörtert werden.

Der folgende Vortrag: **Ueber Erfolge und Beobachtungen bei der Weinbergs-Düngung.** Referent Dr. S c h l a m p vom Hofe Nierstein, enthielt im wesentlichen das, was Referent in einer Broschüre: „Neuere Erfahrungen und Erfolge bei der Weinbergsdüngung und Krankheitsbekämpfung des Weinstocks, Mainz 1899" geschrieben hat. Das 6. Referat: „Neuere Erfahrungen bei Bekämpfung des Heu- und Sauerwurms" hatten übernommen Dr. L ü s t n e r - Geisenheim und Dr. H. Z s c h o k k e - Neustadt a. H. Dr. L ü s t n e r berichtet als Fortsetzung seiner Aufführungen auf dem Trier'schen Kongreß über verschiedene Mittel und deren Wirksamkeit gegen den Heu- und Sauerwurm. Das Dufour'sche Wurmgift hat sich bei Anwendung f r i s c h e n Pyrethrum-Pulvers gut bewährt. Auch das von der Firma Zacherl in Wien hergestellten Zacherlin-Präparat erfüllte vollständig seinen Zweck. Von guter Wirkung war weiter das von Apotheker M e l s h e i m e r in Wadern b. Trier empfohlene Mittel, welches aus Naphtalin und Schmierseife besteht. Ebenfalls werden die Heuwürmer getötet von Vorbänders Parasitol, es wirkt aber reizend auf die Atmungsorgane des Arbeiters ein, so daß dieser fortwährend husten muß. Vernichtend auf die Raupen wirkt ferner das von Apotheker S t ö r k vorgeschlagene Mittel. Es stehen also eine Reihe von Mittel zur Verfügung, welche in der That die Heuwürmer töten. Aber wenn mit diesen auch Erfolge erzielt worden sind, so glaubt L ü s t n e r doch, daß diese Art Bekämpfung doch nicht die richtige ist. Es muß danach getrachtet werden, ein Vorbeugungs-, nicht ein Vernichtungsmittel zu erlangen. Es muß verhütet werden, daß der Schmetterling und zwar namentlich der der ersten Generation seine Eier an die Rebe ablegt.

Das ist freilich schwer, zumal der Empfindlichkeit des Weines wegen nicht alle Stoffe hierzu verwendet werden können.

Um möglichst bald zum Ziele zu kommen, ist es daher zu wünschen, daß sich recht viele wissenschaftliche und praktische Kräfte mit dieser Frage befassen, damit endlich unsere Reben von diesem gefährlichen Feinde befreit werden. Der Korreferent Dr. Zschokke berichtet dann über die in Deidesheimer Forst und Edenkoben erprobten Bekämpfungsversuche und kommt zu dem Ergebnis, daß es sich empfiehlt, das Wegfangen der Motte des ersten Fluges gemeinschaftlich anstreben zu wollen. Das Wegfangen kann durch Schüler ausgeführt werden, die in den Abendstunden mit Klebfächern ausgerüstet in einer Reihe zwecks Verhütung des Durchgehens der Motte Aufstellung nehmen. In der sich anschließenden Diskussion bezweifelt Oberlandesgerichtsrat Dr. Weber die allgemeine Durchführung des Vorschlages wegen Mangels der nötigen Kräfte. Dr. Bassermann-Teidesheim ergänzt die Mitteilungen Zschokkes über die Deidesheimer Versuche. Dr. Müpper-Klosterneuburg empfiehlt die Dufour'sche Lösung. Auf Antrag des Garteninspektors Ritter-Engers wird ein Antrag auf Befreiung des für die Bekämpfung des Heuwurmes brauchbaren Zacherlin-Präparates von dem Zoll angenommen.

Am letzten Kongreßtage standen drei Referenten auf der Tagesordnung. Infolge des plötzlichen Ablebens von Prof. Dr. Barth-Colmar wird nach einleitenden Worten des Generalsekretärs Dahlen-Wiesbaden das Thema: „Die jüngsten Erfahrungen bei Bekämpfung wichtiger Rebkrankheiten, insbesondere Oïdium und Peronospora, zur allgemeinen Diskussion gestellt. In derselben berichtet Weinbaulehrer Seufferheld-Geisenheim über die Versuche mit Schwefel und Straßenstaub, die bereits in Trier vorgeführt und deren Resultat in Würzburg nach Neuanstellung der Versuche in diesem Jahre bestätigt wird.

Von anderer Seite her wird die Beobachtung mitgeteilt, daß an den Beeren, denen Schwefelpulver aufgelagert war, sich eine Bräunung und ein Zerreißen bemerkbar machte, welche Beobachtung auch Professor Dr. Wortmann-Geisenheim gemacht und nach mikroskopischer Untersuchung auf Korkbildung zurückführt. An den zerplatzten Beeren wurde jedoch Oïdium gefunden. Eine weitere Beobachtung Prof. Wortmann's geht dahin, daß das Oïdium zunächst an den jungen Trieben auftritt, weshalb sich das Bekämpfungsmittel ergiebt, diese eben befallenen Triebe im Frühjahr gleich nach dem Bemerken vom Weinstock zu entfernen und zu verbrennen. Eine Bemerkung Ritters-Engers, daß unvermittelt Oïdium an Trauben auftritt und nicht an Blättern oder Trieben, erklärt sich nach den Ausführungen Dr. Meißner's-Geisenheim daraus, daß von primär infizierten Trieben die Trauben sekundär infiziert wurden. Prof. Dr. Kulisch macht darauf aufmerksam, daß der für Oïdium-Bekämpfung angewendete Schwefel heutzutage durch gepulverten Schwefelkies gefälscht werde, wie Untersuchungen von Kulisch ergeben haben. Weitere Mitteilungen behandelten den Vorschlag, den Weinbergsboden zu desinfizieren, um die Wintersporen beider Pilze unschädlich zu machen. Prof. Klein-Karlsruhe wendet sich aber mit Recht gegen dieses Verfahren. Dr. Schlamp vom Hofe Nierstein sieht in der guten Stickstoffdüngung der Reben ein Bekämpfungsmittel gegen die Pilze; dieser Ansicht widerspricht Oekonomierat Hauser-Speyer. Dr. Zschokke meint, daß, wenn Rebstöcke einmal von Oïdium befallen sind, später aber nicht mehr, dieselben gegen den Pilz immun sind, wie die Kinder gegen gewisse Kinderkrankheiten. Mit dieser Vermutung findet er jedoch wenig Anklang, da jahrelang an demselben Stocke Oïdium immer wieder auftritt.

Eine weitere Frage betraf die Zeit, wann die Rebstöcke gegen Oïdium geschwefelt werden sollten, ob früh morgens oder am Tage; mehrfache Beobachtungen ergaben als das Richtige die Tageszeit, weil dann die Trauben nicht verbrannt würden.

Das Referat D. Rittels-Würzburg: "**Welche Stellung sollen Weinbau und Weinhandel gegenüber der Weinbesteuerung einnehmen?**" ergab als Resultat, daß man gegen jede Weinbesteuerung energisch Front machen solle.

Den Schlußvortrag hielt Dr. R. Meißner-Geisenheim über das Thema: **Ueber einige Ursachen des Trübwerdens der Weine.** Referent entwickelte zunächst, daß die Ursachen des Trübwerdens darin bestehen, daß feste Substanzen in vorher klarem Weine auftreten. Diese können entweder Organismen sein oder feste chemische Verbindungen. Will man eine Behandlungsmethode trüber Weine anwenden, so muß man sich zunächst über das Wesen der Trübung orientieren, was nur mit Hilfe des Mikroskops geschehen kann. Findet man Organismen als Veranlasser der Trübung, so muß man die Art der Organismen feststellen und die Frage beantworten, in welchem Lebenszustande und in welcher Menge ungefähr die Organismen vorhanden sind. In allen denjenigen Fällen in welchen die mikroskopische Untersuchung sich vermehrende Organismen konstatierte, muß zweitens eine chemische Untersuchung, die auf diesen Fällen von der allergrößten praktischen Bedeutung ist, eintreten, weil man dadurch wertvolle Fingerzeige für die weitere Behandlung trüber Weine erhält. Je nach dem mikroskopischen und chemischen Befund wird sich die Behandlung richten, sie muß für den speziellen Fall die geeignetste sein und auf die Beseitigung der Trübungsursache hinauslaufen.

---

### Fragekasten.

**Frage.** Ich habe 25 Lit. Stachelbeerwein gemacht und vorschriftsmäßig auf 1 Lit. Saft 2 Lit. Wasser und die entsprechende Zuckermenge verwendet. Die Masse ist jetzt 6 Tage im Faß und zeigt noch keine Spur von Gärung. Man sagt mir, daß das Faß zu stark geschwefelt wäre. Ich solle den Wein ausleeren, das Faß mit heißem Wasser brühen und dann wieder füllen. Trotzdem ich so verfuhr, gärt der Wein immer noch nicht, obwohl derselbe in der Küche bei einer Temperatur von 15—16° R. lagert.
Th. K. in K., Kreis Limburg.

**Antwort.** Wenn Ihr Wein wirklich infolge zu starker Schwefelung nicht richtig in Gärung kommt, so nützt jetzt ein Ausspülen des Fasses nichts mehr, da die gärungshemmende schweflige Säure schon im Moste sich befindet.

Ich rate Ihnen, in jedem Falle, auch wenn der Wein jetzt schon langsam gären sollte, denselben folgender Behandlung zu unterwerfen:

Der Most wird aufs innigste mit Luft in Berührung gebracht, indem man denselben wiederholt in möglichst dünnem Strahle aus einem Gefäß in das andere überfließen läßt, und zwar etwa fünfmal hintereinander. Wie Sie das am besten einzurichten haben, kann ich Ihnen von hier aus nicht sagen, da ich nicht weiß, welche Gefäße Ihnen zur Verfügung stehen. Die Hauptsache ist, daß der Most innig mit Luft in Berührung kommt, wodurch die schweflige Säure teils in der Luft entweicht, teils zerstört wird. Sollte der Wein nach dieser Behandlung noch nicht in Gärung kommen, so erbitte ich mir noch einmal eine Nachricht. Es liegt nämlich die Möglichkeit vor, daß der Wein aus anderer Ursache nicht in Gärung kommt, z. B. weil er nicht genügend lebenskräftige Hefe enthält. Auch der zu starke Wasserzusatz kann den Eintritt der Gärung verzögern. Ich empfehle Ihnen, in Zukunft auf 1 Lit. Stachelbeersaft nur 1 Lit. Wasser zu nehmen und auf jedes Liter dieser Mischung 300 g Zucker, auf 1 Lit. des unverdünnten Saftes also 600 g Zucker.
Prof. Dr. Kulisch.

**Frage.** 1. Wie sind ganz neue Fäßchen zu behandeln, um sie zum Versand für fertige Ware zu präparieren?
2. Können Apfelweinfässer auch als Weinfässer benutzt werden?

**Antwort.** 1. Die neuen Fäßchen werden am besten durch Auslaugen mit kaltem Wasser weingrün gemacht. Zu diesem Zwecke müssen die Fäßchen mindestens 4 Wochen vor dem Gebrauch mit Wasser gefüllt und das Wasser wöchentlich zweimal erneuert werden. Sehr gut ist auch ein 2—3maliges Ausbrühen oder Ausdämpfen, verbunden mit dem Auslaugen durch kaltes Wasser.

2. Gesunde reine Apfelweinfässer können, wenn sie vorher tüchtig ausgebrüht oder ausgelaugt wurden, ganz gut als Weinfässer benutzt werden, zumal für Quantitätsweine.
C. Sffd.

## Vom Büchertisch.

**Bericht über eine 1898 erfolgte Besichtigung der Wiederherstellungsarbeiten in den durch die Reblaus verwüsteten Weinbergen Ungarns** von Landes-Oekonomierat Andreas Czóh, königl. preuß. Weinbau- und Kellerei-Inspektor in Wiesbaden.

Der Berichterstatter hat im letzten Jahre im Auftrage seiner Excellenz des königl. preuß. Ministers für Landwirtschaft, Domänen und Forsten eine ausgedehnte Besichtigungsreise unternommen und schildert die hierbei gemachten Beobachtungen in eingehender Weise. Der Verfasser bespricht in seiner Schrift, welche mit 13 Abbildungen ausgestattet, nicht bloß die in Ungarn bei Bekämpfung der Reblaus gemachten Erfahrungen, die Ergebnisse der in großem Maßstabe erfolgten Rebenveredlung und Wiederanpflanzung der Weinberge mit solchen u. s. w., sondern zieht auch für die deutschen Verhältnisse und diejenigen der sonstigen Weinbau treibenden Länder sich hieraus ergebende sehr beachtenswerte Schlußfolgerungen.

Diese Schrift dürfte somit für die Weinbau treibenden Kreise von großem Interesse sein und ist zum Preise von 60 Pf. inkl. Porto durch die Geschäftsstelle des Deutschen Weinbau-Vereines, Kaiser Friedrich-Ring 18 in Wiesbaden, zu erhalten.
C. Sffd.

## Persönliches.

Infolge eines mehrere Tage vorher erlittenen Gehirnschlages, der ihn teilweise lähmte, verschied am 27. August l. J. der Direktor der Kaiserlichen landwirtschaftlichen Versuchsstation in Colmar i. E. **Prof. Dr. Max Barth.** Der Verstorbene war in rühriger Weise bestrebt, für die Förderung des Weinbaues, der Weinbereitung und Weinbehandlung, sowohl in wissenschaftlicher als in praktischer Hinsicht zu wirken. Er war eines der eifrigsten Mitglieder des deutschen Weinbau-Vereines. Sein Andenken wird in allen Kreisen, mit denen er in Verbindung stand, erhalten bleiben.

---

Druck von Rud. Bechtold & Comp., Wiesbaden.

# Mitteilungen

über

## Weinbau und Kellerwirtschaft.

### XI. Jahrgang.

Herausgeber: | Schriftleitung:
Landes-Oekonomierat **R. Goethe.** | Weinbaulehrer **C. Heufferheld.**

**Nr. 12.**     Geisenheim, im Dezember     **1899.**

## Praktische Faßdämpfapparate.

    Gelegentlich der mit dem Weinbaukongreß in Würzburg verbundenen Ausstellung von Geräten für Weinbau und Kellerwirtschaft hatte die Firma F. Jos. Kurz, Kupfer- und Kesselschmiederei, Würzburg, einen äußerst praktischen Faßdämpfapparat ausgestellt.

    Seit einer Reihe von Jahren beschäftigt sich die Firma mit der Anfertigung von Dämpfapparaten, welche, den gesetzlichen Vorschriften entsprechend, auf eine halbe Atmosphäre Betriebsspannung konstruiert, ohne amtliche Genehmigung überall aufgestellt werden dürfen und im Betriebe keiner amtlichen Revision unterliegen. Diese Apparate gewähren eine große Ersparnis von Zeit und Brennmaterial und sind zu den verschiedensten Zwecken zu gebrauchen; sie sind sowohl fest als fahrbar montiert.

    Als Faßdämpfer lassen sie sich verwenden, wenn man den in dem Kessel erzeugten Dampf mittels Rohrleitung zu einem Faßbock leitet, auf den die Fässer zu liegen kommen.

    Wiederholt wurden schon ständige Rohrleitungen eingerichtet, welche durch eingeschaltete Wärmapparate bezw. Rippenheizkörper die Gär- und Lagerkeller, Füllhallen, Kontore ꝛc. heizten; allerdings muß hier ausdrücklich bemerkt werden, daß die Gär- und Lagerkeller 1 m höher liegen müssen, als der Apparat zu stehen kommt. Mit dem erzeugten Dampf können leicht größere Mengen warmen Wassers zum Flaschenspülen und zu Haushaltungszwecken (Kochen der Wäsche und für Bäder ꝛc.) hergestellt werden.

    Ist mit dem Kellereibetrieb auch ein landwirtschaftlicher verbunden, so kann der Apparat auch zum Futterdämpfen verwendet werden, indem er mit einem eisernen oder hölzernen Futterdampffaß in Verbindung gebracht wird. Auch Obst kann auf diese Weise gedämpft werden.

    Wird eine kupferne Brennblase eingesetzt, so kann mit ihm auch Branntwein gebrannt werden. Diese außergewöhnlich vielseitige Verwendbarkeit empfiehlt die genannten Apparate ganz besonders.

Wie aus nachstehender Zeichnung, Fig. 21, die mit Beschreibung uns in liebenswürdiger Weise von der Firma überlassen wurde, ersichtlich, besteht der Dampferzeuger aus einem aufrecht stehenden Walzenkessel mit Feuerung nach außen, aus prima Kesselblech gefertigt.

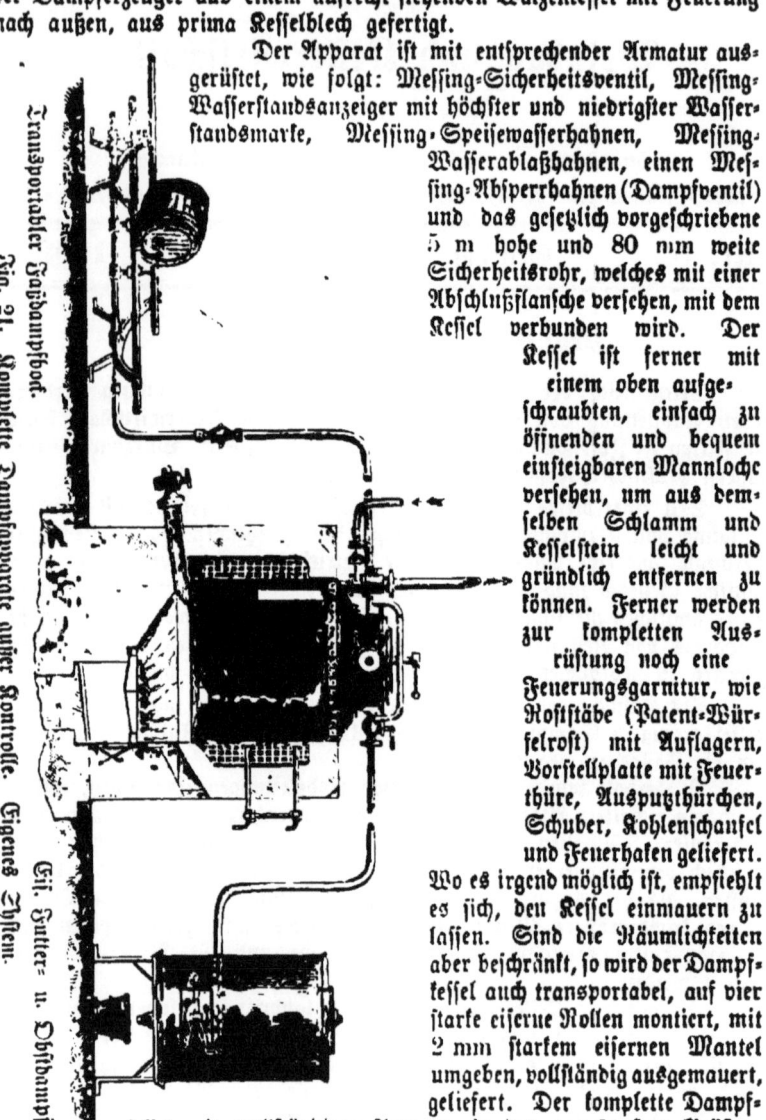

Transportabler Faßdampfkoch.
Fig. 21. Komplette Dampfapparate außer Kontrolle. Eigenes System.
Eli. Futter- u. Obstdampffaß

Der Apparat ist mit entsprechender Armatur ausgerüstet, wie folgt: Messing-Sicherheitsventil, Messing-Wasserstandsanzeiger mit höchster und niedrigster Wasserstandsmarke, Messing-Speisewasserhahnen, Messing-Wasserablaßhahnen, einen Messing-Absperrhahnen (Dampfventil) und das gesetzlich vorgeschriebene 5 m hohe und 80 mm weite Sicherheitsrohr, welches mit einer Abschlußflansche versehen, mit dem Kessel verbunden wird. Der Kessel ist ferner mit einem oben aufgeschraubten, einfach zu öffnenden und bequem einsteigbaren Mannloche versehen, um aus demselben Schlamm und Kesselstein leicht und gründlich entfernen zu können. Ferner werden zur kompletten Ausrüstung noch eine Feuerungsgarnitur, wie Roststäbe (Patent-Würfelrost) mit Auflagern, Vorstellplatte mit Feuerthüre, Ausputzthürchen, Schuber, Kohlenschaufel und Feuerhaken geliefert. Wo es irgend möglich ist, empfiehlt es sich, den Kessel einmauern zu lassen. Sind die Räumlichkeiten aber beschränkt, so wird der Dampfkessel auch transportabel, auf vier starke eiserne Rollen montiert, mit 2 mm starkem eisernen Mantel umgeben, vollständig ausgemauert, geliefert. Der komplette Dampfkessel mit vollständiger Armatur in den gangbarsten Größen, welche als die praktischsten ermittelt, kostet je nach Größe feststehend 175—350 M., transportabel 300—500 M. Der Apparat kann mit einem eisernen Vorwärmer, in welchen eine eiserne Zirkulationsschlange eingesetzt, versehen werden, um ein fortwährendes Dämpfen zu ermöglichen. Da der Apparat viel Wasser aufnimmt, ist ein öfteres Nachspeisen von Wasser nicht erforderlich, die Dampfentwicklung ist eine sehr gleichmäßige und der Betrieb daher von großem Vorteil. Die Speisung des Kessels geschieht — falls eine Wasserleitung oder ein Reservoir vorhanden — selbstthätig, andernfalls muß der Kessel bei Dampfspannung mittels einer Handspeisepumpe gespeist werden. Auf Wunsch kann zum bequemen und praktischen Ausdämpfen der Fässer ein verbesserter, transportabler Faßdämpfbock — wie aus der Abbildung ersichtlich — welcher den Dampf durch starke kupferne Dampfstutzen, die einzeln durch Messinghahnen abgesperrt werden können, verteilt und durch die eisernen Dampfspunde gleichzeitig in mehrere Fässer leitet, geliefert werden; je nach der Zahl der letzteren kostet ein Faßdampfbock für 3—6 Fässer 50—95 M. Sollten größere Versandfässer oder auch Lagerfässer mit mittlerem und auch weitem Spundloch aufgesetzt werden, so müßten die Dampfspunde (Konus) ausgewechselt werden. Diese beiden Sorten Spunde sind extra stark angefertigt und werden für mittleres Spundloch mit 2.50 M., für weites Spundloch mit 3.50 M. pro Stück berechnet.

## Ueber die Düngung der Sandweinberge des ostdeutschen Weinbaugebietes.

Auf Grund eines im Gewerbe- und Gartenbauverein in Grünberg i. Schl. gehaltenen Vortrags.

Von Prof. Dr. P. Kulisch.

(Schluß.)

Am schwierigsten ist unzweifelhaft die Beschaffung des Stickstoffs. Entgegen der früheren Anschauung, daß die Rebe vor allem einen sehr großen Bedarf an Kali und Phosphorsäure habe, bringt immer mehr die Ansicht durch, daß dieselbe gerade bezüglich des Stickstoffs sehr hohe Ansprüche stellt. Ich wies schon darauf hin, daß die meisten Ihrer Reben gewisse Merkmale zeigen, welche auf Stickstoffhunger schließen lassen. Nun ist aber der Stickstoff zugleich der teuerste Nährstoff und wir werden bei dessen Anwendung besonders vorsichtig rechnen müssen.

Von einer Düngung mit schwefelsaurem Ammoniak werden wir bei der Kalkarmut der hiesigen Böden von vornherein absehen müssen. Auch die Anwendung des Chilisalpeters muß mit einer gewissen Vorsicht erfolgen. Sehr starke Gaben sind schon deshalb nicht zu empfehlen, weil es bei dem hohen Preis des Chilisalpeters selbst unter günstigen Verhältnissen zweifelhaft bleibt, ob er in dem leichten Boden so ausgenutzt wird, daß die Kosten gedeckt werden. Gerade in Sandböden will man übrigens von starken Gaben Chilisalpeter bei rasch eintretender Hitze und Trockenheit sichtlich nachteilige Wirkungen beobachtet haben. Auf der anderen Seite haben wir im Ahrthal in steilen, hitzigen Weinbergsböden mit Chilisalpeter ganz überraschende Erfolge erzielt, wenn dessen Menge nicht zu hoch bemessen, wenn er nicht zu spät im Jahr und außerdem auf mehrere Termine verteilt den Reben gegeben wurde. Ich empfehle Ihnen, in solchen Fällen, wo man nicht reichlich mit gutem Stallmist düngen kann, dessen Stickstoffmenge durch eine Chiligabe zu verstärken in der Weise, daß auf den Morgen Anfang April und Anfang Juni je ein halber Zentner breitwürfig ausgestreut wird. Mit Rücksicht auf die hiesigen Bodenverhältnisse und die jetzige Marktlage für Stickstoffdünger halte ich dieses Verfahren für das zweckmäßigste und vor allem sicherste, um zu einer besseren Ernährung Ihrer Reben mit Stickstoff zu kommen.

Die langsam sich zersetzenden organischen Stickstoffdünger wie Oelkuchenmehl, Hornspähne, Wollstaub, scheinen ja auf den ersten Blick in den leichten Sandböden gewisse Vorzüge zu bieten. Da deren Stickstoff entsprechend der langsamen Zersetzung im Boden allmählich zur Wirkung kommt, so ist ein Versickern desselben in die Tiefe weniger zu befürchten, als beim Chilisalpeter. Dem stehen aber auch Nachteile gegenüber. In diesen Düngern ist der Stickstoff bisweilen sehr teuer, z. B. im Rizinusmehl zur Zeit so teuer, daß dessen Anwendung direkt widerraten werden muß. Sodann liegt immerhin die Möglichkeit vor, daß diese langsam wirkenden Stickstoffdünger die Vegetation des Stockes zu lange in den Herbst hinein rege erhalten, wodurch bei früh eintretenden Winterfrösten Frostschäden an den Augen und am Holze veranlaßt werden können. Will man diese Dünger anwenden, so grabe man dieselben schon im Herbst unter; bei diesen genügt ein bloßes Ausstreuen nicht.

Für die Grünberger Verhältnisse hat von den langsam sich zersetzenden Stickstoffdüngern nur das Abfallprodukt der Wollenindustrie, der Wollstaub, ein erheblicheres Interesse. In anderen Weinbaugebieten, z. B. im Elsaß und an der Haardt wird derselbe in ziemlich großen Mengen zur Rebendüngung verwendet. Man sagte mir, daß derselbe in den Sandböden des ostdeutschen Weinbaugebietes sich zu langsam zersetze; an anderer Stelle behauptete man, der Wollstaub habe nur üppiges Holz aber keinen Traubenertrag gebracht. Der erstere Einwand ist als berechtigt anzuerkennen, wenn man den Wollstaub, ohne ihn vorher zu kompostieren, unterbringt. Man kann diesen Uebelstand aber sehr mildern, indem man den Wollstaub vorher mit stark fermentativen Stoffen, z. B. Jauche, Latrine, unter Beigabe von Bauschutt kompostiert. — Daß der Wollstaub nur Holz gebracht habe, kann darin begründet sein, daß man vielleicht zu große Mengen oder nur diesen **Stickstoffdünger** ohne Beigabe von Kali, Kalk und Phosphorsäure anwendete. Eher aber möchte ich meinen, daß man den Schnitt nicht dem stärkeren Wuchs der Reben angepaßt hat, worauf ich später noch einmal zurückkomme. — Wie der Wollstaub eignen sich vorzüglich zur Kompostierung die Abfälle aus Schlächtereien und Gerbereien (Lederfalk). Auch Latrine, zumal in Verbindung mit Torf, kann in derselben Weise Verwendung finden. Die frische Latrine sollte man in den Weinbergen jedenfalls nur in sehr beschränktem Maße benutzen und zwar nur im Spätherbst. Die Verwendung von Latrine im Kompost liefert uns dagegen einen billigen Stickstoffdünger, der nach längerer Lagerung auch in größeren Mengen unbedenklich in den Weinbergen zur Anwendung gelangen kann.

Auf den Mangel an Kalk in den hiesigen Sandböden und die Notwendigkeit einer Kalkzufuhr habe ich bereits hingewiesen. Es bleibt aber noch zu besprechen, in welchen Formen derselbe am billigsten zu beschaffen ist, und wann und in welchen Mengen die Kalkdüngung gegeben werden muß. Am billigsten, jedenfalls aber für die Dauer im Verhältnis zu den Kosten am wirksamsten würde die Kalkarmut durch eine Mergelung der Weinberge zu beseitigen sein. Ueber das Vorkommen von Kalk=Mergeln in unmittelbarer Nähe von Grünberg habe ich nichts Sicheres in Erfahrung bringen können. Da in einiger Entfernung von Grünberg Mergellager, die für die Landwirtschaft nutzbar gemacht werden, sich finden, so dürfte auch hier eine Durchforschung des Untergrundes mit Hilfe des Erdbohrers nicht aussichtslos sein. Vielleicht tritt der Gewerbe= und Gartenbauverein dieser Frage näher, wobei der Rat eines erfahrenen Geologen allerdings nicht zu entbehren sein würde.

Zunächst sind Sie bezüglich der Kalkdüngung auf den von auswärts angewiesen. Nachstehend gebe ich einige Bezugsquellen an, die für das ostdeutsche Weinbaugebiet in Betracht kommen; die angegebenen Preise verstehen sich für 200 Ztr. einschließlich Fracht bis Grünberg. Diese Notizen verdanke ich der Dünger=Abteilung der Deutschen Landwirtschafts=Gesellschaft (Berlin, SW., Kochstraße 75), durch deren Vermittlung die angeführten Kalkdünger bezogen werden können: Kalkmergel ab Misburg mit 90% kohlensaurem Kalk 93 Mk. — Gebrannter Stückkalk mit 96% Aetzkalk ab Gogolin 113 Mk. — Gemahlener gebrannter Stückkalk, 90—95% Aetzkalk; in vom Abnehmer gestellten Säcken 162 Mk.

Am billigsten stellt sich der wirksame Kalk im gebrannten Stückkalk. Derselbe ist auf dem zu düngenden Felde in kleinen Haufen aufzusetzen und mit Erde leicht bedeckt solange liegen zu lassen, bis er zerfallen ist; dann wird er ausgestreut. Der gemahlene gebrannte Stückkalk und der Kalkmergel können direkt ausgestreut werden. Das Ausstreuen des Aetzkalkes ist immer etwas lästig infolge der ätzenden Eigenschaften desselben. Ferner ist bei Anwendung des Aetzkalkes zu bedenken, daß derselbe leichte, hitzige Böden unter Umständen noch hitziger macht. Am leichtesten ist die Anwendung des Mergels, den ich Ihnen, auch wegen seiner milderen Wirkung, trotzdem der Kalk in ihm sich etwas höher stellt, am meisten empfehlen möchte. In kalkarmen Weinbergen, die niemals Kalkdüngung erhalten haben, empfiehlt sich das erstemal eine etwas stärkere Gabe, etwa 10 Ztr. auf den Morgen. Bei alljährlich wiederkehrender Anwendung ist eine Düngung mit 5 Ztr. kohlensaurem Kalk vielleicht schon genügend. Aber selbst erheblich größere Gaben schaden keinesfalls, wenn man nicht den hitzig wirkenden Aetzkalk nimmt. — Eine sehr billige Kalkquelle steht uns bisweilen in dem beim Abbruch von Häusern gewonnenen Bauschutt zur Verfügung, der am besten zur Kompostbereitung Verwendung findet.

Wie sich eine Kalkdüngung in allen Fällen neben der Stallmistdüngung empfehlen dürfte, sollte man eine Beigabe von Kali und Phosphorsäure auch da in den regelmäßigen Düngungsturnus aufnehmen, wo man verhältnismäßig reichlich mit Stallmist düngen kann. Denn

das Bedürfnis der hiesigen Böden nach Kali und Phosphorsäure ist so
zweifellos, daß demselben auch durch den Stallmist oft nicht genügt
werden dürfte, zumal dieser entsprechend der Armut an Nährstoffen in der
verwendeten Einstreu in der Regel nicht sonderlich reich an diesen beiden
Nährstoffen sein dürfte. Eine Gabe von 2 Ztr. Thomasmehl und 3 Ztr.
Kainit oder an Stelle des letzteren 1 Ztr. hochprozentiges Kalisalz ist
eine jährliche Gabe, die einerseits keinesfalls nachteilige Wirkungen haben
und andererseits bei regelmäßiger Wiederkehr das Kali- und Phosphorsäure-
bedürfnis befriedigen dürfte. — Die Kali- und Phosphorsäuredünger sind
zweckmäßig im Herbst breitwürfig auszustreuen, wobei dieselben mit dem
Stall gemischt werden können. Erstere beiden in größeren Mengen
in die Senkgruben zu bringen, ist zu widerraten, da vielleicht die Neubildung
von Wurzeln an den gesenkten Reben dadurch beeinträchtigt werden könnte.
Das breitwürfige Ueberstreuen des Düngers über die Gruben ist dagegen
unbedenklich.

Eine ganz besondere Bedeutung scheint mir unter den hiesigen Verhältnissen, speziell bei der Verjüngung der Reben, ein guter Kompost zu
haben. Außer allen humusbildenden und die Feuchtigkeit haltenden Stoffen
kommen hierfür in erster Linie stickstoff- und kalkhaltige Materialien in
Betracht, wie ich vorhin schon berührte. Namentlich auf den Torf möchte
ich Sie noch aufmerksam machen, der an sich schon die Bewurzelung
befördert, noch mehr aber, wenn er mit Nährstofflösungen durchtränkt ist.
Im Kompost quillt der Torf auf und zerfällt; er wird, wenn ich mich
so ausdrücken darf, ergiebiger. Man vermeidet so, d. h. wenn man den
Torf mit kompostiert, auch die Gefahr, daß er zu trocken in die Erde
kommt, in welchem Falle er, zumal in regenarmen Jahren, mehr schaden
als nützen kann. Der Kompost sollte 2—3 Jahre gelagert werden und
zwar in nicht zu hohen Haufen. Jährlich einmal ist er umzustechen.
Ein guter Kompost dürfte beim Senken vorzügliche Dienste leisten, da er
außerordentlich die Wurzelbildung befördert. Er sollte, etwas mit Erde
gemischt, direkt unter und über die eingelegte Rebe gebracht werden.
Voraussetzung ist natürlich, daß ein gut zersetzter Kompost Verwendung findet.

Auf Grund der vorstehend erörterten Gesichtspunkte möchte ich
Ihnen nun einen Vorschlag betreffend die Düngung der hiesigen Weinberge unterbreiten. Bei Aufstellung desselben war der Gesichtspunkt
maßgebend, einerseits dem Nährstoffbedürfnis zu genügen, andererseits aber
auch die Kosten der Düngung nicht gar zu sehr zu steigern. Dabei muß
ich ausdrücklich betonen, daß die nachstehenden Düngungsvorschriften keineswegs eine starre Regel sein sollen, sondern eben nur ein Vorschlag, der
den gegebenen Verhältnissen thunlichst Rechnung trägt. Um das häufige
Ausstreuen des Düngers zu vermeiden, sind die mineralischen Dünger,
wo sie in geringerer Menge gegeben werden, für 2 Jahre in eine Gabe
zusammengefaßt.

I. Düngung der Reben in ländlichen Gemeinden mit
billigem Stalldünger.

Auf 1 Morgen = ¼ ha sind alljährlich zu geben 100 Ztr.
Stalldünger (4—5 zweispännige Fuhren). Der zum Senken nicht ver-

brauchte Dünger ist an schwachen Stöcken 30 cm tief unterzugraben. Außerdem sind alle zwei Jahre im Herbst folgende Mineraldünger, nachdem dieselben wiederholt durchgeschaufelt und so gemischt sind, breitwürfig auszustreuen: 10 Ztr. Kalkmergel, 4 Ztr. hochprozentiges Thomasmehl und 6 Ztr. Kainit oder an Stelle des letzteren 2 Ztr. 40%iges Kalisalz.

Um ganz schwache Weinberge wieder zu freudigerem Trieb zu bringen, kann man zur Verstärkung des obigen, regelmäßigen Düngungsturnus jährlich 1 Ztr. Chilisalpeter geben und zwar ½ Ztr. Anfang April, ½ Ztr. Anfang Juni.

## II. Düngung der Reben an Orten mit sehr teurem Stalldünger.

Man gebe mindestens die Hälfte der vollen Stallmistdüngung, also alljährlich etwa 50 Ztr., die zum Senken zu verwenden sind. Dazu alle Jahre im Herbste folgende Mineralstoffdüngung: 5 Ztr. Kalkmergel, 3 Ztr. Thomasmehl und 2 Ztr. 40%iges Kalisalz. Ferner alljährlich Anfang April und Anfang Juni je ¾ Ztr. Chilisalpeter.

Diese starken Düngungen erfordern eine erhebliche Mehrausgabe. Daher ist die Frage berechtigt: Werden sich die aufgewendeten Mehrkosten bezahlt machen? Ich habe diese Hoffnung, aber bestimmt läßt sich die Antwort erst auf Grund der eingeleiteten Versuche geben. Immerhin ist das sicher: Die Rebe mit ihrer kurzen Vegetationszeit ist namentlich in unserem Klima auf die Ausnutzung der guten Witterungsperioden hingewiesen. Sie kann das nur, wenn ihr reichliche Mengen von Nährstoffen zur Verfügung stehen. Daher ist die Rebe auch allgemein für eine reichliche Ernährung sehr dankbar und hungernde Reben bringen nirgends einen guten Ertrag. Gut ernährte Reben widerstehen auch allen Schädigungen viel besser. Und vor allem: Dieselben erholen sich nach dem Schaden viel rascher, namentlich nach Frostschäden.

Das darf man freilich nicht erwarten, daß ein Erfolg der Düngung schon nach kurzer Zeit hervortritt. Zurückgegangene Reben erholen sich erfahrungsgemäß erst nach Jahren wieder. Nichts würde verkehrter sein, als einen raschen Erfolg durch übermäßig große Gaben erzwingen zu wollen. Der Grundsatz „Viel hilft viel" ist unter allen Umständen bei der Pflanzenernährung ein bedenklicher, ganz besonders aber in den hiesigen leichten Böden. Ein Zuviel kann geradezu schädlich wirken, mindestens ist aber zweifelhaft, ob der Ersatz den aufgewendeten Mitteln entspricht.

Zum Schluß möchte ich nochmals darauf hinweisen, daß außer der Düngung auch noch andere Kulturmaßregeln der hiesigen Winzer dringend einer Abänderung bedürfen, außer der Art der Verjüngung besonders der Schnitt. Ich habe in den Weinbergen an mehreren Stellen erläutert, wie man beim Schnitt viel zu schematisch verfährt: Schwache Stöcke schneidet man fast genau so wie starke, und von dem Prinzip des Schnittes auf Ersatz- und Fruchtholz haben offenbar viele Winzerinnen keine rechte Vorstellung. In dieser Richtung durch sachgemäße Belehrung eine Besserung anzustreben, sollte eine Ihrer ersten Aufgaben sein. Denn ohne einen richtigen Schnitt der Reben kann auch der Erfolg der Düngung im Ertrag nicht zum Ausdruck kommen.

## Einige weitere Beobachtungen zu dem Artikel Rebenkrankheit? von H. Schlegel, No. 11 der „Mitteilungen."

Da an der Anstalt ähnliche Erscheinungen, wie sie Herr Schlegel berichtet, bei zwei verschiedenen Kulturen auftraten und die hierbei gemachten Erfahrungen für die Praxis nicht ohne Bedeutung sind, wurden die beiden Anstaltsgärtner, denen die betreffenden Kulturen unterstellt, aufgefordert, ihre Beobachtungen mitzuteilen. Dieselben berichten folgendes:

Im Jahre 1897 (Herbst) wurde das alte Weintreibhaus hiesiger Anstalt neu angelegt. Die Reben zeigten im darauffolgenden Jahre ein zufriedenstellendes Wachstum. Im Frühjahr 1898 wurde ein zweites Haus angelegt und mit 20 gesunden Reben (Augenstecklinge vom Februar 1897) bepflanzt. Die dazu verwandte Erde wurde im Laufe des Winters sorgfältig zusammengestellt und mehrere Male gut durchgearbeitet. Auch kam ein guter Teil kurzer, speciger Dünger, welchen die Königl. Lehranstalt per Bahn bezog, mit in die Erde. Die 10 Reben fingen recht schön an auszutreiben, doch sollte diese Freude nicht von langer Dauer sein. Es zeigten sich bald dieselben Symptome, welche Herr Schlegel in dem angeführten Aufsatz schildert. Die Triebspitzen streckten sich erst und wurden nebst den Blättern gelb, ja, die jungen Blätter wurden fast durchsichtig. Nach einigen Tagen krümmten sich die Blätter, bekamen eingetrocknete braune Blattspitzen und fielen bald ab. Alle jungen Wurzelspitzen sahen wie zerrissen aus und waren faul. Die noch gesunden stärkeren Wurzeln zeigten das Bestreben, neue Saugwurzeln zu bilden, welche aber bald wieder abstarben. Es war nun wohl klar, daß etwas in der Erde war, das die zarten Saugwurzeln zerstörte, wodurch von den genannten 20 Stöcken 15 eingingen. Fünf wurden nur dadurch gerettet, daß man sämtliche Wurzeln bloslegte, bis auf die gesunden Stellen zurückschnitt und mit gewöhnlichem Gartenboden bedeckte.

Wie ging es den Stöcken in dem zuerst angelegten Hause? Das Holz reifte schön aus und wurde auf 2 Augen zurückgeschnitten. Nun wurden 7 Stöcke zu Versuchspflanzen ausgewählt und mit oben erwähntem Dünger gut gedüngt. (Erwähnt muß noch werden, daß die zusammengestellte Erde für die erste Anlage 1897, Herbst, mit Dünger aus den Ställen der Königl. Lehranstalt gemischt wurde.) Schon am Austreiben der Stöcke sah man, daß denselben etwas fehlte. Erstens war das Austreiben ein sehr unregelmäßiges und ferner stellten sich dieselben Erscheinungen wie bei den erwähnten 20 Reben ein. Nun war es wohl deutlich erwiesen, daß nur durch den Dünger den Wurzeln ein Stoff zugeführt wurde, welcher dieselben zerstörte. Die Untersuchungen an Wurzeln und Blättern zeigten keine Spur von Pilzen. Bei 8 Pfirsichbäumen ganz dieselbe Erscheinung; die Blätter wurden gelb, rollten sich kahnförmig zusammen, um nach einiger Zeit abzufallen. Die Faserwurzeln wurden total schwarz. Gehölze, welche denselben Dünger bekamen, zeigten die gleichen traurigen Merkmale. Meine Ansicht ist, daß in dem betreffenden

Weinberge nur der Dünger an dem Kranksein der Reben die Schuld trug; jedenfalls kann man krankhaftes Aussehen von Weinbergen auf diesen Umstand mit zurückführen. A. Frenzel, Anstaltsgärtner.

Mit demselben Dünger, mit dem man die Pfirsiche und Reben in dem Treiberaum gedüngt, wurde auch die Pfirsichmauer im Spaliergarten und der Weiße Winterkalvill an der Westseite des Obsthauses versehen. Die Pfirsiche wurden im Frühjahr 1899 gepflanzt und sind alle recht gut angewachsen. Diesen Sommer jedoch haben nur einige davon getrieben und die andern stehen noch gerade so, wie sie gepflanzt wurden. Am 30. November nahm man einige Bäume heraus und fand, daß die Wurzeln bräunlich waren und gerade so aussahen, als ob sie verbrannt wären.

Die Weißen Winterkalville an dem Obsthause waren früher die schönsten im Trieb von den ganzen Kalvillen. In diesem Frühjahr fingen sie jedoch an zu kränkeln; das Laub blieb ganz klein und die Ränder wurden braun. So standen die Bäume da bis in den Sommer hinein. Als man durch die Erfahrungen in den Treibereien sah, daß der betreffende Dünger den Reben geschadet hatte, wurde die Rabatte bei den Kalvillen so tief umgegraben, daß der Dünger nach oben kam und schon nach einigen Tagen sah man den Erfolg. Die Bäume fingen an zu treiben und sind jetzt wieder ganz gesund. Aus dem oben Erwähnten geht hervor, daß in dem gegebenen Dünger ein Stoff war, der den Wurzeln geschadet hat. N. Baumann.

Diese beiden Fälle, sowie der von Herrn Schlegel angeführte zeigen deutlich, daß auch bei Bezug von Stallmist mehr Vorsicht herrschen sollte. Dies gilt ganz besonders für den Rheingau, da ja hier wie sonst in keinem Weinbaugebiete infolge geringen landwirtschaftlichen Betriebes die weitaus größte Menge des nötigen Stalldüngers mit der Bahn bezogen werden muß. Die Qualität des bezogenen Stalldüngers läßt in sehr vielen Fällen zu wünschen übrig. Da der Dünger meist jahraus jahrein von denselben Ortschaften bezogen wird, so haben sich bald berechnende Köpfe gefunden, die den Stallmist in großen Mengen produzieren. Es sind so Stalldüngerfabriken entstanden, landwirtschaftliche Betriebe, die mit wenig Vieh möglichst viel Mist herstellen, indem sie sehr stark streuen, außerdem werden dem Miste noch die möglichsten und unmöglichsten Abfallstoffe zugeführt. Um nun diese Strohmengen und Abfallstoffe möglichst rasch als Dünger verkaufen zu können, werden sie sehr stark mit Jauche übergossen und außerdem wird der so hergestellte Mist, damit er eine dunkle Farbe bekommt und wie stark verrotteter Mist aussieht, mit Schwefelsäure übergossen. Daß ein auf solche Weise hergestellter Mist schädlich auf die mit ihm gedüngte Kultur wirken muß, ist ganz klar, er wird dies in stärkerem oder geringerem Maße, je nach den Mengen der verwandten Schwefelsäure.

Ich möchte in allen drei Fällen dem Zusatze derartiger Chemikalien, wie Schwefelsäure, zum Zwecke rascher Mistproduktion allein alle Schuld beimessen; Desinfektionsmittel werden doch nicht in solch großen Mengen verwendet, daß sie größere Partien von Mist schädlich auf ihre spätere Wirkung beeinflussen können. C. Efd.

## Der Weinbau an der Lahn.

### Von H. Frederichs in Geisenheim.

(Schluß.)

Für den Rückgang des Weinbaues an der Lahn ist weiterhin die frühere Unkenntnis in der Behandlung tragbarer Weinberge und die mangelhafte Bodenbearbeitung zwecks vorzunehmender Neupflanzung abgängiger Weinberge, verantwortlich zu machen.

Früher glaubte man dem Stock schon genügend Nährstoffe geboten zu haben, wenn man den Rebabfall im Frühjahre klein geschnitten, am Boden liegen ließ. Infolge des nun eingetretenen Mangels an Humus gestaltete sich die Bodenbearbeitung äußerst schwierig.

Auf die ungenügende und meistens mangelhaft ausgeführte Sommerbearbeitung des Bodens folgte dann im Spätherbst der sogen. Winterbau, wobei durch das tiefe Umgraben der **harten klozigen Erde** Stamm und Schenkel des Stockes vielfach beschädigt wurden. Diese, wenn auch anfangs wenig bemerkbaren Wundstellen bildeten in weiterem Verlaufe **den Anfang zu einer**, das weitere Gedeihen der betroffenen Stöcke in Frage stellenden Krankheit, nämlich der Mauke oder Grind. Mag auch manchem Leser Letzteres als kaum glaublich erscheinen, so dürfte obige Behauptung in Folgendem doch ihre Begründung finden.

„Sobald im Frühjahr sich der Saft zu regen begann, suchte der Stock durch Bildung von Kallus die im Spätherbst erhaltenen Wunden zu überwallen. Stellten sich nach dieser Zeit Spätfröste ein (in dem etwas zugigen Thale keine Seltenheit) so wurde durch diese, die gebildete Ueberwallungsschicht wieder abgetötet. Es bildeten sich so aus der abgestorbenen Wundmasse wulstige schwammige Verdickungen, die mit der Maukekrankheit (Grind) der Stöcke durchaus als identisch zu betrachten sind.

Seitdem der Boden in neuerer Zeit reiche Zufuhr von Stalldünger erhält, ist die Bearbeitung eine leichtere und auch die früher so häufige Maukekrankheit der Stöcke ist ganz zur Seltenheit geworden, sofern bei dem jetzt humusreichen Boden und dessen leichterer Bearbeitung die Stöcke nicht mehr so häufig verwundet werden.

Was das fehlerhafte Vorgehen bei der Anlage von Jungfeldern betrifft, so wurde bei der Rigolarbeit nicht die nötige Sorgfalt verwendet. Sämtliches im Boden befindliche Gestein versenkte man in die Tiefe auf die Sohle der Rigolgräben; also an diejenige Stelle, wo sich später die Fuß- und Hauptwurzeln der Stöcke entwickeln sollen. So darf man sich auch nicht wundern, daß in den ohnedies trocknen Berglagen die Stöcke vorzeitig gelb wurden und die angesetzten Träubchen in trocknen Sommern austrieselten. Wieviel bessere Erfolge erzielt man in neuerer Zeit durch das Obenaufbringen des Gesteins (Schiefers), wodurch dessen Verwitterung beschleunigt und dem Boden eine Menge mineralischer Nährstoffe zugeführt wird. Außerdem weiß man jetzt auch die weiteren Vorteile, die das oben auflagernde Schiefergestein bietet, sehr zu schätzen, indem der Boden dadurch feucht-, locker-, warm- und unkrautfreier gehalten wird.

Zum Schlusse sei noch des Wildschadens erwähnt, verursacht durch naschende Füchse und Dächse. Oft genug fiel diesen ²/₃ der Weinernte zum Opfer. Leider gibt dieses auch jetzt noch den Winzern häufig Ursache zur Klage, trotzdem durch gesetzliche Bestimmung eine Garantie zur Ersetzung des Schadens festgelegt ist.

Diese Klagen werden aber auch verstummen, wenn einmal die zu Taxatoren des Wildschadens bestellten N i c h t w i n z e r in der Wertschätzung der Trauben mehr Uebung haben und dann dem aufstrebenden neuen Erwerbszweige mehr Wohlwollen entgegenbringen.

## Rundschau.

Der Entwurf des neuen Weingesetzes, welcher vom Reichsamt des Innern ausgearbeitet ist, ging dem Bundesrat in folgendem Wortlaut zu:

§ 1. Der Verkehr mit Wein, weinhaltigen und weinähnlichen Getränken unterliegt den Bestimmungen dieses Gesetzes. Wein im Sinne dieses Gesetzes ist das durch alkoholische Gärung aus dem Safte der Weintraube mittels solcher Verfahren oder Zusätze hergestellte Getränk, welche als eine Verfälschung oder Nachahmung nicht anzusehen sind.

§ 2. Die nachbenannten Stoffe, nämlich: lösliche Aluminiumsalze (Alaun und dergl.), Baryumverbindungen, Benzoesäure, Borsäure, Fluorverbindungen, Glycerin, Kermesbeeren, Magnesiumverbindungen, Naphtolverbindungen (Abrastol und dergl.), Salicylsäure, unreiner (freien Alkohol enthaltender) Sprit, unreiner (nicht technisch reiner) Stärkezucker, Strontiumverbindungen, Teerfarbstoffe, Wismuthverbindungen oder Gemische, welche einen dieser Stoffe enthalten, dürfen Wein, weinhaltigen oder weinähnlichen Getränken, welche bestimmt sind, anderen als Nahrungs- oder Genußmittel zu dienen, bei oder nach der Herstellung nicht zugesetzt werden. —

Der Bundesrat ist ermächtigt, noch andere Stoffe zu bezeichnen, auf welche dieses Verbot Anwendung zu finden hat.

§ 3. Wein, weinhaltige oder weinähnliche Getränke, welchen den Vorschriften des § 2 zuwider, einer der dort oder in einer Bestimmung des Bundesrats bezeichneten Stoffe zugesetzt ist, dürfen weder feilgehalten, noch verkauft, noch sonst in Verkehr gebracht werden.

Dasselbe gilt für Rotwein, dessen Gehalt an Schwefelsäure in einem Liter Flüssigkeit mehr beträgt, als sich in 2 g neutralem schwefelsaurem Kalium vorfindet. Diese Bestimmung findet jedoch auf solche Rotweine nicht Anwendung, welche als Dessertweine (Süd-, Süßweine) ausländischen Ursprungs in den Verkehr kommen.

§ 4. Als Verfälschung oder Nachahmung des Weines im Sinne des § 10 des Gesetzes, betr. den Verkehr mit Nahrungsmitteln, Genußmitteln und Gebrauchsgegenständen vom 14. Mai 1879 (Reichsgesetzblatt S. 145) ist nicht anzusehen:

1. Die anerkannte Kellerbehandlung einschließlich der Verwendung von Reinzuchthefen, sowie die Haltbarmachung des Weines, auch wenn

dabei geringe Mengen von vorwiegend mechanisch wirkenden Klärungsmitteln (Eiweiß, Gelatine, Hausenblase u. dergl.), von Tannin, Kohlensäure, schwefliger Säure oder daraus entstandener Schwefelsäure in den Wein gelangen; Alkohol darf nur zum Zweck der Haltbarmachung des Weines zugesetzt werden, jedoch darf die Gesamtmenge des zugesetzten Alkohols bei Weinen, welche als deutsche in den Verkehr kommen, nicht mehr als 1 Raumteil auf 100 Raumteile Wein betragen;

2. die Vermischung (Verschnitt) von Wein mit Wein;

3. die Entsäuerung mittels reinen gefällten kohlensauren Kalks;

4. der Zusatz von technisch reinem Rohr=, Rüben= oder Invertzucker, technisch reinem Stärkezucker, auch in wässeriger Lösung; jedoch darf ein solcher Zusatz nur erfolgen, um den Wein zu verbessern, ohne seine Menge erheblich zu vermehren; auch darf der verbesserte Wein seiner Beschaffenheit und seinen Bestandteilen nach nicht hinter ungezuckerten Weinen mittlerer Güte aus der Gegend, der Lage und dem Jahrgang zurückbleiben, welchen der verbesserte Wein seiner Benennung nach entsprechen soll.

§ 5. Es ist verboten die gewerbsmäßige Herstellung von Wein unter Verwendung:

1. eines Aufgusses von Zuckerwasser auf ganz oder teilweise ausgepreßte Trauben, unbeschadet der Herstellung zum Zwecke der Branntweinbrennerei;

2. eines Aufgusses von Zuckerwasser auf Weinhefe;

3. von Korinthen, Rosinen (auch in Auszügen und Abkochungen) oder künstlichen Moststoffen, unbeschadet der Verwendung von Rosinen bei der Herstellung von Dessertweinen (Süd=, Süßweinen ausländischen Ursprungs);

4. von Säuren, säurehaltigen Stoffen, Bouquetstoffen oder Essenzen;

5. von Gummi oder anderen Stoffen, durch welche der Extraktgehalt erhöht wird, jedoch unbeschadet der Bestimmungen in § 4, Nr. 1, 3 und 4.

Wein, welcher unter Verwendung von Stoffen der unter Nr. 1—5 bezeichneten Art oder eines nach § 4, Nr. 4 als übermäßig zu erachtenden Zuckerwasser=Zusatzes hergestellt ist, darf weder feilgehalten noch verkauft werden. Dieses Verbot findet jedoch auf den unmittelbaren Absatz von Tresterwein (Nr. 1) an Branntweinbrennereien nicht Anwendung.

Verboten ist ferner, wissentlich Wein, welcher einen Zusatz der in § 4, Nr. 4 bezeichneten Art erhalten hat, unter Bezeichnungen feilzuhalten oder zu verkaufen, welche die Annahme hervorzurufen geeignet sind, daß ein derartiger Zusatz nicht gemacht ist.

§ 6. Die Ankündigung, das Feilhalten und der Verkauf der im § 2, Absatz 1, der gemäß § 2, Absatz 2 vom Bundesrate, sowie der im § 5, Nr. 3—5 bezeichneten Stoffe zum Zwecke der Weinbereitung ist verboten.

§ 7. Die Vorschriften in den §§ 4 und 5 finden auf Schaumwein nicht Anwendung.

Schaumwein, welcher nicht mittels Gärung auf der Flasche hergestellt ist, darf nur mit der deutlichen, nicht verwischbaren Inschrift

„Kohlensäurezusatz" auf der Flasche und in den Preislisten oder sonstigen Angeboten feilgehalten oder verkauft werden.

§ 8. Die Beamten der Polizei und die von der Polizeibehörde beauftragten Sachverständigen sind befugt, in die Räume, in denen Wein, weinhaltige oder weinähnliche Getränke gewerbsmäßig hergestellt, aufbewahrt, feilgeboten oder verpackt werden, jederzeit einzutreten und daselbst Besichtigungen vorzunehmen, auch nach ihrer Auswahl Proben zum Zwecke der Untersuchung gegen Empfangsbescheinigung zu entnehmen. Auf Verlangen ist ein Teil der Probe amtlich verschlossen oder versiegelt zurückzulassen und für die entnommene Probe eine angemessene Entschädigung zu leisten.

§ 9. Mit Gefängnis, neben welchem auf Verlust der bürgerlichen Ehrenrechte erkannt werden kann, wird bestraft, wer vorsätzlich den Vorschriften der §§ 2 oder 3 zuwiderhandelt.

Ist diesen Vorschriften aus Fahrlässigkeit zuwidergehandelt worden, so ist auf Geldstrafe bis zu eintausend Mark oder Gefängnisstrafe bis zu 6 Monaten zu erkennen.

§ 10. Mit Gefängnis bis zu 6 Monaten und mit Geldstrafe bis zu dreitausend Mark oder mit einer dieser Strafen wird bestraft, wer vorsätzlich den Vorschriften der §§ 5 oder 7, Absatz 2 zuwiderhandelt.

Ist diesen Vorschriften aus Fahrlässigkeit zuwidergehandelt worden, so tritt Geldstrafe bis zu einhundertfünfzig Mark oder Haft ein.

§ 11. Mit Geldstrafe von fünfzig bis zu einhundertfünfzig Mark oder mit Haft wird bestraft, wer den Vorschriften des § 8 zuwider, den Eintritt in die Räume, die Entnahme einer Probe oder die Besichtigung verweigert oder den Vorschriften des § 6 zuwiderhandelt.

§ 12. In den Fällen des § 9 ist neben der Strafe auf Einziehung der Getränke zu erkennen, welche den Vorschriften zuwider hergestellt, feilgehalten, verkauft oder sonst in Verkehr gebracht sind, ohne Unterschied, ob sie dem Verurteilten gehören oder nicht; in den Fällen des § 10 kann auf die Einziehung erkannt werden.

Ist die Verfolgung oder Verurteilung einer bestimmten Person nicht ausführbar, so kann auf Einziehung selbständig erkannt werden.

§ 13. Die Vorschriften des Gesetzes, betr. den Verkehr mit Nahrungsmitteln, Genußmitteln und Gebrauchsgegenständen vom 14. Mai 1879 (Reichsgesetzblatt S. 145) bleiben unberührt, soweit das gegenwärtige Gesetz nicht entgegenstehende Bestimmungen enthält. Die Vorschriften in den §§ 16 und 17 des Gesetzes vom 14. Mai 1879 finden auch bei Zuwiderhandlung gegen die Vorschriften des gegenwärtigen Gesetzes Anwendung. Ebenso bleiben die Vorschriften des Gesetzes, betr. den Verkehr mit künstlichen Süßstoffen vom 6. Juli 1898 (Reichsgesetzblatt S. 919) unberührt.

§ 14. Der Bundesrat ist ermächtigt:
1. Die Grenze festzustellen, welche für die bei der Kellerbehandlung in den Wein gelangenden Mengen der im § 4, Nr. 1 bezeichneten Stoffe, soweit das Gesetz selbst die Menge nicht festsetzt, maßgebend sein sollen, sowie

2. Grundsätze aufzustellen, welche für die Beurteilung von Wein im Hinblick auf die Bestimmungen im § 4, Nr. 4 dieses Gesetzes maßgebend sein sollen;

3. Grundsätze aufzustellen, nach welchen die zur Ausführung dieses Gesetzes, sowie des Gesetzes vom 14. Mai 1879 in Bezug auf Wein, weinhaltige und weinähnliche Getränke erforderlichen Untersuchungen vorzunehmen sind;

4. Sicherungsmaßregeln gegen die unzulässige Verwendung von Tresterwein (§ 5, Nr. 1 und Absatz 2) sowie von Wein mit übermäßigem Zuckerwasserzusatz (§ 5, Absatz 2) anzuordnen.

§ 15. Weitergehende landesrechtliche Vorschriften über den Verkehr mit weinhaltigen oder weinähnlichen Getränken einschließlich des Obstweines, werden durch dieses Gesetz nicht berührt.

§ 16. Dieses Gesetz tritt mit dem . . . . . an Stelle des Gesetzes vom 20. April 1892 (Reichsgesetzblatt S. 597) in Kraft.

### Kleinere Mitteilungen.

**Ahrweiler.** Am Laurentiustage wurde hierselbst ein seltenes und eigenartiges Fest begangen, nämlich das 25jährige Stiftungsfest des hiesigen Winzervereins, verbunden mit der 25jährigen Jubelfeier des bewährten und geschätzten Präsidenten Herrn Franz Heinr. Mies. Das Fest kann als ein Markstein in der Geschichte der Winzergenossenschaften bezeichnet werden. Denn die großen Schwierigkeiten, die sich diesem Vereine wie auch andern Winzergenossenschaften öfter entgegenstellten, wurden stets durch die starke Bethätigung genossenschaftlicher Arbeit, der Selbsthilfe, Selbstkraft und Selbstverantwortung überwunden. Die Stadt war in würdiger Weise geflaggt. Schon am Tage vorher fand ein Seelenamt für die verstorbenen Mitglieder des Vereins statt. Die Feier selbst wurde eingeleitet durch ein Hochamt in der Pfarrkirche. Alle Mitglieder zogen hierauf von der Kirche aus unter Vorantritt einer Musikkapelle im Festzug zum geschmückten Vereinslokal. Hier vereinigt zu einem Frühschoppen, wurden dem Jubilarpräsidenten die Glückwünsche des Vereins übermittelt. Nachmittags 3 Uhr nahm der eigentliche Festakt seinen Anfang im geschmackvoll dekorierten Kelter- und Gärraum. Hier zeigten sich die schönen Züge eines echten typischen Volkslebens der Ahrbewohner. Ein großer Teil der Ahrweiler Bürgerschaft, sowie die als Ehrengäste eingeladenen Spitzen der geistlichen und weltlichen Behörden, die Vertreter der benachbarten Winzervereine, sowie sonstige der Sache der Winzervereine nahestehende Freunde und Gönner waren zugegen. Junge hübsche Winzerinnen in origineller Tracht kredenzten den Festteilnehmern das reichlich gespendete Rebenblut. Landrat Heising-Ahrweiler überbrachte die Glückwünsche der Staatsregierung, gedachte der 25jährigen Thätigkeit im Kampfe des wirtschaftlichen Lebens und brachte den Kaisertoast aus. Rechnungsrat Merkling-haus-Bonn, Vorsitzender des rheinischen Genossenschafts-Verbandes, feierte in humorvoller Ansprache den ihm eng befreundeten Jubilar. Beigeordneter Dr. v. Ehrenwall gratuliert Verein und Jubilar im Namen der Stadt. Dechant Spurzem schildert den durch das Bestehen und segensvolle Wirken des Winzervereins für die kleinen Winzer geschaffenen Wohlstand. Wanderlehrer Kerp-Bonn überbringt die Glückwünsche namens des Verbandes rheinpreußischer Winzervereine, verbreitet sich in sachkundiger Weise über den hohen Wert genossenschaftlicher Einrichtungen und genossenschaftlicher Arbeit und toastet unter großem Beifall auf das an der Ahr so mächtig blühende Winzervereinswesen. Winzervereinspräsident Josten-Mayschoß ermahnte in herzgewinnender Weise zur Einigkeit, die die Grundlage und Vorbedingung genossenschaftlicher Arbeit sei. Ein Rund-

wohl nicht ganz hell werden. Man muß in diesem Falle noch eine Schönung mit Hausenblase folgen lassen oder den Wein durch Filtrieren glanzhell machen.

Prof. Dr. Kulisch.

**Frage.** Wie ist eine Kalkdüngung auszuführen. Es handelt sich um einen leichten lehmigen Boden. Soll der Kalk im Herbst oder Frühjahr gegeben werden? Welcher Kalk ist der beste? O. G. in W.

**Antwort.** Ich würde Ihnen rathen, da Sie es mit einen leichten lehmigen Boden zu thun haben, kohlensauren Kalk (gemahlenen Kalkstein) zu verwenden. Für kräftige, nährhaltige Böden eignet sich am besten gebrannter Kalk (Ätzkalk). Man rechnet per ha 15—20 Doppelzentner Kalk und wird derselbe am besten im Herbste ausgestreut und beim letzten Bau (Winterbau) untergegraben. War ein Winterbau nicht üblich, kann der Kalk auch im Frühling bei dem ersten Bau ausgestreut werden.

Eine Kalkdüngung hat natürlich nur einen Werth für kalkarme, aber sonst nährstoffreiche oder für ärmere Böden, bei vorausgehender und regelmäßig wiederkehrender Düngung. Die angegebene Kalkdüngung genügt für etwa 3 - 4 Jahre und ist dieselbe alsdann zu wiederholen.

**Frage.** Eignet sich Peru-Guano als Weinbergsdünger und wann sollte derselbe gestreut werden? B. M. in Zell.

**Antwort.** Peru-Guano kann als Weinbergsdünger Verwendung finden für hohe Lagen, in die Stallmist schwer einzubringen. Bei Ankauf von Peru-Guano müßte darauf gesehen werden, daß derselbe möglichst billig geschieht, da der Preis dieses Düngers sehr großen Schwankungen unterworfen ist und die Nährstoffe bei zu hohen Preisen zu teuer bezahlt werden müssen. Es kann deshalb die Anwendung von Peru-Guano für Weinberge nur unter den angegebenen Bedingungen als rationell bezeichnet werden. Ausgestreut wird derselbe am besten im zeitigen Frühjahr, da er sehr rasch wirkend ist.

**Frage.** Wer hat die besten Filtern zur Apfelweinbereitung? R. in S.

**Antwort.** Für Apfelweinbereitung sind sämtliche Filtern geeignet, die mit Cellulose arbeiten, während Asbestfiltern sich zu leicht verschmieren. Gute Cellulosefiltern liefern die Firmen Lieberich in Neustadt; Otto Fromme in Frankfurt a M. C. Otto.

## Persönliches.

Der Dirigent der önochemischen Versuchsstation der kgl. Lehranstalt, Herr **Professor Dr. Kulisch**, wurde vom Ministerium für Elsaß-Lothringen als Direktor an die kaiserliche Versuchsstation nach Colmar berufen.

## Anzeigen.

(Für Form und Inhalt der Anzeigen ist die Schriftleitung nicht verantwortlich.)

---

**„Hôtel zur Linde" — Geisenheim** a. Rh.
**Wilh. Chr. Wollmann**
**Weinbau** **Weinhandel.**

---

**Lieberich-Weinfilter**

in bestem Zustande wird billigst abgegeben. Anfragen unter **N. 10** befördert die **Schriftleitung d. Bl.**

gang durch den Keller, der reichlich illuminiert war, gab ein Bild der umfangreichen Geschäftsthätigkeit des Vereins.

**Erfahrungen über die Anwendung der Kupfersodabrühe.** Als hier am Niederrhein vor ca. 12 Jahren die Peronospora zuerst auftrat, wurde im landw. Teile der „Köln. Volksztg." sowohl die Kupferkalkbrühe wie die Kupfersodabrühe zur Bekämpfung dieser Krankheit empfohlen. Es wurde ganz mit Recht darauf hingewiesen, daß nur das in der Flüssigkeit enthaltene metallische Kupfer pilztötende Eigenschaften besitze, nicht aber die zur Neutralisation der im Kupfervitriol enthaltenen Schwefelsäure verwendeten Stoffe. Versuche, welche ich mit der Kupfersodabrühe anstellte, befriedigten; sie war bequem herzustellen, verstopfte die Spritzen nicht und letztere nutzten nicht in der Weise ab wie bei Kupferkalkbrühe; das waren drei wesentliche Vorteile. Zur Vermehrung der Klebfähigkeit setzte ich pro Hektoliter $1/2$ Pfd. Mehl, zu Kleister gekocht, zu. Nach fünfjährigem Gebrauche glaubte ich die Anwendung der Kupfersodabrühe mit gutem Gewissen im hiesigen Winzerkasino allgemein empfehlen zu können. Ich wies auf die Vorteile dieser Flüssigkeit hin, erklärte die Darstellung derselben, sagte, daß 1 kg gute Soda 1 kg Kupfervitriol neutralisiere und empfahl die Anwendung von Lakmuspapier, um zu konstatieren, daß die Brühe richtig zusammengesetzt sei. Vielfach wurde mein Rat befolgt, aber mit welchem Erfolg? Ein überaus trauriger. Die mit Kupferkalkbrühe bespritzten Weinberge sahen schlimmer aus wie die unbespritzten, die Blätter waren wie versengt und fielen ab, nur meine Weinberge machten hiervon eine Ausnahme. Glücklicherweise konnte ich hiermit zeigen, daß an mir nicht die Schuld lag. Ich untersuchte hierauf die Soda, welche verschiedenen Geschäften entnommen war und fand, daß dieselbe über 50% schwefelsaures Natrium enthielt; die von mir angewandte hatte ich im Faß von einer zuverlässigen Seifenfabrik bezogen und enthielt nur kohlensaures Natrium. Von Lakmuspapier hatte man sicher keinen Gebrauch gemacht, sonst hätte man finden müssen, daß keine Neutralisation eingetreten war. Vor 12 Jahren kostete Soda pro Ztr. 8 M., heute nur mehr 3 M. Unter tausend Abnehmern ist kaum einer im Stande, das Rohprodukt, schwefelsaures Natrium von reiner Soda- oder kohlensaurem Natrium zu unterscheiden. Ein Fabrikant unterbietet den andern auf Kosten der Qualität, so daß heute kaum mehr reine Soda zu haben ist. — Ich habe die feste Ueberzeugung, daß eine richtig hergestellte Kupfersoda gut ist, aber von einer allgemeinen Empfehlung derselben mag ich nichts mehr wissen, ich gebe einer Kupferkalkbrühe den Vorzug, und werde so leicht nicht davon abgehen.

J. C. in A.

---

**Fragekasten.**

**Frage.** Beiliegende Proben Weines sind 97er Jahrgang von 2 verschiedenen Fässern, der folgende Behandlungen erfahren hat:

Anfangs Januar 98 1. Ablaß.
  Mitte Februar 2. „
  „ Mai 3. „
  „ September 4. „

Anfangs Februar 99 mit Seitz'schem Filter filtriert und mit Hausenblase geschönt. Im März wurde er von der Schöne abgelassen. Da der Wein im offenen Glase innerhalb 24 Stunden immer noch trübe wird, bitte ich die Ursache zu ergründen und mir das Resultat resp. weitere Behandlung des Weines zusenden zu wollen. H. in N. (Rheinpfalz).

**Antwort.** Die eingesandten Weinproben leiden sehr stark an der Neigung zum Braunwerden. Dieselbe läßt sich beseitigen durch reichlichere Anwendung von Schwefel. Ebenso wird eine Schönung mit 1 Liter süßer abgerahmter Milch auf 100 Liter Wein in diesem Falle gute Dienste leisten, zumal der Wein sehr hochfarbig ist und eine Minderung der Farbe daher wünschenswert erscheint. Nach der Schönung mit Milch wird der Wein wie in der Regel bei Milchschönung